# 対馬宗氏の中世史

荒木和憲

吉川弘文館

# 目　次

## 第二章　進展する領国形成と朝鮮通交

## 第四章　復調する領国経営と朝鮮通交

# プロローグ――〈国境〉対馬の宿命――

## 対馬宗氏の登場前史

対馬《つしま》（長崎県対馬市）は北部九州の博多《はかた》（福岡県福岡市）から直線距離で約一二〇キロ、朝鮮半島南部の釜山《プサン》（韓国釜山広域市）から約六〇キロの地点にある。現在、対馬の上島と下島との間には近世・近代に掘削された海峡が流れるが、中世まではひと続きの島であった。どこもかしこも海面から険峻な山地が聳えたち、とりわけ浅茅湾《あそうわん》は長大なリアス式海岸を誇る。対馬というと、とかく「海の世界」とイメージされるが、むしろ「山と海の世界」というのが相応しい。豊富な山林・海洋資源に恵まれる反面、平地面積が極端に少なく、農業資源に事を欠くため、対馬に暮らす人びとはもっぱら穀物を求めて海を越えていくことになる。対馬に関する最古の文献史料である『魏志』東夷伝倭人条によると、弥生時代の対馬の人びとは、「南北」すなわち九州と朝鮮半島を往来して穀物を入手していたという。

現代人の感覚では、島というと、「絶海の孤島」とか「離島」といった寂しい印象を抱きがちであるが、それは蒸気船と鉄道が登場する近代以降のイメージである。近世以前の物流の大動脈は水上交通であり、それを担う帆船は風・潮を待っては津々浦々をめぐり、あるいは島から島へとたどりなが

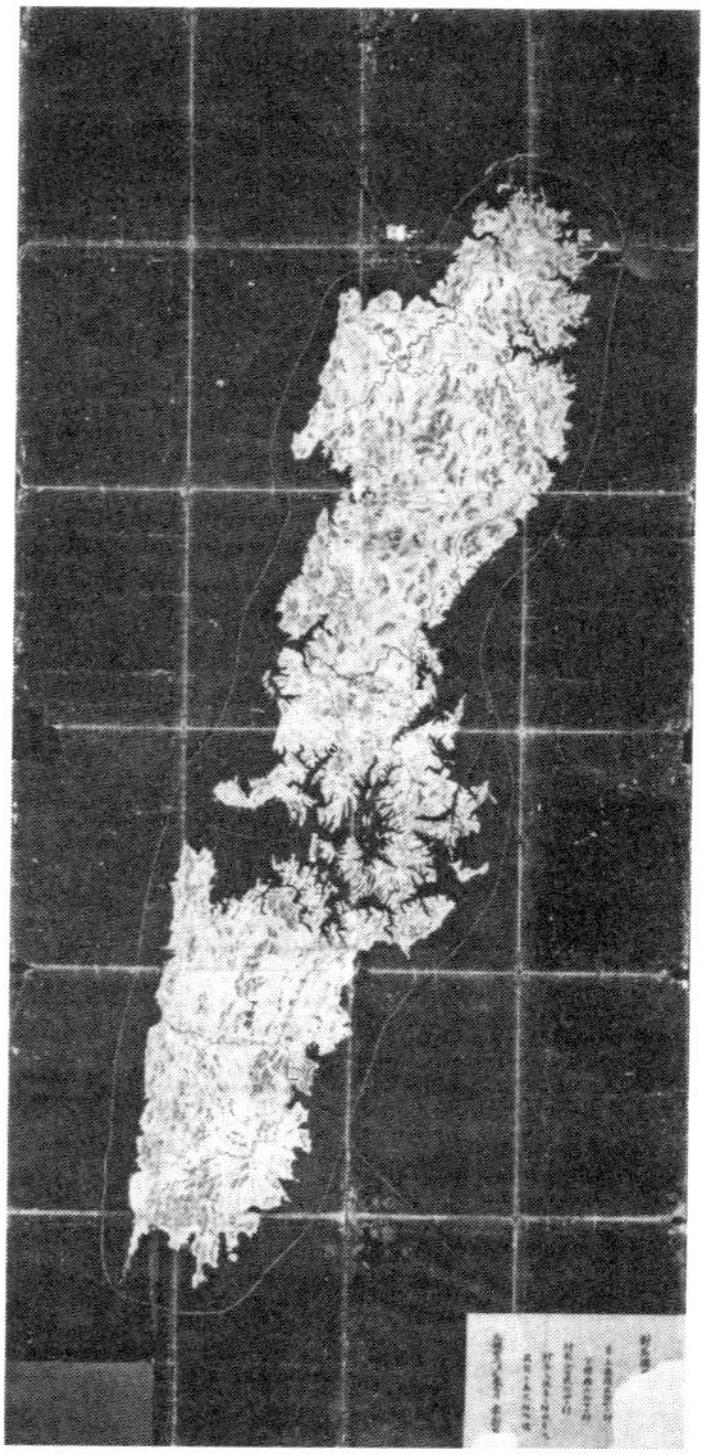

図１　元禄対馬国絵図
（重要文化財「対馬宗家関係資料」，長崎県立対馬歴史民俗資料館蔵）

ら航海した。つまり、島は帆船にとって貴重な中継基地なのであり、船だけでなく多くの人・モノが停留・経由した場所であった。対馬もそのひとつであるが、日本列島と朝鮮半島との境界地域に位置することが、独特な歴史を育んできた。

日本列島に統一国家が形成された七世紀、対馬は国家に編入された。白村江《ベクチョンガン》での敗戦後、筑前国の大宰府《だざいふ》周辺で政庁を防衛するための大野城・水城《みずき》が築造され、北部九州各地に朝鮮式山城が築造されるなかで、最前線である対馬にも金田城《かねたのき》が築造された。金田城は、朝鮮半島方向に湾口をひらく浅茅湾の一角に立地し、防人《さきもり》たちが駐留した。まもなく七世紀後半〜八世紀初頭に日本列島の統一国家は「日本国」と称し、対馬は律令制のもとで上県《かみあがた》・下県《しもあがた》二郡からなる「対馬島」と位置づけられ、島司（国司）が現地を統治した。一方、朝鮮半島でも新羅が統一国家を形成し、日本と新羅との緊張関係が高まるにつれ、対馬は「日本国」を防衛する最前線基地としての性格を強めた。古代東アジアの統一国家間の緊張関係によって、初めて対馬は〈国境〉の島になったのである。

その後、女真の襲来（刀伊の入寇）、モンゴル帝国（大元ウルス）の日本遠征（文永・弘安の役）で真っ先に攻撃を受けたのは対馬である。逆に朝鮮半島・中国大陸を掠めた海賊（前期倭寇《わこう》）の根拠地も対馬であり、その報復として朝鮮王朝が対馬を攻撃する事件（応永の外寇）もあった。そして、豊臣秀吉の「唐入《からい》り」（文禄・慶長の役）の最前線基地となったのも対馬である。およそ教科書に出てくる古代・中世の重要な国際的事件は必ず対馬が舞台となっている。

対馬は〈国境〉の島であるがゆえ、国際的事件の舞台となる宿命を孕んだわけであるが、そればかりに注目しては歴史を見誤ることになる。もう一つの対馬の宿命である地域間交流を忘れてはならない。統一国家が形成されて〈国境〉の島になったといっても、それは国家レベルでの〈建前の世界〉である。たとえば、十四～十五世紀の朝鮮半島南部の島々には、多くの対馬の人びとが日常的に往来してさまざまな生業を営んでいたし、ときには集団で高麗《こうらい》・朝鮮王朝に帰化を求めることもあった。〈基層の世界〉では〈国境〉など関係はない。生活を営むため、生き抜くために朝鮮半島との交流は必要不可欠だったのである。

## 二つの世界をつなぐもの

〈基層の世界〉は一面では〈無秩序な世界〉でもある。とりわけ十四世紀半ばの南北朝動乱を背景とする倭寇（前期倭寇）の活動はその最たるものであるが、この倭寇問題こそが〈基層の世界〉と〈建前の世界〉を結びつける媒介項となった。一三九二年、日本列島では南北朝合一がなって室町時代を迎え、朝鮮半島では高麗《こうらい》王朝が滅び、新たに朝鮮王朝が建国された。朝鮮王朝は倭寇問題の解決をスローガンとして、室町幕府との国家間外交だけでなく、西日本地域の地域権力（領主）との個別の通交関係を結び、彼らに倭寇の取締りを求めるとともに、その見返りとして貿易の門戸をひらいた。それだけでなく、倭寇の首領を帰化させたり、あるいは彼らにも貿易の門戸をひらくことで懐柔を図っている。〈基層―無秩序の世界〉で生きる人びとを〈建前―秩序の世界〉にたぐりよせたわけである。一方、対馬では宗氏が地域権力として独自の領国形成を進め、宗氏なりの〈建前―秩序の世界〉を創ろうとしていた。

こうして宗氏領国と朝鮮王朝との緊密な外交関係が構築されることとなり、〈基層―無秩序の世界〉で発生する個別具体的なトラブルの解決が図られ、さまざまな公的ルールが定められていった。最も象徴的なのが「文引《ぶんいん》」の制度である。文引とは渡航証明書のことで、今日のパスポートにあたる。宗氏は一四二〇年代から文引を発行しはじめ、やがて日本から朝鮮に渡航するあらゆる船に携行が義務づけられた。これは宗氏領国が朝鮮王朝と共同で運用した外交システムであり、近世の対馬藩にも継承され、明治初期の廃藩置県で新政府に外交権を接収されるまで存続・機能した。実に四五〇年、足かけ五世紀にわたって、隣国間で同一の外交システムが機能しつづけたことは世界史的にみても稀有であろう。

ともあれ、宗氏領国と朝鮮王朝との国際的な連携（その内実は虚々実々であるが……）によって、〈建前─秩序の世界〉と〈基層─無秩序の世界〉がリンクし、これまた五世紀にわたる日朝貿易が繰り広げられる端緒となった。室町・戦国時代の国際貿易というと、教科書的には日明貿易を基軸として叙述される傾向が強いが、正規の遣明船は約一五〇年間でわずか一九回である。一方、日朝貿易は個々の規模が小さいとはいえ、十五世紀後半のピーク時には年間約一五〇回の頻度で行われている。時期的な変動が大きいので一概には言えないが、年間平均五〇回と仮定すると、約二〇〇年間で実に約一万回の貿易が行われたことになる。〈塵も積もれば山となる〉ではないが、日朝貿易が中世日本の経済・社会に及ぼした影響は決して看過できるものではない。

## 本書の目的

中世日朝通交（外交・貿易）を公的な立場で主導した対馬宗氏ないし宗氏領国とは一体いかなる存在であったのか、その疑問に応えるのが本書の目的である。その意味では〈建前─秩序の世界〉に偏向した内容となってしまうが、しかしこの世界をきちんと理解しなければ、〈基層─無秩序の世界〉を正確に理解することもできない。二つの世界はリンクしているからである。

第一章では、十二世紀末～十六世紀（平安末期～戦国期）の対馬の国制上の位置、とりわけ対馬守

表1 宗氏歴代当主一覧

| 実名 | 相続年 | 没年 | 実父 | 初名（前名） | 仮名 | 官途・受領 | 殿号・法名等 |
|---|---|---|---|---|---|---|---|
| 資国 | 一二六三↑ | 一二七四 | ？ | ― | 二郎 | 右馬允 | |
| ？ | 一二七四 | 一二九八↑ | ？ | ― | 太郎 | 右馬 | |
| 盛国 | 一二九八↑ | 一三四九↓ | 弥二郎（資国養子）カ | ― | 弥二郎 | 右馬 | 妙意 |
| 経茂 | 一三五一↑ | 一三七〇↓ | 盛国 | ― | ？ | 刑部丞 | 宗慶 |
| 澄茂 | 一三七三↑ | 一三九二↓ | 宗香 | ― | ？ | 伊賀守 | |
| 頼茂 | 一三九二 | 一三九八↓ | ？ | ― | 次郎 | ？ | |
| 貞茂 | 一三九八 | 一四一八 | 霊監（経茂子） | ― | ？ | （右馬）刑部少輔・讃岐守 | 正永・昌栄 |
| 貞盛 | 一四一八 | 一四五二 | 貞茂 | ― | 彦六 | 刑部少輔 | 万悦 |
| 成職 | 一四五一 | 一四六七 | 貞盛 | ？ | 彦六 | 刑部少輔 | |
| 貞国 | 一四六七 | 一四九六↑ | 盛国（貞盛弟） | ― | 彦七 | 刑部少輔・讃岐守 | |
| 材盛 | 一四九三↑ | 一五〇九 | 貞国 | 盛貞 | 彦七 | 刑部少輔 | |
| 義盛 | 一五〇六↑ | 一五二〇↓ | 材盛 | 盛順 | 彦七 | 刑部少輔・讃岐守 | |
| 盛長 | 一五二一↑ | 一五二六 | 盛家（義盛弟） | ― | 彦次郎 | ？ | 東泉寺殿・月浦 |

| | | | | | | | |
|---|---|---|---|---|---|---|---|
| 将盛 | 一五二六 | 一五七三 | 盛弘（貞弘子） | 盛賢 | ？ | 刑部少輔 | |
| 晴康 | 一五三九 | 一五六三 | 貞弘（貞国甥） | 賢尚・貞尚・貞泰・晴茂 | ？ | 大和守・讃岐守 | 建総院・宗俊・桃林宗春 |
| 義調 | 一五五三 | 一五八八 | 晴康 | ？ | 彦七 | 刑部大輔・讃岐守 | 長寿院殿・椿齢宗寿・一鷗・閑斎 |
| 茂尚 | 一五六六↓ | 一五六九↓ | 将盛 | 調尚 | ？ | ？ | |
| 義純 | 一五六九 | 一五八〇 | 将盛 | 調弘・貞信 | 彦七 | 常陸介ヵ | 天翁夏公 |
| 義智 | 一五八〇 | 一六一五 | 将盛 | 昭景 | 彦七 | 刑部大輔・対馬守 | 万松院殿・石翁宗虎 |

＊歴代当主の相続順・系譜等の一部は長一九八七を参照した。相続年・没年の矢印は、表示の年代を遡及または下降する可能性があることを示す。
＊同時代史料から判明する事項を網羅したものであり、近世史料の所説は基本的に反映していない。

護・地頭の変遷をあとづける。そのなかで「宗氏が対馬守護となったのはいつの時代か」という根本的な問題を再検討したい。第二章・第三章では、十五〜十六世紀の宗氏領国の政治と外交の歴史を通史的にあとづけるが、対馬の地域史・日朝交流史の文脈だけでなく、室町幕府・北部九州との関係史の文脈でも叙述したい。これらはすべて密接に連動しており、総合的に把握しなければならないからである。

図2　宗氏略系図（鎌倉期）

数字は家督継承順

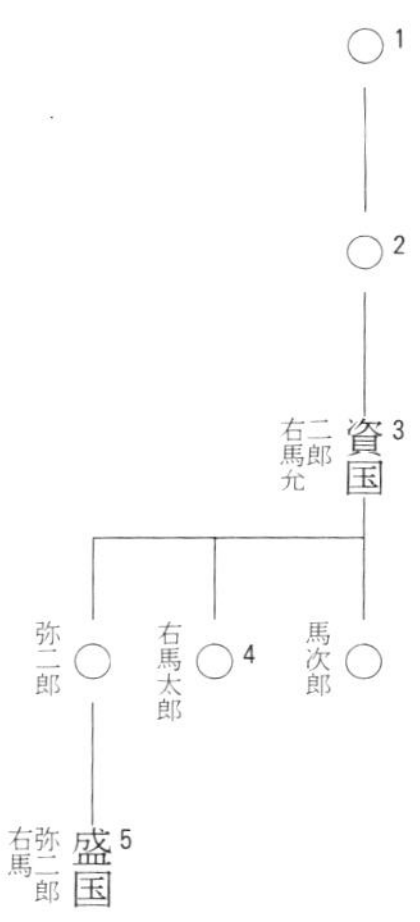


図3　宗氏略系図（南北朝〜室町期）

数字は家督継承順

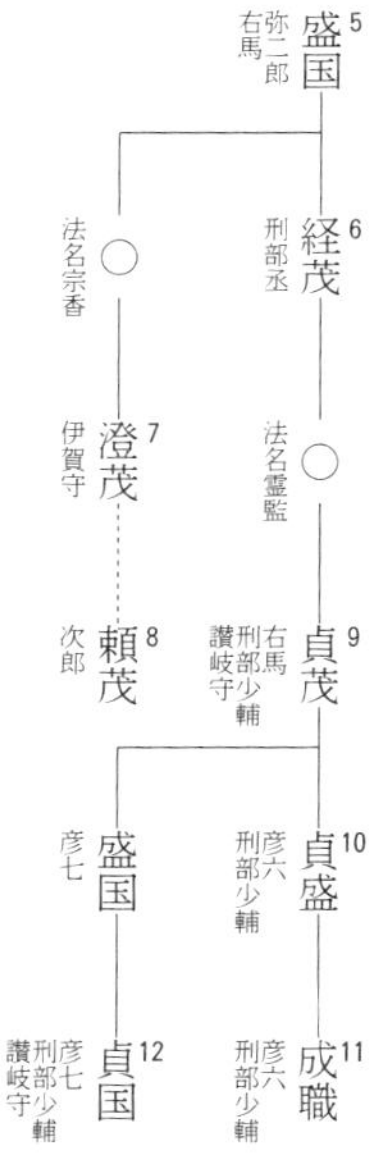

# 図4 宗氏略系図（室町〜戦国期）

数字は家督継承順
丸囲み数字は豊崎郡主家の継承順

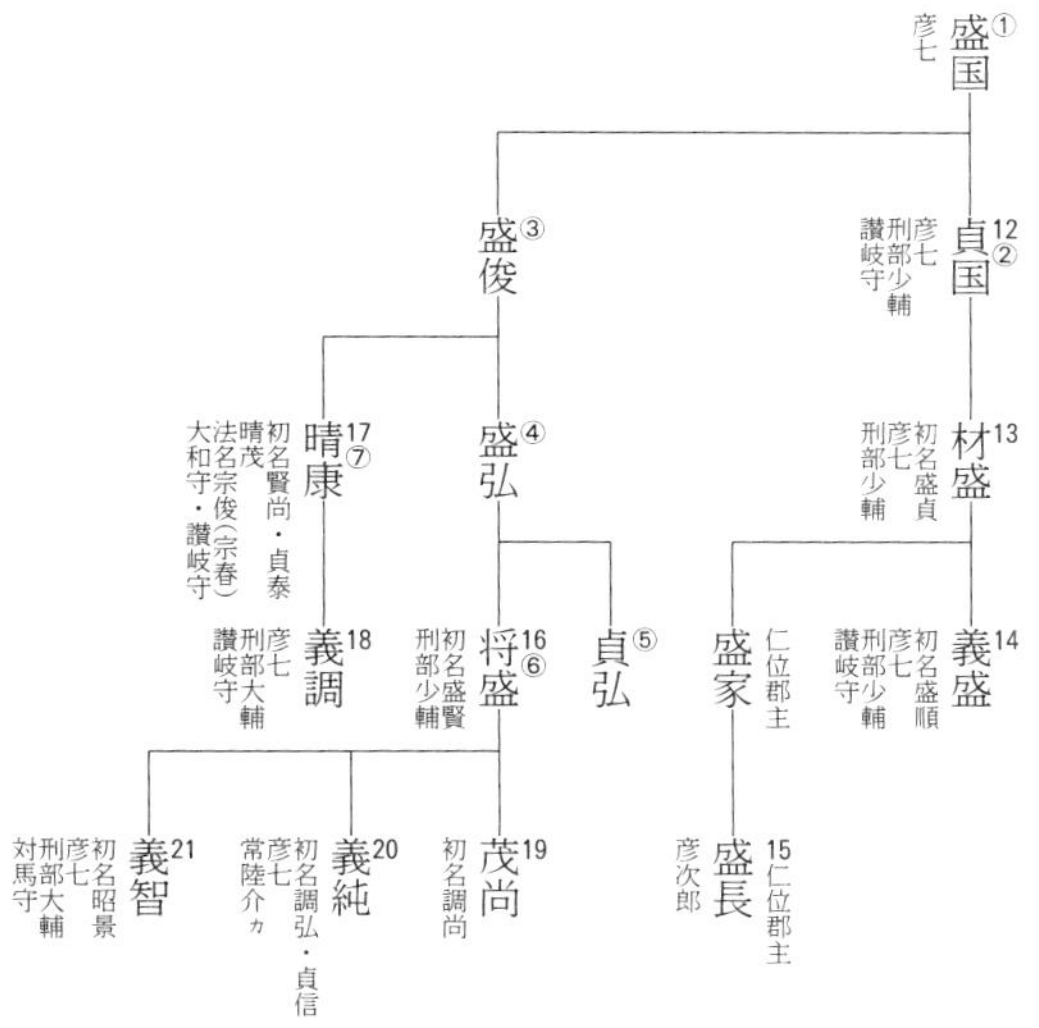

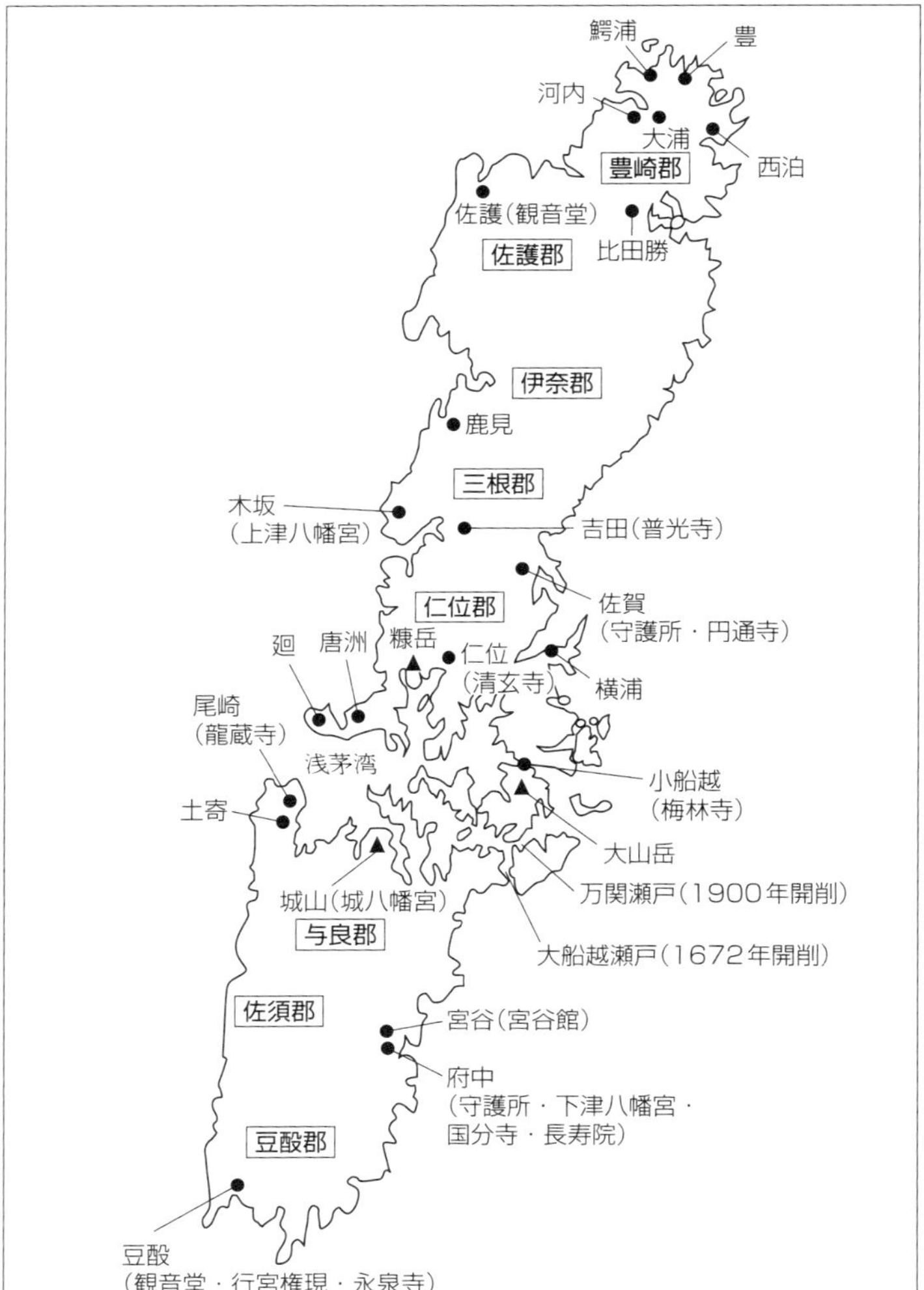
鰐浦
豊
河内
大浦
西泊
豊崎郡
佐護(観音堂)
比田勝
佐護郡
伊奈郡
鹿見
三根郡
木坂
(上津八幡宮)
吉田(普光寺)
佐賀
(守護所・円通寺)
仁位郡
廻
唐洲
糠岳
仁位
(清玄寺)
横浦
尾崎
(龍蔵寺)
浅茅湾
小船越
(梅林寺)
土寄
大山岳
城山(城八幡宮)
万関瀬戸(1900年開削)
与良郡
大船越瀬戸(1672年開削)
佐須郡
宮谷(宮谷館)
府中
(守護所・下津八幡宮・
国分寺・長寿院)
豆酘郡
豆酘
(観音堂・行宮権現・永泉寺)

図5　対馬関係地図

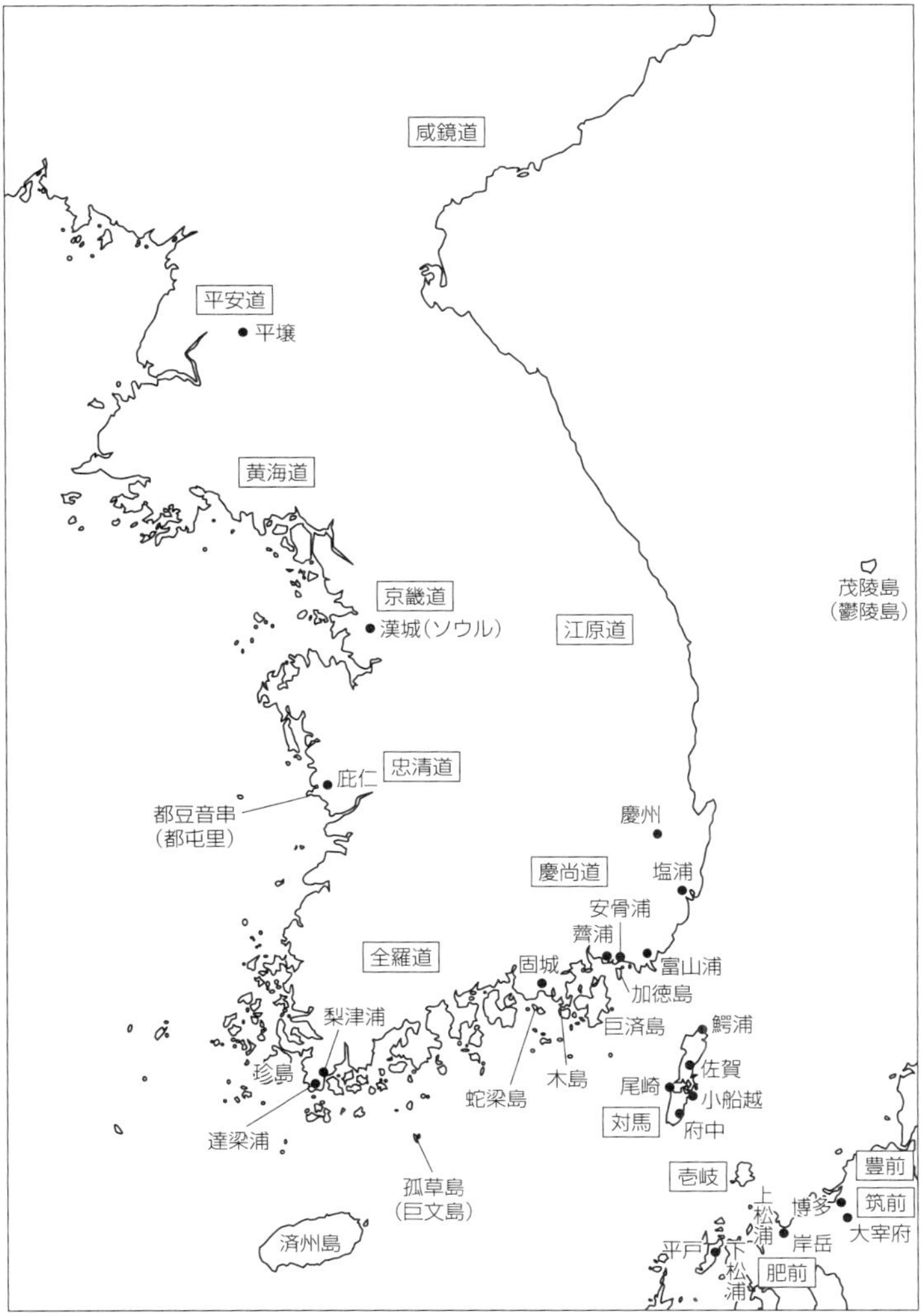


図６　九州・対馬・朝鮮関係地図

本書の論拠は、宗氏が発給した文書、すなわち宗氏の被官《ひかん》が受給した家文書《いえもんじょ》（またはその写しである「宗家御判物写《そうけごはんもつうつし》」）をベースにしており、『宗氏家譜』に代表される近世編纂物の所説は極力排している。一方、宗家文書は膨大な近世文書を誇るが、中世の宗氏受給文書の現存がほとんど確認されていないという現状がある。それが現存していれば（せめて写しでもあれば）、瞬時に明らかになるような基本的な事柄であっても、宗氏被官の家文書や朝鮮史料などを駆使し、遠回りをしながら明らかにしなければならない局面が多い。そのため、どうしても論証的にならざるを得ない部分が多いことは否めない。第一章はその傾向がやや強いので、本書の中核である第二章・第三章から先に読んでいただいても結構である。なお、史料の引用にあたっては現代日本語訳（一部意訳）しており、必要に応じて読み下し文を併記することとした。史料の出典表記は、本来ならば、個別の史料名（○年○月○日○○書状）を表示すべきであるが、紙幅の都合上、史料群名（「○○家文書」）を表示するにとどめた。各史料群の所蔵先・収録刊本などについては、拙著『中世対馬宗氏領国と朝鮮』巻末の一覧表をご参照いただきたい。

年号表記についても断っておくと、西暦を優先し、必要に応じて和暦・朝鮮国王の在世年数・明《みん》暦・干支を括弧書きで付記する。このため便宜的に「一五〇〇年四月一日」のような体裁をとるが、これは決してユリウス暦の一五〇〇年四月一日を意味するものではない。和暦と明暦（朝鮮は明暦を使用）で日付が異なることがあるので、明暦の日付である場合は、その旨を括弧書きで付記する。

# 第一章　中世対馬の国制上の位置

# 1　宗氏の登場前後

## 平安末期の対馬島守護人

まず、『吾妻鏡《あづまかがみ》』の記事から、源平合戦の終結前後の対馬の様子をみてみよう。一一八三年（寿永二）、源氏方に与同する対馬守の藤原親光は上洛を志したが、都落ちした平氏方の勢力が西国に割拠していたため、対馬で足止めされていた。そして、屋島（香川県高松市）に本拠をおく平知盛《とももり》と大宰権少弐《だざいごんのしょうに》原田種直《たねなお》からの参陣要求を無視したため、追討《ついとう》使高経直《しこうのつねなお》（種直家人）・拒捍使《こかんし》宗房を計三度にわたって差し向けられ、国務を蹂躙され、あるいは合戦におよぶこととなった。たまらず親光は、一一八五年（文治元）三月四日、高麗に亡命してしまった。源義経・範頼ひきいる源氏軍が壇ノ浦（山口県下関市）で平氏を滅亡させる十九日前のことである。

かねてから親光の身を案じていた源頼朝は、範頼に命じ、親光の身柄を保護しようとした。範頼は対馬に使船を向かわせたが、親光が高麗へ亡命したことを知り、「嶋の在庁」（対馬島の在庁官人）に命じて、高麗まで使船を向かわせた。五月二十三日のことである。このとき「当島守護人」である河内五郎義長は、「平氏は悉く滅亡しましたので、早く帰朝なさいませ」との書状を添えている。これに安堵した親光は帰国を決意し、六月十四日、約三ヶ月ぶりに対馬の地を踏んだ。

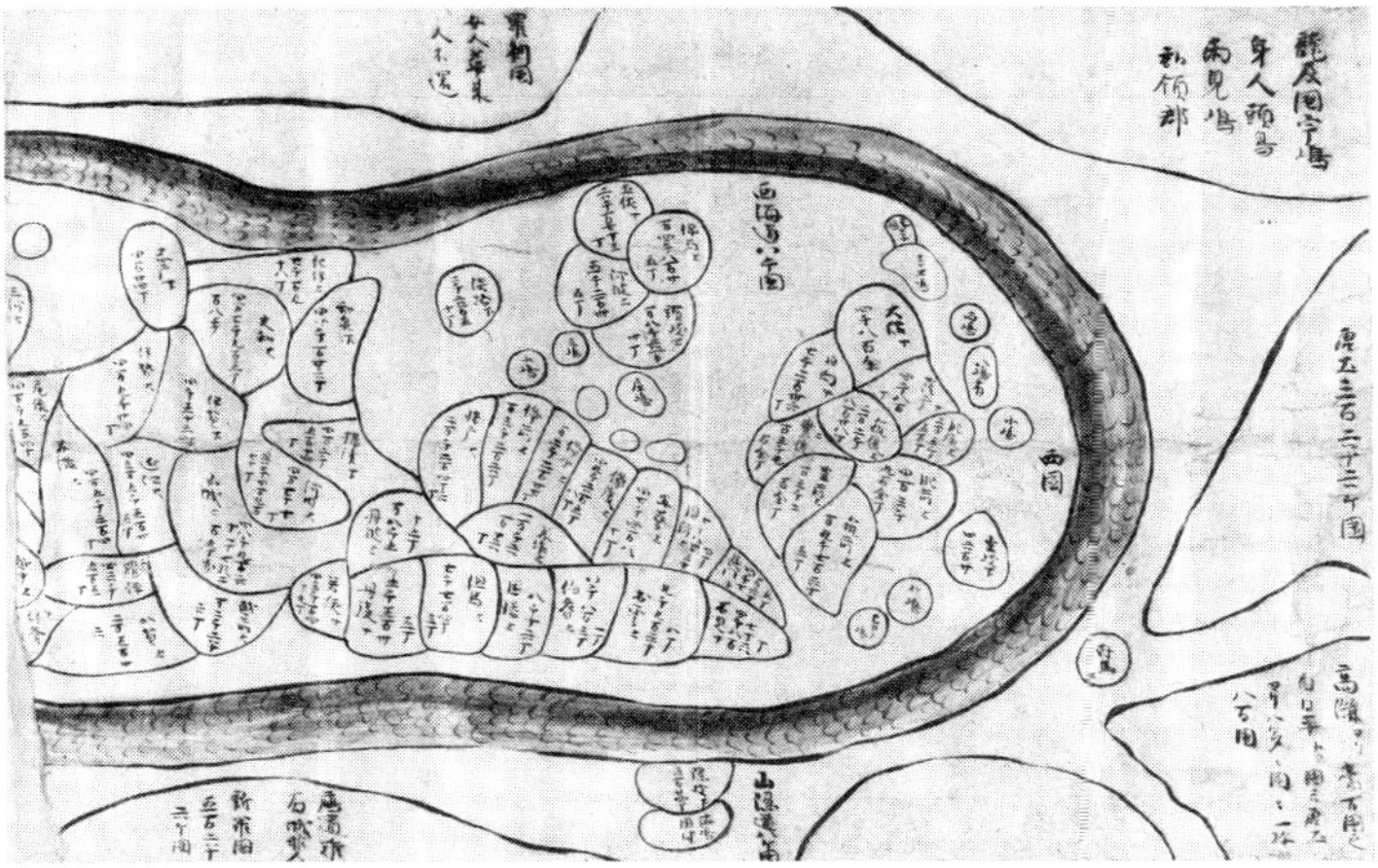

**図７　日本図**（重要文化財，神奈川・称名寺蔵）
鎌倉時代の日本図．龍が列島を取り囲む．対馬は龍の外に描かれ，その境界性がきわだつ．

このように、対馬守の亡命先が高麗であるというエピソードのなかに、対馬の「守護人」が登場するのである。ただし、平氏追討中の西国の守護人は六月十九日に頼朝の奏請によって廃止されてしまう（『百練抄』文治元年六月十九日条）。河内義長の対馬島守護人としての任務は、平氏滅亡後の藤原親光の身柄確保で幕引きとなった。

## 鎌倉前期の対馬守護・地頭

一一八五年（文治元）十一月の「文治の勅許」により、源頼朝は二六ヶ国に守護・地頭を設置することを許された。ここに鎌倉幕府の守護制度がスタートしたわけであるが、九州はその対象外であり、天野遠景《とおかげ》が「鎮西九国奉行人」となった。遠景の解任後、国別の守護へと分化をとげ、一一九七年（建久八）以前に武藤資頼《すけより》が筑前・豊前・肥前守護となり、管国を統治するための「宰府《さいふ》守護所」を開設するとともに、大宰府の府官にも名を連ねた（佐藤一九七一・伊藤二〇一〇）。建仁年間（一二〇一～〇四年）頃に対馬島の政務を「大宰府使」と「守護人」が蹂躙する事態が発生しているが（『勘仲記』弘安十年七月二日条）、この「守護人」とは対馬守護ではなく、「宰府守護人」と称された武藤資頼のことと考えられる。

武藤氏が対馬守護に任じられた時期は未詳であるが、一二三〇年（寛喜二）段階で武藤資能《すけよし》が筑前・肥前・豊前・対馬の三国一島の守護を兼任している（佐藤一九七一）。倭寇が高麗との外交問題となり、対馬と高麗との合戦の噂（『明月記』嘉禄二年十月十六日条）まで流れた嘉禄・安貞年間（一二二五～二九年）頃に対馬守護に任じられたのであろうか。一方、武藤氏は対馬島の公領の惣地頭（国地頭）を兼ねていた（伊藤二〇一〇）。

そして、武藤氏の守護代・地頭代として現地で台頭してきたのが宗氏である。宗氏の出自は、大宰府の府官の系譜をひく対馬島在庁官人の惟宗《これむね》氏である。武藤氏に従い、武士化して「宗《そう》」姓を称し、古代以来の在地豪族にして最有力の在庁官人であった阿比留《あびる》氏一族との地位を逆転させた（長一九八七）。同時代史料からその名が判明する最古の当主は宗資国《すけくに》（二郎・右馬允《うまのじょう》）であり、一二六三年（弘長三）の文書に「ちとう（地頭）二らう（郎）むま（右馬）との（殿）」とみえるのが初見である（「内山家文書」）。鎌倉・南北朝期の対馬では、地頭代の宗氏を「地頭」、地頭の少弐氏を「正地頭」と称することがある。

一三〇〇年（正安二）の地頭代宗盛国《もりくに》の発給文書に「地頭御代官五代」との文言があるので（「伊奈

郷」)、盛国は五代目の地頭代となる。つまり、三代資国—四代右馬太郎—五代盛国より以前に初代・二代の地頭代が存在したのである。資国より二代前まで遡ることは後世まで伝承されたらしく、『寛永諸家系図伝』(一六四三年)に「惟宗右《う》馬助《まのすけ》」「右馬弥次《いやじ》郎左衛門尉《ろうざえもんのじょう》」がみえ、対馬藩の藩撰史書『宗氏家譜』(一六八六年)では「知宗《ともむね》」「重尚《しげひさ》」と〈命名〉されている。ともあれ、資国以前に二代の地頭代が存在したとすると、武藤氏が惣地頭となった年代は、一二六三年よりもだいぶん遡ることに

図８　伝宗資国首塚
(対馬市厳原町下原，2015 年撮影)

図９　伝宗資国胴塚
(対馬市厳原町樫根・法清寺，2015 年撮影)

なる。おそらく武藤氏（以下「少弐氏」とする）は対馬守護と同時に対馬惣地頭に任じられたのであろう。

一二七四年（文永十一）の「文永の役」のさいの対馬守護は、少弐経資《しょうにつねすけ》（資能子）である。少弐氏は一二七三年以前に壱岐守護を追加され（佐藤一九七一）、筑前・豊前・肥前・対馬・壱岐の三国二島（「三前二島」）の守護を兼任した。このとき守護代・地頭代の資国（二郎・右馬允）は、一族郎党八〇余騎をひきいて佐須《さす》浦に向かい、「子息馬《（右馬）》次郎」（資国の嫡子ヵ）と「養子弥二郎」（弥二郎盛国の父ヵ）とともに討死している（『八幡愚童訓』）。

そして、一二八一年（弘安四）の「弘安の役」を境として対馬守護の存在が不明瞭となってしまう。二度の対外戦争を契機として北条得宗家による守護の改替が進み、少弐経資は建治年間（一二七五〜七八年）頃に豊前守護職、一二八一年に肥前守護職を剥奪されているので（佐藤一九七一）、対馬守護職までも剥奪された可能性は否定できない。

### 対馬守と知行国主

平安末期の対馬守藤原親光は対馬の現地に赴任しており、源平争乱期に高麗へ逃亡した。親光は帰国後の一一八六年に対馬守に再任されたが（『吾妻鏡』文治二年六月十一日条）、再び現地に赴任した形跡はない。一二一二年（建暦二）には「目代《もくだい》右衛門少尉藤原朝臣」が「在庁」宛てに留守所下文《るすどころくだしぶみ》を発している（「社家」）。その後、一二三六年（嘉禎二）に氷上法《ひかみのほう》眼円真《げんえんしん》が目代に任じられて対馬に下向し（「海神神社文書」）、六七年（文永四）には「御目代左衛門□

□」の発給文書がみられる（「藤家文書」）。

　このように鎌倉期には目代の派遣が常態化するわけであるが、早くも建仁年間（一二〇一〜〇四年）頃には「大宰府使」と「守護人」が「国宰之沙汰」を蹂躙する事態が発生している（『勘仲記』弘安十年七月二日条）。平安期の在庁官人のポストは阿比留氏が独占したが、鎌倉初期の一一九五年（建久六）には藤原氏・惟宗氏が参入している（長一九八七）。藤原氏・惟宗氏はいずれも大宰府の府官にみられる姓であり、その一族が対馬の在庁官人として進出してきたものと考えられる。こうした大宰府による対馬島衙の人事への介入が、ひいては「大宰府使」と「守護人」（宰府守護人）による政務の蹂躙へと発展したのである。

　ところで、一二七八年（弘安元）四月、朝廷は東寺灌頂院《かんじょういん》護摩堂の再興のため、「対馬島」を造営料所とすることを決定している（『東宝記』）。しかし、対馬から収納される正税《しょうぜい》だけでは造営費用を賄えないため、大勧進の願行《がんぎょう》上人《しょうにん》憲静《けんじょう》が幕府に働きかけ、淀の関所が寄進されたことで、一二九三年（永仁元）に造営が完了したという。また、建治年間（一二七五〜七八年）以降に東寺金堂の華鬘《けまん》の修理が計画されたさい、寺家が行う修理の費用には「対馬国所済《しょさい》」をあてるのが通例であるとされている（「東寺百合文書」）。したがって、東寺は一二七八年から九三年頃まで対馬の知行国主であったと考えられる。

　そこで注目されるのは、一二八八年（正応元）に対馬守忠弘が奉じた国宣《こくせん》（「海神神社文書」）である。

「国宣」は本来的には知行国主の「宣」（口頭命令）を意味するが、知行国主が直接国務を掌握すると、受領《ずりょう》（在京国司）が発給する「庁宣」に代わり、受領が知行国主の意を奉じるかたちの「国宣」が発給された（富田二〇一二）。対馬の史料で国宣はこの一通しか確認されず（実はもう二通あるが偽文書・存疑文書である）、時期的に符合することからみて、対馬守忠弘は知行国主である東寺に任じられた受領であろう。その国宣は「嶋の御目代」延救《えんきゅう》（東寺僧ヵ）からの申状を受けて正八幡宮惣検校《しょうはちまんぐうそうけんぎょう》に宛てたものであり、対馬の「造社」（一宮の修造）の遅延を譴責するとともに、正八幡宮惣宮司《そうぐうじ》が下津郡《しもつぐん》の「御年貢」「津料」を押領しているので延救に弁済せよとの内容である。東寺灌頂院護摩堂の修造費用を対馬だけで調達できなかったのは、目代による年貢・津料の収取能力が低下していたことが大きな理由であろう。

　ここにみえる正八幡宮とは正八幡宮政所のことで、対馬一宮（上津《こうづ》・下津八幡宮）の運営組織である。一二六七年（文永四）頃までは「寺家《じけ》僧都衆《そうずしゅう》」である「講師」（僧）が惣宮司・正宮司・上宮司・権宮司のポストに就き、在庁官人一〜二名が大宮司を兼務していた（「下津八幡宮文書」「蔵瀬家文書」）。つまり、正八幡宮政所は在庁官人と寺家僧都衆が共同で運営したわけであり、惣宮司の年貢・津料押領事件は、両者の不協和を露呈した事件であるといえよう。

　東寺の知行国指定が解除されてまもない一二九六年（永仁四）、「目代左衛門尉源長久」が文書を発給しているが、「永仁四年七月廿九日宰府御下知の状」にもとづき、正八幡宮政所惣宮司に大輔房慶《たゆうぼうけい》覚《かく》を任ずるとの内容である（「社家」）。七月二十九日付の少弐盛経《もりつねげ》下知状《ちじょう》は現存しないが、慶覚の惣宮司補任《ぶにん》を内諾した六月十二日付の盛経書状は確認できる（「島雄文書」）。少弐氏が正八幡宮政所に介入して惣宮司の実質的な補任権を掌握したわけであるが、これは目代・在庁官人が寺家僧都衆を押さえこむために少弐氏の権力に依存したことを示唆する。その後、一三一〇年（延慶三）段階の正八幡宮政所の構成は大幅に変更され、正宮司のポストに少弐氏・宗氏をバックアップとする惟宗其が就き、大宮司は九名に増員されて惟宗氏一名・阿比留氏七名が就いている（「海神神社文書」）。正八幡宮政所から寺家僧都衆が一掃されて在庁官人がポストを独占したわけである。一方、一三三七年（建武四）には正八幡宮寺家政所の存在が確認され、惣宮司（寺家）と正宮司が連署している（「一宮家文書」）。つまり、寺家僧都衆の受け皿として寺家政所が創設され、寺家側は惣宮司のポストを保証されたが、在庁官人側の正宮司がこれを牽制する体制が敷かれたのである。

このように、正八幡宮政所の組織改編は、少弐氏の島衙（目代・在庁官人）への介入を強める契機となった。目代発給文書は一二九六年の源長久の文書が終見であり、一三一四年（元亨四）を最後に目代そのものが史料上から姿を消すことになる（「斎藤家文書」）。

### 少弐氏の地頭支配

一二七三年（文永十）頃までの少弐氏は豊前・筑前・肥前・対馬・壱岐守護として、管国内の地頭・御家人に対する幕府の命令の遵行《じゅんぎょう》権（伝達権）、軍勢催促権、山賊・海賊追捕《ついぶ》権を掌握している（「龍造寺文書」「益永文書」「青方文書」「松浦文書」など）。その

図10　宗盛国像（東京・養玉院如来寺蔵，品川区立品川歴史館画像提供）第5代の地頭代.

後は対馬守護としての在職徴証がみられなくなるが、一二八六年（弘安九）以降に対馬地頭としての発給文書が確認される。

一二八六年、少弐経資（浄恵《じょうえ》）は「宗馬《右馬》太郎入道」に書状を送り、兵衛太郎なる人物の公事《くうじ》（税）を免除せよと命じている（「島雄文書」）。一三二二年（元亨二）に少弐貞経《さだつね》が兵衛《ひょうえ》太郎《たろう》経能《つねよし》の公事を「代々の例」にもとづき免除したときには、「対馬嶋地頭代」（宗盛国）宛てに命令を発しているので（「島雄文書」）、宗右馬太郎入道は地頭代とみてよい。そうすると、一二八六年に葦見《あしみ》高太郎《たかたろう》家利《いえとし》に下文《くだしぶみ》を発し、買得地《ばいとくち》を安堵した「地頭御代官沙弥《しゃみ》」も右馬太郎入道とみなされる（「伊奈郡御判物帳」）。

このように、少弐経資—宗右馬太郎ラインの支配が強化されるわけであるが、公事徴収・免除権と所領安堵権は、鎌倉幕府が守護に付与した権限ではない。いずれも本来は対馬守に属する権限であり、前者については、一二六七年（文永四）の目代「左衛門□□」の公事免許状があり（「藤家文書」）、後者については、一二二八年（安貞二）の目代「玄蕃助《げんばのすけ》源朝臣」の買得地安堵状がある（「島居家文書」）。少弐経資がこれらの権限を吸収し、その命令を「地頭代」宗氏が執行していることからみて、少弐氏は対馬惣地頭としての立場で対馬守の権限を吸収したとみるべきである。そして、在庁官人と寺家僧都衆との対立を背景として、一二九六年（永仁四）に正八幡宮政所惣宮司職の補任権を実質的に掌握したことに象徴されるように、対馬守が任命した目代の形骸化が進んでいく。このように地頭少弐氏が対馬守の権限を次々と吸収できたのは、在庁官人惟宗氏を母体とする地頭代宗氏に負うところが大きく、逆にいえば、宗氏は少弐氏のバックアップのもとに実質的な島内支配権の確立を図ったのである。

一方、一三三三年（正慶二）、少弐貞経は須茂宮内《すもくない》に対して、「地頭分の田畠所々」を「給分」として安堵している（「島雄文書」）。「地頭分の田畠」の所有は地頭の田地知行権に由来するもので、公領内に設定された「地頭分」の一部を「給分」として島内の諸氏に給付していたのである。貞経は「代々の判形の旨にまかせて」と述べているので、少弐氏が所領宛行《あてがい》権を行使しはじめたのも一二八〇年代頃に遡るとみられる。また、漁業・塩業の発達を背景として、少弐氏は網単位または塩屋単位で年貢を徴収するなど（佐伯一九九八）、地頭の得分となる収益源を拡大させている。こうした地頭少弐氏の対馬支配は、さながら対馬島という広大な「海の荘園」を経営する荘園領主のようである。

鎌倉後期に少弐氏が対馬守護であった明証はなく、むしろ対馬惣地頭としての活動が顕著になるわけであるが、こうした状況は南北朝期になっても同様である。一三五二年（正平七）、少弐頼尚《よりひさ》が南朝に加担して室町幕府に所職《しょしき》・所領を没収されたことを受け、弟の資経《すけつね》が亡父貞経の本領を次のように

**図 11　浅茅湾**(濃部浅茅湾　烏帽子岳より，2015 年撮影)
正面奥が大山岳．この海域では鎌倉末期〜南北朝期に網漁が試みられた．

リストアップし、幕府に安堵を願い出ている。

一　筑前国守護職
　　遠賀庄　宗像西郷
　　夜須庄　原田庄
一　肥前国
　　与賀庄　千栗
　　対馬島
一　遠江国
　　一宮庄
（「筑紫古文書追加」）

この史料を素直に解釈すると、少弐氏は三前二島の守護職のうち、南北朝期まで保有できたのは筑前守護職のみである。「対馬島」は他国の荘郷の地頭職と同列の扱いであり、しかも肥前国に付属するかたちとなっている。つまり、ここでいう「対馬島」とは対馬島惣地頭職のことであり、対馬守護職と解釈するのは無理がある。やはり少弐氏は鎌倉後期に北条得宗家から筑前以外の守護職を剥奪されてしまい、対馬については、惣地頭の立場で本領の一部として相伝・知行したとみるべきである。

## 2　宗氏の国制上の位置

### 宗氏の対馬守護補任説

少弐氏の対馬島内への発給文書は、一三六二年（康安二）の少弐頼尚《よりひさ》（本《ほん》通《つう》）の国府天満宮宮司職補任状で終見となり（「社家」）、これ以後は宗経茂《つねしげ》

（宗慶《そうけい》）による領国形成の萌芽がみられる（川添一九八三）。

まもなく宗経茂から政権を奪取した宗澄茂《すみしげ》が少弐氏に代わって対馬守護となったとする長節子氏の見解がある（長一九八七）。その論拠とされるのは、①対馬一宮・上津《こうづ》八幡宮の一三七八年（永和四）の棟札銘《むなふだ》に「大檀那当州守護惟宗朝臣伊賀守澄茂」とあること、②一三七六年以降は少弐氏の発給文書はもちろん、九州探題今川了俊《りょうしゅん》の発給文書も確認できないことである。このことから、澄茂が了俊に接近して対馬守護に任じられたと結論する。

一方、佐藤進一氏は、①了俊の代官が任地で「守護」を自称するケースがあること、②一三九五年（応永二）の「京都不審の条々」に「両嶋」（対馬・壱岐）が九州平定の恩賞として了俊に給付された旨が記されることから（「禰寝文書」）、了俊こそが対馬・壱岐守護であると反論する（佐藤一九八八）。

そもそも鎌倉後期以降の少弐氏が対馬守護であった明証はないので、仮に宗氏または今川氏が対馬

守護であったとしても、少弐氏から宗氏または今川氏へという単線的な流れでは説明できない。そのことを前提として、この時期に対馬守護が設置されたのか否か、もし設置されたとすれば、宗氏・今川氏のどちらが任じられたのかという問いを立てるべきであろう。しかし、「宗家文書」として伝来した宗氏受給文書はごくわずかであり、現状では室町幕府・将軍の発給文書（守護職補任・遵行命令など）の有無を確認しようがない。一方、対馬の諸家の文書において、一三七六年（永和二）以降に少弐氏・今川氏の発給文書が確認されないのは事実であるが、かといって宗氏が遵行状《じゅんぎょうじょう》（幕府の命令を管国内に伝達する文書）や軍勢催促状のような、一般に守護在職の徴証とされる文書を発給した事実も認められない。

このように、南北朝期の史料では決定的な根拠が見つからないのであるが、室町期の史料では幕府・将軍と宗氏との関係が多少は追えるようになる。そこで、方法を変えて、室町期において守護の任命者である将軍ないし幕府が宗氏をどのように認識していたのかという視点から、南北朝期守護補任説を逆照射してみることにしよう。

### 永享四年の御教書発給問題

京都醍醐《だいご》寺《じ》の座主《ざす》にして幕府の最高顧問である三宝院満済《さんぼういんまんさい》の日記『満済准后《じゅごう》日記』（以下『満済』と略記）には、宗氏に関する記述がある。永享四年（一四三二）七月十二日条には、遣明船《けんみんせん》の派遣に際して誰に警固《けいご》を命じるべきかを幕府内で議論した経過が記されている。まず、瑞書記《ずいしょき》が将軍足利義教《よしのり》に対し、

少弐方に御教書《みきようじよ》を発せられるのが肝要でございます

と上申したところ、義教は満済に対し、

御教書を発するべきであるが、少弐の件はいかがしたものか

と諮問している。これに対し、満済は

少弐はこのところ（義教の）御勘気《ごかんき》を蒙っているわけではございません。このたび（幕府の）御料国《ごりようごく》である筑前国にいわれなく攻め入ったため、その狼藉について御切諫《ごせつかん》なさっただけでございます。（少弐は）対馬国などを現在も「知行」しておりましょう。唐船《からふね》（遣明船）の警固は最も重要ですので、（少弐に）御教書を発せられるべきでございましょう

と答申している。

筑前国は一四三〇年に幕府の料国（直轄領）となったが、その代官である大内盛見《もりはる》と大友持直《もちなお》が合戦し、少弐満貞《みつさだ》も大友方に味方して挙兵した。一四三一年六月、大内盛見は筑前萩原《はぎのばる》（福岡県糸島市）で大友・少弐勢と合戦して討死してしまい、「大友・少弐らが九州を一統した」との報告が京都にもたらされる有様であった（『満済』永享三年八月九日条）。このように少弐満貞の反幕府行動が顕著な状況のなかで、遣明船の派遣が企画されることになったため、将軍義教は満貞に警固命令（御教書）を出すことの整合性を懸念した。そこで満済は、満貞は義教の「御勘気」を蒙ったのではなく、「御切諫」を蒙ったにすぎないので問題ないとの論理で義教の懸念を払拭してみせたわけである。

ここでみた議論は、少弐満貞が「対馬国」を「知行」していることを前提として行われたものである。満済のいう「知行」とは、幕府から認められて郡などの一定地域を支配している状態を意味し、その地域を「知行」する者は守護ではなく、「知行主《ちぎようしゆ》」というべき存在であるという（大薮二〇一三）。つまり、室町初期において幕府は対馬に守護を設置しておらず、少弐氏を「知行主」とみなして指揮命令系統下に編成していたことになる。

**永享六年の御教書発給問題**

一四三四年（永享六）、遣明船警固問題と同様の議論が再燃している（『満済』永享六年六月十七日条）。来日中の明の使節から「賊船」（倭寇）の取締りと被虜人《ひりよにん》（倭寇に連れ去られた人）の送還を要請された幕府は、対馬・壱岐に命令を発することにした。その際の議論をみてみよう。

少弐満貞への命令を提案する管領細川持之《もちゆき》と赤松満祐《みつすけ》に対し、将軍義教は、賊船の件は壱岐・対馬の者どもが専ら沙汰《さた》をしておろう。この両島はほぼ「少弐の被官《ひかん》」であろう。それゆえ少弐に命令を発するべきである。ただし、昨年以来、少弐討伐の命令を下し、軍勢を差し向けている。それなのに、いま少弐に命令を発するのはもってのほかである

と返答している。これに対して持之は、

賊船の取締りの御教書を発せられても、少弐をお許しになるわけではなく、問題はございません。御教書を少弐方にお発しください

と再三の上申を行っている。そこで義教は持之に対し、

この件の詳細は門跡《もんぜき》（満済）と相談せよ

と命じた。そして、持之の諮問を受けた満済は、

（義教の）上意はもっともと存じます。対馬一国については、「少弐の内者《うちもの》」である宗家の者どもが「知行」しておりましょう。かの者たちに御教書を発せられるのがよろしいでしょう。（中略）壱岐は何者が「知行」しているのか、はっきりいたしません。あるいは下松浦《しもまつら》の者どもが過半を「知行」しておりましょうか。さすれば少弐方の者でございましょう。御教書はこの者たちに発せられるのがよろしいでしょう

と答申している。

前年三月、幕府は大内持世《もちよ》に対して少弐満貞・大友持直治罰御教書と「御旗《みはた》」を下している。つまり、満貞は義教の「御勘気」を蒙ったわけであり、二年前の「御切諫なので問題なし」との論理はもはや通用しない。そこで満済は、少弐氏の「内者」（被官）であり、壱岐・対馬を実質的に支配する宗氏や松浦《まつら》党《とう》諸氏を知行主とみなし、彼らに御教書を発給すればよいとの見解を示したのである。なお、「下松浦」（現在の長崎県松浦市・平戸市・五島市周辺）とあるが、壱岐を支配したのは上松浦（現在の佐賀県唐津市周辺）の諸氏である。

この議論からみえてくるのは、将軍義教・管領細川持之・満済の三者間において、本筋としては少

弐満貞に御教書を発するべきであるとの共通見解が存在することである。しかし、満貞治罰の御教書が発せられている以上は、その整合性を維持する必要があるため、満貞の「内者」たちに御教書を発することにしたのである。その際、満済は対馬の知行主を少弐氏ではなく宗氏とみなし、二年前の見解を変更している。つまり、一四三四年になって幕府は宗氏を対馬の知行主とみなしたわけであるが、あくまでそれは守護制度を補完する柔軟な措置としてである。宗氏は対馬守護でもなければ、少弐氏の「内者」としての身分を払拭できたわけでもないのである。

## 南北朝期の少弐氏

室町初期の少弐氏・宗氏は、幕府から対馬の知行主とみなされていたが、いずれも対馬守護ではなかった。このことを確認したうえで、もういちど南北朝期に立ち戻ってみよう。

一三五二年（正平七）の少弐氏本領注文（前掲）によると、少弐氏は幕府に「対馬島」の返還を求めているが、これは惣地頭職《そうじとうしき》の返還とみられる。一方、室町幕府の守護制度は南北朝動乱への対応として展開したわけであるが、海を隔てた辺境の対馬は直接動乱に巻き込まれていない。鎌倉期以来、惣地頭少弐氏―地頭代宗氏の主従関係が維持されており、南北朝期の北部九州でも筑前守護少弐氏―守護代宗氏の関係が機能しているので、幕府としては、少弐氏を媒介とする間接的な指揮命令系統下に対馬を編入しておけばよいのであり、対馬に守護を設置する軍事的な必要性は乏しい。また、対馬では荘園制が展開されていないため、諸権門の権益を保護するといった政治的な契機にも乏しい。鎌倉後期以降、対馬守護のポストは空白となっていたと考えざるをえない。

少弐氏は一三五二年段階で対馬守護職を保持しておらず、惣地頭として文書を発給するのも六二年（康安二）までである。しかも、少弐氏はその根幹に関わる筑前守護職でさえ、一三七二年（応安五）頃（佐藤一九八八）、もしくは七五年（永和元）以降（山口一九八九）に剝奪されてしまい、九州探題今川了俊の兼任となっている。南北朝期において少弐氏が対馬守護職への補任を積極的に求める契機を見出せないのである。

## 今川了俊と対馬守護職

「京都不審の条々」（一三九五年）にもとづき、九州探題今川了俊が一三七二年（応安五）の九州平定の恩賞として薩摩・大隅守護職《しゅごしき》とともに「両嶋」（対馬・壱岐）を拝領しているとして、了俊を壱岐・対馬守護とみなす見解がある（佐藤一九八八）。しかし、「両嶋」とは「両嶋津」（総州家島津氏・奥州家島津氏）のことと解釈すべきであり（堀川二〇一六）、「京都不審の条々」を根拠として了俊の壱岐・対馬守護在職を証明することはできない。

とはいえ、一三七八年（永和四）二月に了俊が壱岐守護に在職していた徴証があるので（佐藤一九八八）、対馬守護を兼ねていた可能性は否定できない。もちろん了俊が対馬守護に在職した徴証をその発給文書から確認することはできないが、宗澄茂の発給文書が注目される。澄茂は一三七五年（文中四）十二月〜七六年（永和二）十月に南朝から北朝に帰参している（「島居家文書」「小田家文書」）。その前後、澄茂は「御書下《おんかきくだし》の旨に任せて」との文言をもつ遵行状《じゅんぎょうじょう》（上位者の命令を伝達する文書）を次のように発している。

①一三七五年（南朝・文中四）七月（「川本家文書」）

②一三七六年（北朝・永和二）十月（「小田家文書」）

③某年（北朝・永和□）四月（「御判物写与良郷」）

④某年（北朝・永和□）八月（「蔵瀬家文書」）

①は南朝方の対馬守護少弐頼澄《よりずみ》の書下をうけた遵行状、②は北朝方に帰参した頼澄または貞頼《さだより》（頼澄子）の書下をうけた遵行状であるとされる（長一九八七）。ただし、了俊が少弐冬資《ふゆすけ》を誘殺した一三七五年（北朝・永和元、南朝・文中四）七月以降は、了俊が筑前守護を兼ねたことが確実であるし、頼澄・貞頼が北朝方の対馬守護に任じられた明証はない。一方、一三七八年（永和四）二月頃に了俊が壱岐守護に在職していたことから類推すれば、②および③・④は対馬守護としての了俊の書下をうけたものである可能性がある。

もし了俊が対馬・壱岐守護への補任を望んだとすれば、そこには国際的契機が考えられる。一三六七年（貞治六）に倭寇の禁圧を求める高麗使節が来日しており、これを前提として七八年（永和四）に了俊は高麗との通交を開始し、徐々に通交を独占するわけであるが（須田二〇一一）、最大のアピールポイントは倭寇の禁圧と被虜人の送還である。その成果を挙げるには、倭寇の主要な根拠地である対馬・壱岐両島を守護の指揮命令系統下に置き、海賊追捕権を行使する必要があったと考えられる。

ところで、①〜④の澄茂遵行状を除くと、少弐氏・今川氏の関与をうかがわせる史料はない。澄茂の先代経茂（宗慶）は主として書下を発給しており、遵行状は年未詳の一通が確認されるのみである。むしろ澄茂が上位者の書下とセットで遵行状を発給したのが例外的なのである。澄茂は政変によって本宗家の家督を奪取した人物であるから（長一九八七）、政変直後の澄茂には正統性が十分に担保されておらず、その権力基盤も不安定であったといえる。③は祭礼に関する命令の伝達であるが、①・②・④は知行宛行に関する命令の伝達である。受給者側が澄茂よりも上位者からの保証を求めたため、結果として澄茂の遵行状が永和年間に集中したと考えられる。

こうした遵行状の発給状況に室町期の状況を加味すると、澄茂の立場はあくまで守護代とみるべきである。了俊の代官が任地で「守護」を称するケースが他地域で確認されており（佐藤一九八八）、上津八幡宮棟札銘の「守護」も同様に解釈できる。ただし、これは幕府制上の守護ではないということであって、澄茂が島内で「守護」と称しえたことは、宗氏領国形成の端緒期の出来事として高く評価すべきであり、澄茂期の画期性（長一九八七）を何ら否定するものではない。

遵行状の発給が澄茂の権力の不安定性と密接不可分であったならば、権力の安定化とともに守護の関与は薄れることになる。それゆえ、仮に了俊が守護であったとした場合、いつまで在職したのかを対馬の史料から明らかにすることはできない。しかし、一三八七年（至徳四）に少弐貞頼が了俊に代わって筑前守護に在職していた徴証があり、かつ了俊はこの頃には豊前・薩摩・大隅守護職についても解任されている（山口一九八八）。このように了俊が守護職を相次いで解任されていることからすれば、壱岐・対馬守護職についても一三八七年頃に解任された可能性があるが、京都に召還される一三九五年頃まで在職しつづけた可能性もある。いずれにしても、了俊が九州を去ったのちの対馬守護のポストは再び空白になったこととなる。

### 室町初期の知行主

鎌倉後期〜室町初期の少弐氏は、対馬惣地頭職を本領として保持していたため、一四三二年（永享四）に室町幕府は少弐氏を対馬の知行主とみなした。一四二〇年（応永二十七）に対馬の早田左衛門太郎《そうださえもんたろう》が朝鮮使節の宋希璟《ソンヒギョン》に対し、「この島は小二殿の祖上相伝《そじょうそうでん》の地です」と述べたのは（『老松堂日本行録』）、少弐氏が惣地頭であるとの認識にもとづくものである。これらを前提とすることで、幕府―知行主少弐氏―代官宗氏という指揮命令系統によって説明できる事例が二例ある。

第一は朝鮮被虜人《ひりょにん》の送還命令である。一四〇五年（応永十二）のものと推定される、宗貞茂《さだしげ》が五月七日付で発した書状（「三根郡」）によると、京都から日本国王使船が対馬に到着したため、貞茂は代官の青見《おうみ》氏・俵氏に対し、「上さま《（様）》」から「たうしん《（唐人）》」のことにつき「仰せを蒙りました」と述べ、来る十日までに「たう《（唐）》人」を進上するように命じている。足利義満が朝鮮に遣使したさい、対馬島内の「唐人」（被虜人）を送還したことを示すものであるが、ここにみえる「上さま」は少弐氏法師丸《うじほうしまる》（満貞）とみられる。一四〇一年、貞茂は少弐貞頼を「くはう《（公方）》」と呼んでおり（第二章）、貞茂の直接の上位者が少弐氏であることがわかる。つまり、幕府が主導する朝鮮被虜人の送還が知行主少弐氏—代官宗氏という指揮命令系統にもとづき実現したわけである。

第二は寺社造営料の収取命令である。一四一七年、将軍足利義持は九州探題渋川満頼《みつより》（道鎮《どうちん》）に御《ご》内書《ないしょ》を発給している（『大館記』）。これによると、筑前国武蔵寺《ぶぞうじ》（福岡県筑紫野市）の再興のため、義持は筑前・筑後・豊前・豊後・肥前・肥後から銭二万疋、壱岐・対馬から一万疋の奉加を募ることに決し、その旨を各国の「守護」に伝達するよう道鎮に命じている。文面上は壱岐・対馬守護が存在するかのようであるが、実際には壱岐・対馬の知行主である少弐氏に命じられたと解釈できる。

## 宗氏の地位

室町初期、宗貞茂・貞盛《さだもり》父子は領国内および朝鮮に対して「守護」と称しているが、それは対馬の実質的支配権の表象としてであり、幕府制上の対馬守護を意味しない。幕府側の視点からみると、一四三二年（永享四）までは少弐氏が知行主であり、宗氏はその「内者」にすぎないのである。ところが、一四三三年に幕府が少弐満貞の治罰を命じたことで状況が変化する。名分上、幕府は満貞の本領をすべて没収したわけであるから、満貞を対馬の知行主とみなすわけにはいかない。それゆえ、新たに宗氏を知行主とみなすことで、幕府—対馬間の指揮命令系統の維持を図ったのである。

しかし、宗氏はあくまで対馬の知行主であって、対馬守護ではない。また、少弐氏の「内者」としての身分を払拭できたわけでもなく、鎌倉期の資国から室町期の貞盛に至るまで、歴代当主は必ず少弐氏当主の通字または偏諱《へんき》を実名《じつみょう》に冠している（表2）。「元来守護職は家との結びつきが強く、守護制度そのものが家によって体現されるという側面」をもち、「守護職を保有し得る家格としての守護家の意味が重要である」との今岡典和氏の指摘（今岡一九八三）を踏まえると、将軍の陪臣《ばいしん》である宗氏が守護《しゅご》職家《しきけ》としての家格を保持したとは考えられないのである。もし南北朝期に澄茂が幕府制上の守護に補任されたとするならば、約半世紀を経て守護職家から「少弐内者」の身分に転落（回帰）したことになる。中世社会において、時代が下るにつれて家格が上昇することはあっても、いちど築き上げた家格が容易に下降することはなかろう。つまり、守護職家という観点からすると、南北朝期～室町前期に将軍の陪臣にすぎない宗氏が幕府制上の対馬守護に任じられたとは考えがたいのである。

**表2　少弐氏・宗氏間の通字・偏諱の授受関係**

| 宗氏当主 | 相続年 | 没年 | 少弐氏当主 | | |
|---|---|---|---|---|---|
| | | | 実名 | 生年 | 没年 |
| 資国 | 1263↑ | 1274 | 経資 | 1229 | 1292 |
| 盛国 | 1298↑ | 1349↓ | 盛経 | | |
| 経茂 | 1351↑ | 1370↓ | 貞経 | 1273 | 1336 |
| （尚茂） | — | 1401↓ | 頼尚 | 1294 | 1371 |
| 澄茂 | 1373↑ | 1392↓ | 頼澄 | 1372 | 1404 |
| 頼茂 | 1392 | 1398↓ | 貞頼 | 1372 | 1404 |
| 貞茂 | 1398 | 1418 | 〃 | 〃 | 〃 |
| 貞盛 | 1418 | 1452 | 満貞 | 1394 | 1433 |

＊霊監（経茂子）の実名を尚茂とする近世編纂物の所説があるので，当主ではないが，便宜上掲げた．

＊相続年・没年の矢印は，表示の年代を遡及または下降する可能性があることを示す．

## 宗氏の対馬守護補任

室町・戦国期の宗氏が一貫して対馬の知行主のままであったかといえば、そうではない。一四七七年（文明九）に奈良興福寺大乗院の尋尊《じんそん》が九州諸国の守護職の保有状況を記録しており、「対馬国」については「惣（宗）刑部《ぎようぶ》の国」とある（『大乗院寺社雑事記』文明九年是歳条）。また、翌年の大内政弘《まさひろ》の右筆相良正任《さがらただとう》の日記には「対馬国守護宗刑部少輔貞国《ぎようぶのしようさだくに》の書状到来す」とある（『正任記』）。一五八七年（天正十五）の細川藤孝《ふじたか》（幽斎《ゆうさい》）の旅行記にも、「対馬の守護宗対州（義智）」とある（『九州御動座記』）。つまり、他国の守護などから「守護」として認知されているのであり、一四三四年（永享六）から七七年（文明九）までの期間に宗氏の立場は対馬の「知行主」から対馬守護へ変化したことになる。一四六五年（寛正六）、幕府奉行人《ぶぎようにん》が宗成職《しげもと》に宛てて連署奉書《れんしよほうしよ》を発しているが（『戊子入明記』）、これは幕府の命令を管国内に伝達（遵行）するよう命じたものであるから、この時点で成職が対馬守護であったことは確実である。そうすると、対馬守護に任じられた時期は一四三四〜六五年に絞られる。

一方、対馬守護に任じられるためには、守護職家としての家格が必要となる。すなわち、守護職家である少弐氏の「内者」（被官）であるという身分・由緒を克服しなければならない。身分の上昇という視点からみると、貞盛が少弐満貞の「貞」字を冠したのに対し、成職は将軍足利義成《よししげ》（義政）の「成」字を冠している。義政が「義成」と名乗ったのは一四四六年（文安三）〜五三年（享徳二）、貞盛から成職への家督相続が行われたのは五一年のことである。したがって、貞盛から成職への家督移行期に身分の上昇が発生しているのであり、この微妙な時期に対馬守護職に任じられたのではないだろうか。この問題については、第二章のなかでじっくりと検証することにしたい。

## 宗氏領国という視点

本章では、平安末期〜室町期の対馬守護（人）の問題を軸として、対馬ないし宗氏の国制上の位置づけを考察してきた。

南北朝後期、宗澄茂は自律的な地域支配を展開するなかで「守護」と称したが、これはあくまで実質的な地域支配権の表象としてであり、幕府制上の守護とは考えられない。そして、室町前期に宗氏は幕府から少弐氏に代わる対馬の知行主とみなされるようになり、さらに貞盛から成職への移行期に対馬守護に任じられたという見通しを得たわけである。

これを宗氏領国の形成という視点からみると、宗氏は対馬守護としての公権をテコとして領国形成を図ったわけではないことになる。在庁官人惟宗氏を出自とする宗氏が、惣地頭少弐氏の地頭代となり、鎌倉〜南北朝期に対馬守の権限を実質的に吸収することで地域権力化を遂げたのであり、その結果として、室町期の一四三四年（永享六）に幕府から知行主とみなされたのである。第二章で詳しく論じるように、一四三〇年代後半には宗氏領国の形成が一定の到達点に達し、四一年（嘉吉元）頃には貞盛が「対馬国」の「公方《くぼう》」として振る舞うようになるが、対馬守護に任じられた可能性があるのは四〇年代後半である。つまり、宗氏は地頭代→知行主→守護というコースを歩み、国制上の地位を築いていったという見通しが得られるのである。

日朝交流史の分野では、「対馬守護である宗氏が朝鮮と通交した」とみるのが通説的理解であるが、室町前期（その後も含めて）の宗氏の朝鮮通交のあり方は地域権力としての独自性という視点から考えなければならない。しかし、その一方で宗氏が辺境の地域権力として自己完結的に存在したわけでもなく、知行主ないし守護として国制上の地位を獲得するのである。対馬宗氏とはいかなる存在であるかという問題を解くには、朝鮮との通交関係はもちろん、幕府・将軍そして北部九州の守護・国衆との関係を含めて考えてみなければならない。

# 第二章

# 進展する領国形成と朝鮮通交

# 1　領国形成の本格化——宗貞茂の時代——

**南北朝末期〜室町初期の宗氏**

一三七六年（永和二）に北朝に帰参した宗澄茂《すみしげ》は、それ以後も対馬と九州をまたいで活動している。一三八七年（至徳四）に少弐貞頼《しょうにさだより》が筑前守護に復帰すると（山口一九八九）、澄茂はその守護代となり、九〇年（明徳元）には宗像社領《むなかたしゃ》稲元村（福岡県宗像市）の押領《おうりょう》事件の訴訟処理を行っている（「宗像大社文書」）。

その一方で、澄茂は宗像社領以外では自らが押領行為を行っている。大宰府安楽寺（太宰府市）領の板持庄《いたもちのしょう》（糸島市）を押領したとして、一三八六年に九州探題今川了俊《りょうしゅん》からその返還を命じられたほか（「御供屋文書」）、九五年（応永二）に了俊が探題を罷免されると、高野山金剛三昧院《こんごうさんまいいん》領の粥田庄《かいたのしょう》（宮若市など）を押領している（「金剛三昧院文書」）。こうした押領行為は知行宛行《ちぎょうあてがい》との密接な関係が考えられる。澄茂は山田庄《やまだのしょう》・駅家庄《うまやのしょう》（嘉麻《かま》市）や吉末名《よしすえみょう》（朝倉市）の田地を宗氏一族・被官《ひかん》に給付したことが確認されるため（「歩行御判物帳」「中村文書」）、知行宛行の対象となる田地を確保するために押領行為に及んでいたのであろう。

対馬は農地に乏しい島であるため、米穀の供給は多分に島外に依存していた。宗氏一族・被官にとって筑前の穀倉地帯は魅力的な知行対象なのであり、それゆえ宗氏当主は少弐氏の筑前守護代として活動するかたわら、知行宛行に必要となる土地の集積を進める必要があった。こうした行動パターンは南北朝〜室町期の宗氏歴代当主に共通するものである。

さて、一三九五年閏七月に今川了俊が九州探題を罷免され、翌九六年三月に渋川満頼《みつより》がその後任となった。これを好機とみた筑前守護少弐貞頼は、九七年に肥後守護菊池武朝《たけとも》とともに挙兵し、幕府─探題ラインの支配体制に反旗を翻した。このとき宗氏の家督は澄茂から一門の頼茂《よりしげ》に交代していた。一三九八年四月、少弐貞頼が守護代の頼茂に宗像社領稲元村の田地の引渡しを命じ、頼茂は証状を発給している（「宗像大社文書」）。また、同月に頼茂は駅家庄（嘉麻市）・田《た》尻次郎丸名《じりじろうまるみょう》（糸島市）の土地を一族・被官に知行として給付しているが（「歩行御判物帳」「中村文書」）、これ以後は頼茂の活動はみられなくなる。まもなく、閏四月に幕府は貞頼の討伐を号令し、十月には周防の大内義弘《よしひろ》を九州に下向させ、少弐氏・菊池氏の蜂起を鎮圧している。

## 貞茂の家督相続

こうした状況下の一三九八年（応永五）十二月、頼茂の後継者である貞茂《さだしげ》が対馬島内に初めて文書を発給し、翌九九年七月には「日本国対馬島都総管《とそうかん》」と称して朝鮮に通交し、家督相続を通知している。このときの「書契《しょけい》」（外交文書）において、貞茂は「関西の強臣」（今川了俊）と「酷吏《こくり》」（澄茂系宗氏）の非法を批判し、

この輩《ともがら》は、去年、すべて滅び去りました。天がこれを滅ぼしたのです。今、（天は）不肖（私）を

祖の職に任じました

とある（『定宗実録』元年七月朔日条、以下、朝鮮王朝実録の出典表記は『定宗』のように略記）。一三九八年に澄茂系宗氏から経茂系宗氏への政変が発生したものと考えられている（長一九八七）。

図12　宗氏略系図

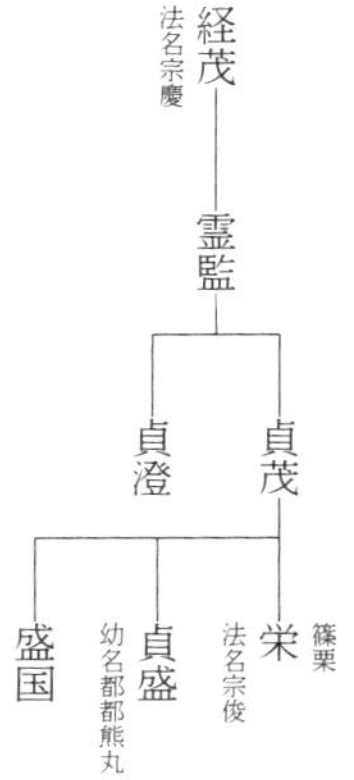


「祖」とは祖父経茂《つねしげ》のことである。父霊監《れいかん》は不遇をかこったが、貞茂が二代ぶりに本宗家の地位を奪回したのである。ただし、貞茂は自分で「酷吏」を滅ぼしたのであれば、それをアピールすればよさそうなものを、わざわざ「天」の論理を利用して説明している。もちろんクーデターを正当化するためとも考えられるが、北部九州の政治情勢に鑑みると、先代の頼茂（澄茂系宗氏）が大内勢との合戦で討死し、たまたま家督を相続したという可能性も残されていよう。ともあれ、澄茂系宗氏を「酷吏」と断じて天罰で滅んだと説明するあたり、経茂系宗氏の系譜をひく貞茂の強烈な対抗意識が現れている。

図13　宗貞茂の花押（1401年）
（重要文化財「小田家文書」，長崎県立対馬歴史民俗資料館蔵）

## 北部九州・対馬の争乱

足利義満の大守護抑圧策が断行されるなかで、大内義弘は駿河守護今川了俊を仲介として関東公方足利満兼《みつかね》と通謀し、義満への対抗を画策した（川添一九六四）。そして一三九九年（応永六）十月、義弘は大軍を率いて和泉堺（大阪府堺市）に向かい、十二月に幕府軍と交戦して討死した。

この「応永の乱」は北部九州の政治情勢にも波及した。その半年前から九州探題渋川満頼《みつより》は大内盛《もり》見《はる》（義弘弟）の支援を受け、豊前で少弐貞頼と交戦していた。ところが、乱が発生するやいなや、渋川満頼は敵方の少弐貞頼と和睦し、それまで味方であった大内盛見に鉾先を向けたのである（有川一九八六）。このとき貞茂は少弐貞頼に従い、豊前の香月《かつき》・上津役《こうじゃく》（福岡県北九州市）の陣中にいた（長一九八七）。

足利義満は大内氏の内部分裂を画策し、弘茂《ひろもち》（盛見弟）と満世《みつよ》（盛見甥）を支持したため、苦境に立たされた盛見は豊後大友氏のもとに身を寄せた（和田二〇一三）。これを好機とみた少弐氏と宗氏は、一四〇〇〜〇二年に筑前・豊前・肥前方面で有利に戦線を拡大した。このとき貞茂は豊前に布陣し、筑前・肥前では宗澄国が軍事行動を展開している。

その一方で、対馬は権力の空洞状態にあった。一四〇一年九月、貞茂と父霊監が同時に朝鮮に通交したさい、貞茂は「日本国権対馬島太守《ごんのつしまとうたいしゅ》」、霊監は「対馬州守」と称している（『太宗』元年九月乙卯条）。九州出陣中の貞茂は「権《かり》」の対馬州太守で、霊監がその留守を預かっているという意味である。

また、宗資茂《すけしげ》（伊奈郡主）・宗満茂《みつしげ》（澄茂系宗氏）も貞茂に従軍している。応永の乱後の戦線拡大にともない、宗氏一門の有力者が揃って九州に出陣したことで、対馬は権力が空洞化した危険な状態に陥ったのである。貞茂は九月十八日付で豊崎郡の宗彦五郎に書状を送り、「人々が『にくみ』（反乱）などを企てています」と述べ、反対勢力を牽制するよう依頼している。まもなく貞茂は豊前の陣を引き払って対馬に戻ろうとしたが、「くはう《（公方）》」である少弐貞頼からきつく引き留められた。やむなく貞茂は豊前での在陣を続け、ひとまず「内《うち》の物《もの》」（被官）たち数名を帰島させ、宗彦五郎らと対応にあたらせることにしたのである（「大浦（一）家文書」）。

そして一四〇一年冬、対馬で宗賀茂《よししげ》（澄茂系宗氏）が蜂起した（長一九八七）。貞茂に従軍する国分《こくぶ》又二郎は、この事件について、「その（貞茂の）御留守に対馬で謀叛を企てられました」とある（「国分家文書」）。これに対して貞茂は、宗資茂や国分又二郎らを率いて対馬に急行し、翌一四〇二年七月に賀茂の騒乱を終息させた。この事件を契機として、対馬における貞茂の権力は安定化していくことになる。

### 少弐・宗体制の衰退と貞茂の出家

一四〇一年（応永八）十二月、大内盛見《もりはる》は大内弘茂《ひろもち》を長門で敗死させ、翌年正月には本拠地の周防山口（山口市）に帰還し、大内家の内紛の終息を図った。そして一四〇三年七月、足利義満が盛見を大内家の家督として承認し、周防・長門守護職を安堵したため、九州探題渋川満頼は盛見と和睦し、少弐貞頼との抗争を再開したのであ

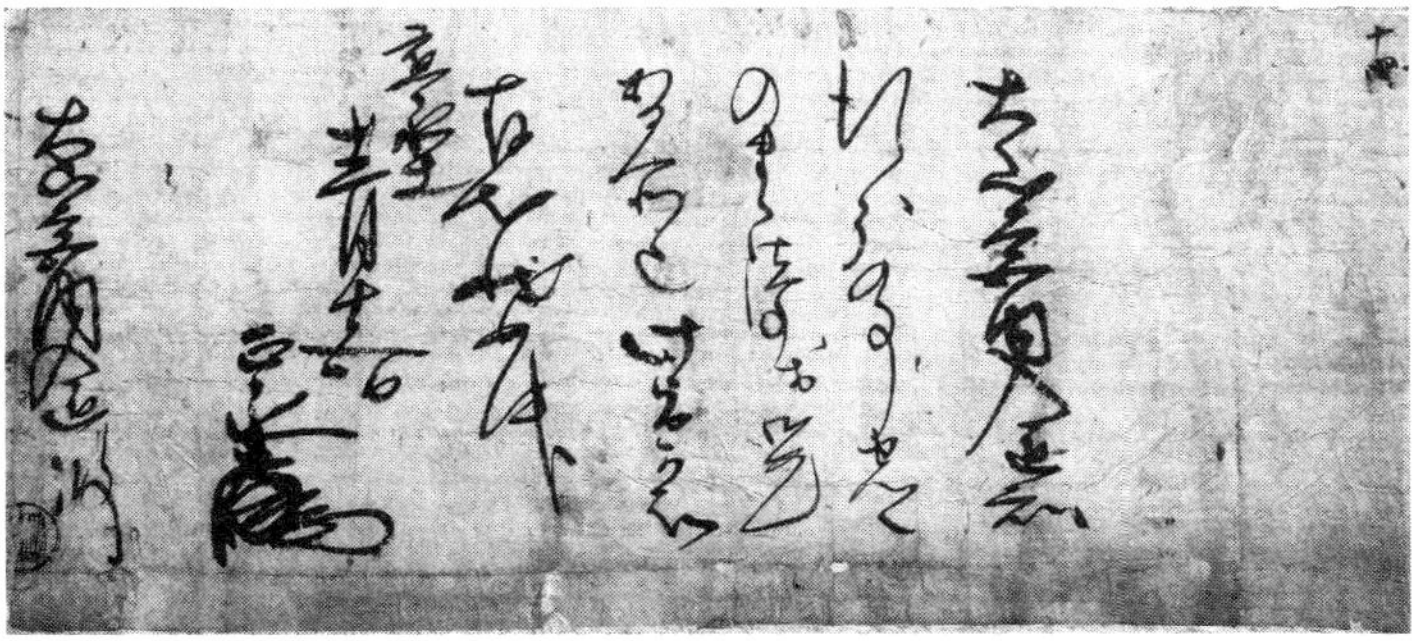

図14　応永11年(1404)12月15日宗正永(貞茂)知行安堵状
(重要文化財「小田家文書」，長崎県立対馬歴史民俗資料館蔵)

る。

筑前守護少弐氏と守護代宗氏による北部九州の支配体制は「少弐・宗体制」と称される（佐伯一九七八）。少弐・宗体制は応永の乱の発生にともない一時的な安定をみたが、大内盛見の反転攻勢によって弱体化の方向に進むことになる。

こうした状況下の一四〇四年、突如、貞茂が出家した。六月二十五日付の発給文書では「貞茂」と署名しているが（「伊奈郡御判物帳」）、八月二十五日付の発給文書では「正永《しょうえい》」と署名し（「仁位郷給人寺社足軽百姓御判物写」）、十二月にも「正永」と署名した発給文書が四通確認される（「小田家文書」など）。念のために付言すると、貞茂と正永の花押は一致するので、別人ではない。一四一八年三月、貞茂は死去直前に「讃岐入道昌栄《しょうえい》」と称しており（「仁位郡」）、後世の家譜類は貞茂の道号・法名を「青山昌栄《せいざんしょうえい》」とする。

ところが、翌一四〇五年五月から再び「貞茂」と署名した発給文書がみられる。一四〇四年六月～八月頃に出家をした貞茂は、翌年に還俗《げんぞく》し、晩年に再び出家したのである。晩年の出家はともかくとして、最初の出家の理由は、少弐貞頼の死去に求められる。貞頼の没日は一四〇四年六月二十日であり（「光浄寺文書」）、貞茂はその二ヶ月後の発給文書で初めて「正永」と署名している。つまり、貞茂は主人貞頼の死去をうけ、ほどなく出家したのである。

貞茂の「貞」字は、貞頼の一字とみられるが、鎌倉・南北朝期の少弐氏・宗氏の関係をみても、少弐氏当主の上の一字が授受されたのは鎌倉期の少弐盛経《もりつね》―宗盛国《もりくに》の事例ぐらいで、それ以外は下の一字が授受されている（三七頁表2）。家督相続以来、貞茂は「くはう（公方）」貞頼に従って北部九州の戦線にあり、両者の情誼的紐帯は強固だったのであろう。

さて、貞頼の死去によって、少弐・宗体制の弱体化には拍車がかかった。一四〇五年正月、大内盛見が渋川満頼に援軍を送ると、五月に貞頼の遺児氏法師丸《うじほうしまる》（満貞《みつさだ》）が渋川方に降参したのである。同月中には幕府―対馬の知行主《ちぎょうしゅ》少弐氏―代官宗氏の指揮命令系統が機能して朝鮮の被虜人の送還が実現しているので（第一章）、氏法師丸の降参は本領安堵が条件であったと考えられる。なお、少弐氏が筑前守護に再任される時期は一四〇八年（応永十五）以前とされてきたが（本多一九八八）、このとき筑前守護職と対馬惣地頭職を同時に安堵されたとすれば、〇五年五月まで遡らせることができよう。

少弐・宗体制の弱体化にともない、満貞・貞茂は幕府―九州探題の支配を受容し、そのもとで筑前守護・守護代として活動することを選択したのである。一四〇四〜〇六年には筑前国内で少弐氏の発給文書は確認されないが、貞茂と宗氏一門による知行宛行が筑前各地で集中的に行われている。

## 領国形成と郡主の登場

北部九州の少弐・宗体制が弱体化すると、貞茂が対馬に在島する頻度が高まった。一四〇六年（応永十三）七月、貞茂は篠栗新兵衛尉《ささぐりしんびょうえのじょう》宛てに書状を送り、

当年は在嶋しますので、月々の御神事などを奔走するつもりです。（あなたも）これらのことをしっかり沙汰《さた》してください

と述べている（「御判物写与良郷」）。この文書は在庁官人の系譜をひく大掾阿比留《だいじょうあびる》家（正八幡宮寺家政所正宮司）に伝来したもので、対馬一宮（上津《こうづ》・下津《しもつ》八幡宮）の神事に関わるものとみられる。北部九州の戦線から解放された貞茂は、対馬に定着する気配をみせ、まずは一宮の神事興行に意欲を示したのである。

そして、一四〇八年八月、貞茂は少弐満貞の上意をうけた奉書《ほうしょ》を弟の貞澄《さだずみ》に発給し、「筑前国守護《しゅご》代職《だいしき》」の任にある「愚身」（貞茂）の代官として働くようにと伝えている（「馬廻御判物帳」）。こうして貞茂は北部九州の諸事を貞澄に任せ、対馬の領国支配と朝鮮通交に邁進することになる。

ところで、室町期の対馬は八郡で構成されていた。古代の上県《かみあがた》・下県《しもあがた》二郡は、南北朝期に十二郡ほどに分化したが、経茂《つねしげ》・澄茂《すみしげ》期に「八郡《はちぐん》」に整理縮小されて「八海《はちかい》」とも称されるようになった。「八郡」の体制は、近世中期に「八郷」と改称されはしたが、明治初期の廃藩置県まで継承されてお

り、宗氏の領国支配の象徴といえる。南北朝期に経茂・澄茂が各郡に代官を配置して公事《くうじ》（税）を徴収する体制を構築したのにつづき、室町期になって貞茂が伊奈・豆酘《つつ》・仁位《にい》の三郡に郡主を設置した。

伊奈郡では宗資茂《すけしげ》が一三九六年（応永三）〜一四三三年（永享五）に知行宛行・安堵権を行使し（「伊奈郡」）、三六年には「対馬州伊奈郡主越中守」の肩書で朝鮮に遣使した（『世宗』十八年閏六月己卯条）。資茂の系譜関係は定かでないが、貞茂とは協調的であり、豊前の合戦や賀茂の騒乱では貞茂と行動を共にしている。資茂は郡主のなかでも最も活発な動きをみせるが、その支配は排他的・一円的なものではなく、本宗家（貞茂）の支配も入り組んだものであった。

豆酘郡では宗貞澄（貞茂弟）が一四一七年（応永二十四）〜三二年（永享四）に寺領寄進権・知行宛行権を行使している（「内山家文書」）。ただし、筑前守護代の又代官《まただいかん》に任じられたためか、対馬での事跡は乏しく、また排他的な支配を行ってもいない。

仁位郡では宗満茂《みつしげ》（澄茂系宗氏）が一四一八年（応永二十五）〜二三年に寺領寄進権・知行宛行権を行使し（「仁位郡」「国分家文書」）、一九年には「対馬島二（仁）位郡主」の肩書で朝鮮に遣使している（『世宗』元年二月甲辰条）。仁位郡は唯一、本宗家の支配が及ばない郡であり（長一九八七）、郡主の一円領といえる。ただし、これは両者の権限の分有の違いによるもので、必ずしも対立関係を示すものではない。むしろ満茂は貞茂と行動を共にしており、両者の関係は協調的である。

総じて貞茂期には本宗家と郡主家との関係は良好である。貞茂は直轄郡を五郡と定め、伊奈・豆酘・仁位三郡には宗氏一門の信頼できる人物を郡主に任じて権限を分有することで、領国支配の浸透を図ったのである。

**領国支配と朝鮮通交の一体化**　貞茂は家督相続まもない一三九九年（応永六）七月に初めて朝鮮に遣使したわけであるが、その後、一四一八年四月に没するまでの朝鮮通交の時期的な傾向をまとめると、次のように四期に区分される。①・②期は貞茂の政治的動向にもとづく区分であり、③・④期は通交関係の状態にもとづく区分である。

①北部九州での戦時期（一三九九～一四〇五年）　一・四回／年
②対馬定着までの過渡期（一四〇六年～〇八年八月）　二・二回／年
③通交関係の停滞期（一四〇八年九月～一一年九月）　二・〇回／年
④通交関係の進展期（一四一一年十月～一八年四月）　七・六回／年

貞茂が対馬に定着するのは③期であるが、一四〇九年（応永十六・太宗九）春に朝鮮水軍による「倭船」拿捕《だほ》事件が発生し、外交関係が停滞している。「倭人」たちが貞茂の「行状《こうじょう》」（渡航証明書）とともに、略奪品である明の靖海衛《せいかいえい》（山東省）の「印信《いんしん》」（官印）も所持していたことから、貞茂の「倭寇」への関与が疑われたのである（『太宗』九年三月己未条）。

朝鮮は倭寇禁圧の見返りとして貞茂に毎年五〇〇～六〇〇石《せき》の米を送っていた。朝鮮の量制で一石は八六～一一五㍑であるから（李二〇〇一）、日本の量制に換算すると、最低値で二三九石《こく》、最高値では三八三石となる。しかし、倭寇事件をさかいに朝鮮は支給額を減じたようで、これに反発した貞茂は、倭寇禁圧のためのエキスパートとして朝鮮に派遣していた平道全《ピョンドジョン》（朝鮮名ヵ）に書状を送り、

朝鮮の私に対する誠意は、今となっては昔のようではない。昔は米五〇〇～六〇〇石《せき》を送ってきたが、今は送ってこない。お前は暇乞いをして（対馬に）帰ってくるがよい

と述べている。平道全の召還は、倭寇禁圧政策の放棄を意味するため、一四一〇年五月、朝鮮側は李《イ》芸《イェ》を対馬に遣わして貞茂の労をねぎらい、米豆三〇〇石を贈った（『太宗』十年五月己卯条）。翌一四一一年九月にも朝鮮は平道全を対馬に遣わし、貞茂に米豆三〇〇石を贈り、「和好」を結ぶことを求めたので、貞茂はこれに応じて倭寇禁圧政策の維持を約束した（『太宗』十一年九月己巳条）。

こうして外交関係が好転すると、貞茂の通交回数が急増する（④期）。もちろんすべてが貞茂本人の企図した通交ではなく、島内の朝鮮貿易を希求する人びとに名義を貸すケースのほうが多かったと考えられる。その一方で、貞茂は領国支配を進めるうえで必要な外交交渉も行っている。

第一は対馬島民の送還交渉である。朝鮮には倭寇禁圧策によって投降したり、生活難を理由に帰化したりした対馬島民がおり、貞茂は彼らを対馬に送還するよう求めたのである。とりわけ後者は中世社会の「逃散《ちょうさん》」と「人返し」にあたるもので、朝鮮半島だけが関係先ではない。たとえば、貞茂が壱岐に逃散した百姓を送還させたケースがあり、「（帰島後の）二～三年間は居付くことができるよう、御公事（税）を免除する」という措置がとられている（「川本家文書」）。この三年間の優遇措置という

のは、近世の「走り者」（走り百姓）への各藩の対応と類似している（宮崎二〇〇二）。②期には、朝鮮領域内の島々を往来する島民を管理するため、貞茂は茂陵島《モルンド》（欝陵島《ウルルンド》）・南海島《ナメド》・珍島《チンド》などの割譲を求めていたが、朝鮮側の同意を得られるはずがなく、④期に至ってより現実的な方法による島民の管理を図ったわけである。

第二は寺社保護政策に関わる交渉である。貞茂は朝鮮に経典《きょうてん》・梵鐘《ぼんしょう》を求めたり、造塔費用を募る勧《かん》進僧《じんそう》の朝鮮渡航を支援したりしている。とりわけ一四一三年頃には大蔵経《だいぞうきょう》一部を入手している（『太宗』十三年三月辛巳条）。鎌倉後期以降、対馬一宮（上津・下津八幡宮）の運営組織である正八幡宮政所《しょうはちまんぐうまんどころ》の正宮司・大宮司は在庁官人が兼務し、阿比留氏・惟宗《これむね》氏がその任に就いていた。その惟宗氏を出自とする宗氏にとっては、神領・神事の興行に努めることが領国支配を固めるうえで必須なのであった。また、貞茂は寺院の再興にも意を注いでおり、たとえば「『無縁所《むえんじょ》』のような姿」に成り果てていた普光寺《ふこうじ》を再興し、宗氏の祈禱所《きとうじょ》に指定している（「中村家文書」）。このように寺社の興行を図るうえで、経典・梵鐘などを施入する必要があり、これらを朝鮮に求めたのである。おそらく朝鮮時代の廃仏《はいぶつ》崇《すう》儒《じゅ》の風潮を敏感に察知しての判断であろう。いわば仏教文物をめぐる需給関係が成立したのである。

### 嫡流相続をめざして

十四世紀後半に宗氏本宗家は経茂系から澄茂系に移行したが、十五世紀初期に経茂系の貞茂が本宗家の地位を奪回した。そののち領国形成と朝鮮通交に邁進した貞茂にとって、最後の課題となるのが次代への家督の継承である。

図15　厳原八幡宮（下津八幡宮）社殿
（対馬市厳原町中村，2005年撮影）

一四〇九年（応永十六）の対馬一宮・上津八幡宮の社殿造営棟札《むなふだ》銘で「願主宗右馬刑部少輔《うまぎょうぶのしょう》惟宗朝臣宗貞茂」「奉行《ぶぎょう》宗左衛門」が連名しているが、一四年の一宮・下津八幡宮の社殿棟札銘では「願主宗右馬刑部少輔惟宗朝臣貞茂」「大檀那《おおだんな》守護惟宗朝臣宗都都《つつ》熊丸《くまる》」「摠奉行篠栗新左衛門尉　源　栄《そうぶぎょうささぐりしんざえもんのじょうみなもとのさこう》」が連名する（『神社梁文鐘鰐口等銘』）。いずれも発願者は貞茂であるが、元服前の都都熊丸（貞盛《さだもり》）が「大檀那」「守護」の肩書で初めて表舞台に登場するのである（この「守護」は幕府制上の守護ではない）。貞茂は都都熊丸を嫡子に定め、父子で対馬一宮である両宮に「当家繁昌」を祈願し、おそらくは棟上神事の場に父子で姿を現すことで、家督が嫡流に相続されることをアピールしたのであろう。

一方、造営奉行の篠栗栄《ささぐりさこう》（宗俊《そうしゅん》）も貞茂の子であるらしく（『世宗』元年三月戊申条）、朝鮮向けには「対馬州管領」（『太宗』十三年八月丙子条）、「宗貞茂代官」（同十八年三月甲戌条）、「対馬州守護代」（同十八年九月己酉条）などと称している。源姓・一字名は肥前松浦党《まつらとう》の特徴であり、篠栗氏の出自は興味あるところである。ともあれ、篠栗栄は貞茂の庶出子もしくは養子であったが、都都熊丸の誕生にともない、篠栗家に入嗣したものと推測される。貞茂は栄を自分の補佐役（「管領」）に任じて政務経験を積ませ、いずれは年少の都都熊丸を補佐させるつもりだったのであろう。

ところで、一四一六年の時点で貞茂は「讃岐守《さぬきのかみ》」と称している（「柴田家文書」）。それまでは祖父経《つね》茂《しげ》の官途「刑部丞《ぎょうぶのじょう》」に由来する「刑部少輔《ぎょうぶのしょう》」（従五位下）を称し、かつ資国《すけくに》以来の「右馬允《うまのじょう》」を意識して「右馬刑部少輔」とも称したが、晩年に受領《ずりょう》「讃岐守」（従五位上）に変更したのである。貞茂本人がどのような意図を込めたのかは不明であるが、のちに「刑部少輔」は家督の象徴、「讃岐守」は家父長の象徴となり、嫡流相続の意思を表示する装置として機能することになる。

## 貞茂の死去

一四一七年（応永二十四）九月、貞茂は病床に伏し、一時は重篤な状態に陥ったが、翌一八年二月には小康状態になったという（『太宗』十八年三月甲子条）。貞茂の発給文書は一四一七年十一月でいちど途絶えるが（「比田勝（廣）家文書」）、死去直前の三月二十三日、仁位郡主宗満茂が「当家安穏・子孫繁昌・武運長久の祈禱所」として創建した清玄寺に対し、満茂が寄進した寺領の安堵状を発給しており（「仁位郡」）、これが最後の発給文書となる。先にみたとおり、その署名には「讃岐入道昌栄」とあり、死去の直前に再出家していたようである。

一方、三月十四日（明暦）、貞茂の使者が朝鮮で調合薬の「清心元（円）」「蘇合元（円）」と各種薬材を求めている。朝鮮は貞茂の平癒を期待し、清心円・蘇合円に加えて「保命丹《ほめいたん》」「正気散《せいきさん》」などの調合薬、および「焼酒《しょうしゅ》」（蒸留酒）を贈っている（『太宗』十八年三月甲子条）。しかし、貞茂はついに平癒することなく、四月二十四日（明暦）に没した。貞茂の倭寇禁圧の実績を高く評価していた朝鮮は、対馬に李芸を派遣してその死を弔い、米・豆・紙を仏前に供している（『太宗』十八年四月甲辰条）。これを先例として、以後、宗氏当主の死去の際には、朝鮮から対馬に「致奠官」が派遣されることが慣例化するのである。

# 2 「対馬国」の「公方」へ——宗貞盛の時代——

## 貞盛の家督相続

都《つ》都《つ》熊丸《くまる》(貞盛《さだもり》)は家督を相続してまもない一四一八年(応永二十五)八月、「対馬州守護」の肩書で初めて朝鮮に遣使し、「父貞茂の遺意」との理由で梵鐘と大《だい》般若経《はんにゃきょう》を求めている(『世宗』即位年八月壬寅条)。やや遅れて庶兄の篠栗栄《ささぐりさこう》も「対馬州守護代」の肩書で朝鮮に遣使し、李芸《イイエ》が亡父貞茂《さだしげ》の弔問に訪れたことに感謝の意を表している(『世宗』即位年九月己酉条)。この時点で都都熊丸はまだ元服しておらず、庶兄の栄が政治・外交の実権を握っていたようである。

朝鮮の『世宗実録』によると、貞盛の名は、

①「都都熊丸」(一四一八年八月)
②「貞盛」(一四一八年十月〜十二月)
③「都都熊丸」(一四二〇年二月〜十一月)
④「貞盛」(一四二一年四月〜)

の順番で登場する。②が不自然であるが、『実録』が後代の編纂史料であることに鑑みると、編纂の

図16　宗貞盛像（東京・養玉院如来寺蔵，品川区立品川歴史館画像提供）

図17　宗貞盛の花押（1428年）（「小宮家文書」，国立歴史民俗博物館蔵）

段階で「都都熊丸」が「貞盛」に置換されたのであろう。「貞盛」名の発給文書の確実な初見は、一四二〇年十二月であるから（「小田家文書」）、『実録』との整合性を考えると、元服の時期は二〇年冬となる。貞茂の死去から約二年半後のことである。

貞盛は一四二二年〜二八年春頃には仮名「彦六」を称しているが（『世宗実録』四年九月丙寅条・十年正月戊申条）、二八年八月に父貞茂から世襲した官途「刑部少輔《ぎょうぶのしょう》」を称し、宗氏一門の宗茂秀《しげひで》（「都代官《とだいかん》」）や直臣団《じきしん》（吏僚集団）とともに豆酘行宮権現《つつゆきのみやごんげん》の造営に奉加している（「宗家文書」）。対馬特有の天道信仰と習合する豆酘行宮権現の奉加は、政権の結束を確認するという意義をもち、室町・戦国期に何度か実施されているので、貞盛が一定の年齢に達して「刑部少輔」を称し、名実ともに家督として自立したタイミングで実施されたものとみられる。逆にいえば、それまでは篠栗栄や宗茂秀を中心とした集団指導体制が敷かれていたのであろう。ともあれ、貞盛が刑部少輔を世襲したことで、以後、刑部少輔が世襲官途として定着して家督の象徴となるのである。

**応永の外寇**

貞盛の元服の一年半前にあたる一四一九年（応永二十六・世宗元・己亥）六月、朝鮮軍が対馬を襲撃した。日本で「応永の外寇《がいこう》」、韓国で「己亥東征《きがいとうせい》」と称される国際的事件である。

五月五日（明暦《みんれき》、以下同）、倭寇の船団三二艘が朝鮮半島中部の忠清南道庇仁県《チュンチョンナムドピイニョン》にある都豆音串《トドウムグワン》を襲撃したのが事の発端である（『世宗』元年五月辛亥条）。折しも日本列島では飢饉《ききん》が蔓延しており、かつ貞茂が死去して倭寇禁圧政策が緩んだタイミングであった。十三日、上王《じょうおう》（前国王）太宗《テジョン》と国王世宗《セジョン》が大臣と対応を協議した（『世宗』元年五月丁巳条）。いまだ兵権を握る太宗と兵曹判書《へいそうはんしょ》（軍事部門トップ）の趙末生《チョマルセン》が強硬派、世宗と礼曹判書《れいそうはんしょ》（外交部門トップ）の許稠《ホジョ》は穏健派であり、両派の意見が分裂したが、結局、太宗が対馬征討を決定した。征討軍は三軍編成で、三軍都体察使《さんぐんとたいさつし》（総指揮官）に李《イ》従茂《ジョンモ》が任命された。一方、軍事作戦の秘密保持のため、国内に滞在する日本人の身柄の拘束が行われた。その数は約六〇〇人にのぼり、対馬・壱岐《いき》・松浦《まつら》・博多《はかた》だけでなく、兵庫の人も含まれていた（『世宗』元年五月戊午条）。

五月二十日、篠栗宗俊《そうしゅん》（栄）の使者が拘留された。二十九日、李従茂が対馬に使者を遣わして「対馬島守護」（都都熊丸）宛ての書契《しょけい》を送り、宣戦布告したが、決して「守護の眷属《けんぞく》」（一族・郎党）や朝鮮に帰化・投降した者の命を奪うものではなく、あくまで倭寇の一党を捕らえることが目的であるとしている。一方、倭寇禁圧のエキスパートであった平道全《ピョンドジョン》は、倭寇との密通の嫌疑をかけられて平壌《ピョンヤン》に抑留された（『世宗』元年五月甲子条・癸酉条）。対馬―朝鮮間の利害調整を図ってきた平道全はここに失脚したのである。そして六月六日に礼曹は九州探題渋川氏の使節に書契を託し、倭寇事件の首謀者の処罰と被虜人《ひりょにん》の送還を要請した（『世宗』元年六月己卯条）。対馬と「九州」を別次元のものとみなし、対馬征討が九州ひいては日本への攻撃ではないとの立場を表明したのである。

六月九日、太宗が発した対馬征討の教書には、

対馬は島であるが、もとは我が国の地である。しかし、距離が離れていて狭い土地であるため、「倭奴」が住みついてしまったのである

とある（『世宗』元年六月壬午条）。これは朝鮮王朝が〈対馬属島観〉ともいうべき歴史認識を初めて公式に表明したものである。この教書の趣旨は、「対馬に対する進軍は他国領域への攻撃ではなく、歴史的には半島の政治体制に属する、国内領域への攻撃であると宣言するもの」であるとされる（ロビンソン二〇〇二）。

こうした前代未聞の対馬属島観が突然に表明された背景には何があったのか。教書の末尾には、今は農繁期であるが、将（将校）に命じて軍を動かし、その罪を正すことにした。思うに、やむ

を得ないことなのである

とあり、農繁期（旧暦六月中旬頃）に戦争をすることの正当性をことさら強調している。しかも、朝鮮半島では前年から旱魃《かんばつ》による農作物の不作が「軍民」の煩いとなっていた。したがって、朝論を二分した対馬征討を強行する太宗としては、これが無用の対外戦争ではなく、喫緊の〈国内問題〉への対応であると主張する必要があり、その正当化の論理として対馬属島観を持ち出したわけである。

六月二十日、総勢約一七〇〇〇人（兵船二二七艘）からなる対馬征討軍が浅茅湾《あそうわん》の土寄浦《つちよりうら》に到達した。李従茂は従軍する倭人「池文《チムン》」（朝鮮名）を遣わして都都熊丸に通書したが、都都熊丸側はこれを無視した。このため、朝鮮軍は「賊船」大小一二九艘を奪い、うち二〇艘を自軍に編入し、残る一〇九艘を焼却した。さらに、「賊戸」一九三九戸を焼却し、斬首一三一名・捕虜二一名の戦果を挙げ、明《みん》の被虜人一三一名の身柄を確保したという。被虜人から島内の飢餓が著しいとの情報を得た朝鮮軍は、対馬の上島・下島のくびれ部分にあたる小船越《こふなこし》に柵を築き、「賊」の全方位への往来を断つことで、持久戦の構えをみせた（『世宗』元年六月癸巳条）。

二十六日、朝鮮軍は一斉に仁位郡に向けて北上し、上陸を試みたが、左軍が対馬側の伏兵に遭い敗北した。右軍は上陸して対馬側の迎撃を退けたが、李従茂に直属する中軍は上陸できなかった。朝鮮軍の戦死者は一八〇名にのぼったという（『世宗』元年六月壬寅条など）。この戦いは対馬では「糠岳《ぬかだけ》の戦い」と伝承される。年少の都都熊丸に代わり、少弐満貞《みつさだ》の代官として対馬勢を指揮したのは宗氏一

**図 18　糠岳古戦場**（対馬市豊玉町卯麦，烏帽子岳より，2015 年撮影）

門の重鎮である宗資茂《すけしげ》（伊奈郡主）である。まもなく都都熊丸側が李従茂に書契を送り、

> 撤退して修好することを願います。（中略）七月は常に「風変」が起こりますので、長く滞留しないほうがよろしいです

と求めたため（『世宗』元年六月壬寅条・七月癸丑条）、李従茂は全軍の撤退を決断したのである。

**戦後処理交渉**　一四一九年（応永二十六・世宗元）六月二十九日、太宗は対馬征討軍の敗北を知らないまま、李従茂に対して、都都熊丸に「巻土《かんど》来《らい》降《こう》」を迫るよう命じた（『世宗』元年六月壬寅条）。「巻土来降」とは、「全島民をひきいて朝鮮に来朝・投降せよ」という意味である。七月十七日、兵曹判書の趙末生が太宗の意を奉じて都都熊丸に宛てた書契によると（『世宗』元年七月庚申条）、

> 対馬は島であるが、慶尚道《キョンサンド》の鶏林《ケイム》（慶州《キョンジュ》）に属する。

もともと我が国の地であることは、「文籍《ぶんせき》」（書物）に載っているとして巻土来降を要求している。対馬が慶尚道に属する歴史的根拠があると主張することで、宗氏側に外交圧力をかけたわけであるが、外交を所管する礼曹判書ではなく、軍政を所管する兵曹判書が書契を発するのは異例のことである。つまり、慶尚道属州説と巻土来降を唱えているのは太宗―兵曹判書ラインの強硬派なのであり、世宗―礼曹判書ラインの穏健派との温度差がこれ以降の外交交渉を複雑にすることとなる。

九月二十日、都都熊丸の直臣豊田浄節《といだじょうせつ》（「都伊端都老《トイダンドノ》」＝豊田殿）が使者となって降伏を請い、「印《いん》信《しん》」の造給を要請した。「印信」とは官印（公印）のことであるから、ひとまず慶尚道属州説を受け入れる意思を表明したかたちである。強硬派の太宗はこれに満足することなく巻土来降論を堅持したため、礼曹判書の許稠は都都熊丸宛ての返書に、

（都都熊丸が）巻土来降すれば、大爵に任じ、印信を授けよう

と記載している。しかし、その一方で穏健派の世宗は通交関係の早期正常化をめざしており、今後の通交関係において「印信」を捺した書契（外交文書）の持参を義務づけることを意図していたため、許稠はそうした世宗の意思も返書に記載している（『世宗』元年十月己丑条）。つまり、許稠は太宗と世宗の互いに矛盾する意思を返書に併記したわけである。しかも世宗がめざす書契制度で使用されるのは「図書《としょ》」（私印）のはずであり、これを「印信」と称するのは奇異である。慶尚道属州説と巻土来

降を唱える強硬派が敷いた路線のなかで「印信」の造給問題が浮上したため、穏健派は表向きには「印信」の造給と称し、実のところは「図書」の造給を画策していたのである。

明けて一四二〇年閏正月、都都熊丸の使者「時応界都《シウンケドウ》」（または「辛戒道《シンゲド》」）が次のような発言をしている（『世宗』二年閏正月己卯条）。

対馬島は土地が痩せており、生活は実に難しいです。（対馬）島人を加羅山《カラサン》（巨済島《コジェド》）などの島々に遣わして（島々を）外護《げご》することをお許しください。貴国（朝鮮）が（自国の）人民に（島々への）入島をお許しになり、安心して農地を耕せるようになったあかつきには、その田税をこちらに分与していただき、（島人の）用に充当させてください。私（都都熊丸）は「族人」（一族）が「守護」の位を奪おうと窺っているので、まだ出向くことができません。もし我が島（対馬）に対して、「貴国境内州郡の例」にならい、州の名を定め、「印信」を賜りましたら、臣下としての忠節を尽くしましょう。

時応界都はひとまず巻土来降（対馬空島化）を対馬の慶尚道属州化にすりかえることで、都都熊丸の対馬在島、「印信」の受給と通交の再開、島民の朝鮮領域内の島々への移住と田税の配分という、宗氏に都合のよい条件を引き出そうとしたのである。一方、世宗は許稠に命じ、「宗氏都都熊瓦（丸）」と刻む「印信」の造給を命じ、都都熊丸宛ての書契において、

今後、あなた（都熊熊丸）が自分で（これを）捺した書契を（使者が）持参したならば、礼にもと

**図 19　巨済島**（韓国慶尚南道巨済市，烏帽子岳より，2015 年撮影）
天候次第で肉眼でも眺望できる一衣帯水の島．

づき受け入れよう

と伝えている（『世宗』二年閏正月壬辰条）。世宗は「印信」を造給させたと記録されるが、これは明らかに個人名を刻んだ「図書」（私印）であり、慶尚道の属官が使用する「印信」（公印）ではない。

こうして通交用の「宗氏都都熊瓦（丸）」印を入手した都都熊丸側は、早速、慶尚道属州化案の撤回工作に着手する。二月、早田《そうだ》左衛門《さえもん》太郎《たろう》が対馬に滞在中の朝鮮使節宋希璟《ソンヒギョン》と非公式に接触し、慶尚道属州化案の白紙撤回を世宗に上申する約束を得ている（『老松堂日本行録』）。八月には少弐満貞が宋希璟と面会し、朝鮮への軍事報復を示唆している。この報告を受けた太宗は、宗氏・少弐氏の征討を辞さない強硬姿勢を示し、兵船の再配備を指示した。しかし、十一月に許稠が慎重論をとなえたため、世宗は対馬側が「誠心悔過《せいしんかいか》」すれば兵船配備を解除することに決定した。

翌一四二一年四月、貞盛（都都熊丸）と早田左衛門太郎の

使者「仇里安《クリアン》」は、慶尚道属州化案を「時応界都」の「妄言」であると主張して撤回し、「印信」を今後の通交の「信符」として使用する意思を表明した（『世宗』三年四月戊戌条）。さらに仇里安は、「小二殿」（少弐満貞）が「大国」（朝鮮）と好みを通ずべきか否かを「御所《ごしょ》」（将軍足利義持）に諮ったところ、（義持は満貞の）意のままにせよと命じましたと発言している。少弐満貞の意思は「御所」足利義持の意思であると主張し、武力行使を示唆することで朝鮮側に外交圧力をかけたのである（『世宗』三年四月己亥条）。

こうして「日本」（日本国王）との交隣関係を重視する朝鮮側は妥協を余儀なくされ、貞盛が「誠心帰順」すれば旧来どおりに待遇することに決した（『世宗』三年四月己酉条）。物理的な移動をともなう「巻土来降」ではなく、精神的なレベルでの「誠心帰順」を要求したのである。さらに一四二二年五月に強硬派の太宗が死去し、九月に貞盛とその母が朝鮮に遣使したため、許稠は「その使者を厚待して返礼品も優遇するべきです」と世宗に上聞して裁可を得た（『世宗』四年九月丙寅条）。ここに対馬と朝鮮との通交関係が復旧したのである。

このように対馬征討から戦後処理交渉に至るまで、朝鮮側の外交方針は強硬派と穏健派との綱引きで決定されている。宗氏側は一見すると不可解な外交交渉を行っているかのようであるが、実は穏健派と歩調を合わせながら通交再開に向けた善後策を講じていたのである。

## 通交制度の整備

世宗朝は中世日朝関係を規定づける諸制度が整備された時代である。戦後処理交渉中の一四二〇年（世宗二・応永二十七）、貞盛は「宗氏都都熊瓦（丸）」という個人名を刻む「図書」（私印）を受給している。この図書の造給をめぐっては、すでに一四一〇年代から九州探題渋川満頼《みつより》らが朝鮮に求めており、一八年に幕府の九州上使である小早川則平《のりひら》が図書を造給されたのが初見である。つまり、図書制度は日本人通交者の要望でスタートしたものであり、「通交者が増加して、他人の名義を詐称する者があらわれ、その取りしまりの対策として案出された」のである（中村一九六六）。朝鮮側には図書の印影が保管されており、それを日本からの使節が持参する書契《しょけい》（外交文書）の印影と照合することで、ニセモノの外交使節（「偽使《ぎし》」）を排除したわけである。

貞盛への図書の造給と同時に対馬島主書契制度も導入された。これは対馬島内の書契（外交文書）発行権を島主宗氏に限定するもので（長節子一九八七）、一四一九年に導入された九州探題書契制度と両輪をなすものである。これによって理念的には九州・対馬の通交権は渋川氏・宗氏の二氏に限定されたが、実際のところ、対馬では宗氏一門の郡主たちが依然として通交権を保持していた。とはいえ、「応永の外寇」以前に対馬で乱立していた通交名義は整理縮小され、宗氏当主・一門および早田氏（倭寇の首領）などに絞られたのである。

一方、九州では博多商人らが九州探題渋川義俊《よしとし》のもとに殺到し、その使者となって通交貿易に参画したため、一四二四年には義俊名義の通交が年間二〇回を超えた。そこで朝鮮は、一四二五年以降は義俊名義の通交を年間二回に制限することにした。いわゆる「歳遣船《さいけんせん》」の最古の事例である（中村一九六六）。ところが、同年、義俊が博多から没落したため、博多商人らはすでに九州を離れて久しい前探題渋川満頼（道鎮《どうちん》）の名義で通交貿易を継続した（伊藤二〇〇五）。つまりは満頼の名を騙る「偽使」である。こうした状況を受け、一四二六年五月、貞盛は朝鮮に対し、

私は諸処の「雑人《ぞうにん》」（侍身分でない人びと）が（朝鮮の）あちこちに横行することを恐れますので、あらゆる「使船《しせん》」（通交貿易船）と「興利船《こうりせん》」（沿岸交易船）に「路引《ろいん》」を発給することにします

と伝えている（『世宗』八年五月甲寅条）。「路引」とあるのは「文引《ぶんいん》」と同じく渡航証明書のことで、今日のパスポートにあたる。こうして対馬島主文引制度がスタートすると、渋川満頼の名を騙る偽使も散発的となり、一四二八年を最後に消滅する。つまり、貞盛が文引制度を導入した理由のひとつは、偽使を排除するためだったのである。

## 少弐・宗体制の再起

一四二五年（応永三十二）四月、少弐満貞・菊池兼朝《かねとも》が蜂起して九州探題渋川義俊を博多から駆逐したが、十月に幕命を奉じた大内盛見《もりはる》がこれを鎮圧した（本多一九八八）。一四二七年にも少弐勢と大内勢の合戦があり、貞盛も九州に出陣したようであるが、満貞は翌二八年（正長元）十一月頃には肥後に逃亡している。

応永末年の合戦を経て、永享年間には少弐氏・菊池氏・大友氏と大内氏との対立軸が形成される。一四二九年（永享元）、大内盛見の上洛の隙を突いて少弐満貞・菊池持朝《もちとも》が再び蜂起し、三一年には大

友持直《もちなお》が反大内勢力に加わり、同年六月、盛見を筑前で討死させた。「名将犬死」と噂された盛見の討死により、大内勢は不利になり、まもなく「大友・少弐らがすべて一統した」という（『満済』永享三年八月九日条）。

一方、幕府は反大内勢力の分裂を画策した。菊池持朝と大友親綱《ちかつな》（持直の従甥）が大内持世《もちよ》に味方し、少弐満貞・大友持直と対立することになり、一四三一年十一月、両陣営が衝突した。ここで満貞は対馬にいる貞盛に援軍を求めたため、貞盛は翌三二年三月頃に筑前に渡海し、博多の都市を掌握したのち、博多湾岸一帯に支配を拡大したのである。

新たな博多支配者である貞盛のもとには、朝鮮貿易を希求する商人たちが殺到したため、一四三二年以降は貞盛名義の通交が急増した。あまりの多さに苦慮した貞盛は朝鮮に対し、

諸処の要望に応え、やむを得ず（私の名前で）書契《しよけい》（外交文書）を呈しております。今後は「私《し》請《せい》」（私本人の希望）である場合は、「貞盛」の名前の上に「図書」を捺し、「私請」でない場合は、職名（「対馬州太守」）の上に捺すことにします

と率直に述べ、待遇の差別化を要請した（『世宗』十六年四月戊申条）。渋川氏の没落後、博多商人の大部分は朝鮮貿易に参入できなくなっており、貞盛の筑前進出は、まさに渡りに船だったのである。

さて、北部九州の情勢に目を転じると、一四三三年以降は総じて大内勢が優勢な戦況であった。同年三月、大内持世は幕府から「大友・少弐治罰御教書《ちばつのみきようじよ》」と「御旗《みはた》」を受け（『満済』永享五年三月六日

条）、八月には少弐満貞・資嗣《すけつぐ》父子を討死させた。翌一四三四年には少弐・大友勢が挽回して「九州は大友・少弐が一統」したが（『看聞日記』永享六年九月一日条）、三六年、少弐嘉頼《よしより》（満貞子）は敗れて対馬に逃亡した。室町初期の少弐氏は常に肥後菊池氏と歩調を合わせ、万一の場合には菊池氏のもとに逃亡したが、永享年間になって菊池氏が大内方に与したため、被官筋の宗氏を頼って対馬に逃亡したのである。

ここに少弐・宗体制は頓挫し、大内氏の筑前支配が展開された。しかし、一四四〇年、大内持世は朝鮮通信使に同行して上洛するにあたり、自分の留守中に少弐氏が挙兵することを危惧し、少弐嘉頼の赦免を幕府に働きかけた（佐伯一九九二）。こうして嘉頼が筑前守護に任じられると、同年八月頃に豊崎郡主の宗盛国《もりくに》（貞盛弟）が博多統治を再開したが、翌年春に嘉頼は没している。

## 文引制度の確立

一四二六年（応永三十三・世宗八）に文引《ぶんいん》制度がスタートしたが、貞盛の目論みに反して、あまり厳密には運用されていない。貞盛としてはすべての朝鮮渡航船を管理したかったのであるが、朝鮮側は貞盛の文引がない使船・興利船《こうりせん》であっても、その反発を避けて受け入れることがしばしばあった。いくら渡航元の機関が熱心でも、渡航先の機関の協力がなければ成り立たない制度なのである。それゆえ、貞盛は再三にわたり朝鮮に文引制度の強化を求めている。

その目的は、第一に領国内外で発生する偽使を排除すること、第二に領国内の諸勢力の通交貿易を管理すること、第三に領国内の在地社会の人びとによる朝鮮領域内での生産・流通活動を管理することであった。一四三八年（永享十・世宗二十）に朝鮮が貞盛に対して文引制度の運用強化を約束すると、翌年、宗氏・大友氏・「薩摩州」などの名を騙る偽使が一斉に摘発された。一方、貞盛は文引制度を事務的にではなく、政治的に運用することで、宗氏一門（郡主）・早田氏（倭寇の首領）などの通交権に事実上の制限を加え、とりわけ早田氏は通交の停止を余儀なくされた。こうして文引制度が確立したことが領国形成の重要な画期となるのである。

## 宗氏領国の確立

「応永の外寇」後、貞盛は朝鮮と共同して図書制度・島主書契制度・島主文引制度を運用することで、領国支配を確立していった。このことを最初に論証した長節子氏は、主として本宗家と郡主家との権力闘争のレベルから論じたが（長一九八七）、在地社会の成り立ちというレベルからも論じることができる。

図書・書契制度によって誰でも自由には朝鮮貿易に参入できなくなり、島人の多くは宗氏（「島主」）を頼り、その名義を借りて貿易を行うようになった。つまり、朝鮮貿易の特権化が進み、宗氏に依存しなければ朝鮮貿易に参画できない構造になったのである。また、朝鮮貿易に比べてより日常的・基層的な営みである朝鮮領域内での沿岸交易（「興利」）や漁業にも文引制度にもとづく規制がかけられた。対馬の在地社会の人びとは日常的に朝鮮の領域内で漁業を営んだり、朝鮮半島南部の沿岸部で魚・塩を売って米穀を入手したりしていたが（長二〇〇二）、日本船の入港地指定（三浦《サムポ》の成立）も相俟って、そうした人・船の移動をある程度管理できるようになったのである。対馬の社会・経済は多分に非農業分野に依存しているので、宗氏はその生殺与奪の権を握ったといえる。

こういうと強権的な政策のようであるが、一方で宗氏の名のもとに朝鮮領域内で営まれる諸活動に種々の保護措置が講じられたのも事実である。文引を所持していれば、朝鮮領域内での安全が保障されたし、万一、水軍に拿捕《だほ》された場合には、宗氏が外交交渉で解決に乗り出してくれた。一衣帯水とはいえ、文化・慣習の異なる異国での活動にトラブルは付きものである。文引制度は島民の統制・保護の両面をあわせもつことで、在地社会に受容されて定着したのである。

さて、対馬の外部に視野を広げると、日本船の入港地として指定された朝鮮半島南部の三浦（薺《チェ》浦《ポ》・富山浦《プサンポ》・塩浦《ヨンポ》）には多数の日本人が居留し、朝鮮との外交問題に発展していたが、一四三六年（永享八・世宗十八）に貞盛は「吾が管下《かんか》の六十人」の居留を認められた（『世宗』十八年三月乙未条）。これが「三浦恒居倭《さんぽこうきょわ》」の始まりである。近世対馬藩には「古六十人《ころくじゅうにん》」「新六十人《しんろくじゅうにん》」という特権商人が存在したが、まさに「古六十人」の淵源が三浦居留の「六十人」とみなされる。貞盛は御用商人を三浦に配置することを公的に認められたわけである。一方、北部九州では、貞盛は一四三〇年代以降に断続的ながら博多を支配している。つまり、貞盛は港湾都市の支配によって、三浦―対馬―博多間の貿易・流通ルートを掌握したのである。

こうした諸条件が宗氏領国の形成・確立に作用し、一四四一年（嘉吉元）頃から貞盛は在地被官（地侍層《じざむらい》）に対して「公方《くぼう》」としての意識を表出する。対馬で使用された「公方」という言葉は多義的で、①公権力、②公事《くうじ》（税）、③宗氏当主、④少弐氏当主、⑤足利将軍、の順に用例が多い。③の用例は十五世紀初期からみられるが、在地被官宛ての発給文書に「公方」と表記するのは一四四一年が初見なのである。

これと対応して、貞盛による受領《ずりょう》名・官途《かんと》名の授与方式も一四四一年頃から変化する。それまでは被官に受領名・官途名を授与するさいは、「京都に挙げ申す」（または「挙げ申す」）という文言をもつ「官途挙状《かんときょじょう》」を発給していたが、一四四一年頃から「子細あるべからず」との文言をもつ「官途状」に変更している。つまり、「京都」（幕府）の権威に仮託するという遠慮した体裁（書札礼《しょさつれい》）をとっていたものが、貞盛の独断で受領名・官途名を授与するというストレートな体裁になったのである。

一方、律令遺制である「対馬島」という国名表記も、一四三四年（永享六）から四一年までの間に「対馬国」へと変化する。在庁官人惟宗《これむね》氏の系譜をひく宗氏は、南北朝期以降、既存の支配機構（島司―郡司―沙汰人）に依拠しながら、地頭代としての立場で領国を形成してきた。しかし、一四三四年に宗氏は幕府から対馬の「知行主」とみなされ（第一章）、領国内では直臣《じきしん》団（吏僚集団）の整備、郡主・代官を媒介とした八郡支配など、独自の支配機構を整備してきていた。こうした背景のもとに貞盛は自己の領国を「国」と認識したのである。後年、宗氏は「国主」とも称している。

一四三〇年代から四一年にかけて貞盛は領国形成を急ピッチで進め、「対馬国」の「公方」（国主）として振る舞うに至ったのである。結果論であるが、十五世紀において宗氏権力が最も安定した時期であるといえる。

## 宗氏領国の危機

貞盛は書契・図書・文引制度を複合的に運用することで、島内諸勢力の朝鮮貿易を貞盛の名のもとに統合したわけであるが、一四四二年（嘉吉二・世宗二十四）までは年間通交回数が無制限な状態であった。つまり、貞盛は通交権益の無制限な分配（バラマキ）が可能だったのであり、それゆえ島内諸勢力からの求心力を強めることができたのであるが、それに比例して貞盛名義の通交が激増したため、これを朝鮮側が問題視することになった。

一四四三年、通信使の書状官として対馬を訪れた申叔舟《シンスクチュ》は、貞盛と会談した経緯を次のように記録している（『成宗』六年六月戊戌条）。

我が国（朝鮮）は島主（貞盛）と歳遣船《さいけんせん》数（一年間に派遣できる船数）を約定しようとしていましたが、島主は「群下《ぐんか》」（一門・被官）に惑わされて曖昧な態度をとり、約定できないままでした。そこで、私は島主にこう言いました。船数が定まれば、権力は島主に帰し、群下が利することはありません。船数を定めなければ、（群下の）人びとは自力で（朝鮮に）向かい、どうして島主を頼ることがありましょうか。その利害は智者を待って知ることではありません（誰にでもわかることです）。

かつて朝鮮は九州探題渋川氏との間で年間通交回数を二回に制限する合意を得ていたが、これを宗氏にも適用しようとしたのである。これが対馬島主歳遣船制度である。しかし、年間通交回数が無制限であることが宗氏にとっての甘味《うまみ》なのであり、容易には合意に至らなかった。そこで申叔舟は貞盛に対し、歳遣船を定めれば貞盛の権力が増し、定めなければ「群下」が自力で通交するようになると説得したのであるが、文引制度が機能している以上、歳遣船を約定しなくても「群下」が自力で通交できないはずであるから、島主歳遣船制度は宗氏にとって何のメリットもないはずである。ところが、貞盛は申叔舟のレトリックに嵌まってしまったのか、島主歳遣船五〇船、すなわち対馬全体の年間通交回数を五〇回に制限することに合意してしまったのである。

こうなると、島主歳遣船という名の〈パイ〉を「群下」が奪い合うことになる。パイを分配された者からの求心力は上昇するが、分配に漏れた者からの求心力は低下してしまう。さりとて後者に配慮すると、年間五〇回では足りない。こうしたジレンマに立たされた貞盛は、一四四五年（文安二・世宗二十七）に歳遣船二〇回分の加増を朝鮮に求めている。年間七〇回であれば、何とか凌げるという計算なのであろう。ところが、朝鮮側はこれに応じなかった。結局、貞盛は郡主たちの独自の通交を容認し、一四四五〜四六年に宗盛国《もりくに》（豊崎郡主）が七回分、宗盛家《もりいえ》（仁位郡主）が三回分、宗盛弘《もりひろ》（伊奈郡主）が四回分の歳遣船を約定した。

これに追い打ちをかけるように、北部九州の少弐・宗体制が崩壊する。貞盛は博多を掌握するとともに、後背地の田地を被官に知行として給付していたが、一四四七年に大内氏の筑前支配が本格化し、撤退を余儀なくされた。知行地が有名無実化した被官たちには、代替の知行を給付する必要があるが、あいにく朝鮮通交権益は逼迫している。「対馬国」の「公方」になったのも束の間、貞盛は一転して窮地に追い込まれたのである。

## 嫡子成職の登場

宗氏領国が危機を迎えた一四四三年（嘉吉三）は、貞盛の嫡子千代熊丸《ちよくまる》（成職《しげもと》）が朝鮮通交の表舞台に登場した年でもある。同年二月、千代熊丸は「対馬島宗貞盛子千代熊瓦（丸）」と称して初めて朝鮮に遣使した（『世宗』二十五年二月甲寅条）。十二月には貞盛の使者が「島主宗貞盛の長子千代熊（丸）が明年の年始に加冠《かかん》される（元服する）予定です」と朝鮮側に伝えている（『世宗』二十五年十二月壬辰条）。成職（千代熊丸）は一四五二年（享徳元）に二四歳であるから（『端宗』即位年十月乙巳条）、逆算すると、一六歳での元服となる。成職が家督相続前に朝鮮に遣使したのはこの一回のみであり、貞盛の後継者であることを朝鮮にアピールするのが目的だったのであろう。

一方、嫡子成職が対内的に登場するのは、一四四九年（宝徳元）十一月のことである。高野山金剛《こんごう》峯寺《ぶじ》の所蔵になる高麗再彫版大蔵経《こうらいさいちょうばんだいぞうきょう》のうち『大般若波羅蜜多経《だいはんにゃはらみたきょう》』巻《かん》一・巻十の奥書《おくがき》に宝徳元年十一月の年紀と「平朝臣宗刑部少輔《ぎょうぶのしょう》貞盛　平朝臣宗彦六成職」の名がある。父「刑部少輔」から嫡子「彦六」への嫡流相続を正統化する意図が表れている。この大蔵経は一宮・下津八幡宮に奉納されたもので、最近発見された十一月三日付の貞盛書状によると、貞盛は大掾阿比留《あびる》大和守《やまとのかみ》と惣宮司《そうぐうじ》（正《しょう》八幡宮寺《はちまんぐうじ》家政所《けまんどころ》）に対し、八幡宮寺《はちまんぐうじ》の長老・僧衆が総出で収蔵作業を行うように命じている（「藤家文

図20　木坂八幡宮(上津八幡宮)社殿
（対馬市峰町木坂，2015年撮影）

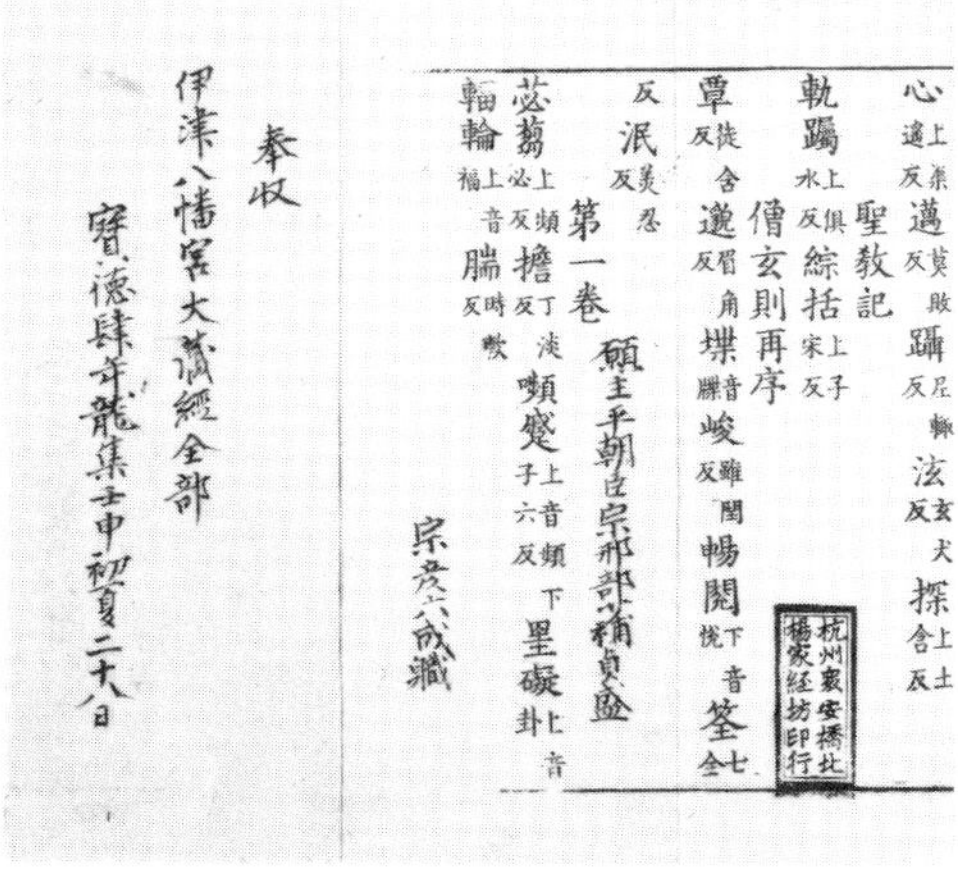


図21　『大般若波羅密多経』巻第一・奥書
（武田科学振興財団杏雨書屋蔵）

書」)。のちに石田三成が金剛峯寺に再寄進し、現在に至っている。

また、武田科学振興財団杏雨書屋の所蔵になる磧砂版《せきさばん》（宋版）大蔵経は、一宮・上津八幡宮に伝来したもので、『大般若波羅密多経』巻第一の奥書に宝徳四年（享徳元・一四五二）四月二十八日の年紀と「頤主平朝臣宗刑部少輔貞盛　宗彦六成職」の名がある（須田二〇一三）。もうひとつ、年代未詳であるが、梅林寺《ばいりんじ》に伝来する和版『大般若波羅密多経』の巻首には「大檀越　平朝臣宗刑部少輔　嫡子成職」とある（山本一九七四）。今後も貞盛・成職が連名で寄進した経典の発見が期待される。

このように、晩年を迎えた貞盛は嫡子成職と連名で大蔵経または個別の経典を一宮などに集中的に寄進しているのである。かつて嫡子時代の貞盛（都都熊丸）も父貞茂と連名で下津八幡宮の造営を行ったことがある。つまり、貞盛・成職父子の経典寄進には、嫡流相続の実現に向けて神仏に加護を求めるとともに、その正統性を領国内にアピールするという意図が込められていたのである。とりわけ数千帖《じょう》という物理的なボリュームをともなう大蔵経の施入は、その正統性を可視化するのに絶好の手段だったといえる。

### 将軍偏諱の拝領

貞盛は嫡子成職《しげもと》の存在を対内的・対外的にアピールすることで、嫡流相続のスムースな実現を図ったわけであるが、実は一四四九年（宝徳元）十一月に寄進された大蔵経のうち大般若経巻一の奥書こそが「成職」という実名《じつみょう》（諱）の初見なのである。この「成職」という実名が幕府・将軍（室町殿）との関係を紐解く手がかりとなる。前述のとおり、歴代の宗氏当主は少弐氏当主の通字・偏諱《へんき》を拝領したが、この当時の少弐氏当主は教頼《のりより》であるから、「成」字は将軍足利義成《よししげ》（義政）から拝領した偏諱であるとしか考えられないのである。

足利義政が「義成」と称したのは、一四四六年（文安三）十二月〜五三年（享徳二）六月であるが、元服は四九年（文安六・宝徳元）四月十六日、将軍宣下《せんげ》と判始《はんはじめ》は同月二十九日である。足利一門・守護で「成」字を拝領した人物は数名存在するが、その時期が判明するのは畠山義夏《よしなつ》（義就《よしひろ》）の一四四九年四月十六日（『康富記』）、および鎌倉公方足利成氏《しげうじ》の同年十一月三十日である（『鎌倉大草紙』）。成職の偏諱拝領の時期が一四四九年四月〜十一月であるとすれば、偏諱拝領が大蔵経の寄進と密接に連動していたことになる。

なお、成職の元服は一四四四年（嘉吉四・文安元）正月であるから、約五年余は他の実名を称したことになる。確実な史料を欠くが、近世の『宗氏世系私記』には「初名は盛職《もりもと》であり、彦六と称した。将軍の諱《いみな》の字を賜わったのである」とある。これを信用するならば、一四四四年の段階で宗氏には少弐教頼の偏諱を拝領する意思などなかったことになる。

## 「少弐被官」からの脱却

嫡子成職が将軍偏諱を拝領したことは、「対馬宗氏の中世史」にとって画期的な出来事である。宗氏は幕府から対馬の「知行主《ちぎょうしゅ》」とみなされはしたが、あくまで「少弐被官」（「内者」）の身分であり（第一章）、貞盛までは少弐氏当主の通字または偏諱を拝領していた。ところが、成職は「少弐被官」の身分を脱却し、将軍と直接の主従関係を結んだのである。

身分の克服・上昇は決して容易ではない。一五三九年（天文八）、日向伊東氏と肥前有馬氏が将軍偏諱の拝領と任官の動きをみせたさい、豊後大友氏は、

代々（将軍の）御字《おんじ》・官途《かんと》などを下される人びとは、島津・菊池・千葉介《ちばのすけ》・太宰少弐《だざいしょうに》などであり、その外の衆は、その衆中《しゅうちゅう》（島津など）の「被官並《ひかんなみ》」（被官程度の身分）です

と反発している（「大友家文書録」）。戦国期に至ってもなお「被官並」の身分を克服するのは容易では

なかったのである。「嘉吉の乱」（一四四一年）によって将軍の権力・権威が失墜したとはいえ、戦国期のように将軍が栄典の授与を乱発するわけではないし、主家の少弐氏がまだ健在ななかでの身分の克服・上昇なのである。

ここで注目されるのは、一四四五年（文安二）二月から四九年（宝徳元）十一月までの間に宗氏が本《ほん》姓《せい》を改姓した事実である。旧来の「惟宗」姓は大宰少弐武藤氏（少弐氏）と大宰府在庁官人惟宗氏との職制上の主従関係を象徴するもので、これを「平」姓に改めたことは、宗氏が少弐氏との主従関係を清算したことを意味する（長一九八七）。この改姓の時期こそが、嫡子成職が将軍偏諱を拝領した時期と重なるのである。つまり、宗氏が改姓した究極の目的は、将軍との主従関係を構築することだったのである。平氏の末裔であるとの〈由緒〉を創り出し、幕府・将軍に「少弐被官」の家格でないことを〈証明〉したうえで、将軍の偏諱が授受されたのであろう。

## 対馬守護職の補任

一四四五年（文安二）二月〜四九年（宝徳元）十一月に宗氏は本姓を改姓して将軍直属化を果たしたわけであるが、これに応じた幕府側の動機はどこにあるのだろうか。家永遵嗣氏によると、一四四七年八月頃に筑前守護職が少弐教頼から大内教弘《のりひろ》に改替されたのは、幕府の中枢にある細川勝元と山名持豊との融和が実現し、勝元が少弐氏庇護の姿勢を転換して大内氏との提携を図ったためであるという。その一方で、政所執事の伊勢貞親《さだちか》が「手筋《てすじ》」（窓口）となり、少弐氏・宗氏との関係性を維持したという（家永二〇一〇）。その場合、筑前から対馬に逃亡した少弐教頼をどう位置づけるかという問題が生じよう。幕府は一四三二年（永享四）までは少弐氏を対馬の知行主とみなしたが、三四年から宗氏を新たな知行主とみなした。つまり、どちらを知行主として直接の指揮命令系統下に編成するかを選択しなければならないのである。

一方、貞盛は一四四一年（嘉吉元）頃に領国支配を確立し、「対馬国」の「公方」として君臨してはいたが、あくまで領国の内在的な論理によるものであり、その地位の永続を図るためには外在的な論理によって保証される必要があった。それに加えて、貞盛は嫡子彦六（成職）への家督の交代を控えており、嫡流相続を正統化しながらスムースに進める必要もあった。ところが、先にみた一四四三年の島主歳遣船《とうしゆさいけんせん》制度の導入にともない、宗氏一門・家臣団の統制が弛緩し、しかも北部九州からの撤退によって知行制に混乱が生じていた。そうした状況下で主人の少弐教頼が対馬に身を寄せてきたのである。つまり、危機を迎えた宗氏領国のなかに二人の「公方」が存在するという状況が生じたわけである。

少弐氏のもとでは本宗家も郡主家も同格であるから、郡主家が少弐教頼を結集核として本宗家に対抗しないとも限らない。それでも貞盛が健在なうちはよいが、貞盛が死去して成職が家督を相続するタイミングが最も危険である。たとえば応永の外寇のさい、貞盛（都都熊丸）が年少であったため、伊奈郡主の宗資茂が少弐満貞の代官として対馬勢を指揮したように、郡主は少弐氏の直接の軍事指揮下に入りうる。そうした関係性は平時における主従関係へと発展する可能性を孕むものである。

晩年の貞盛は、家督相続の前後に起こりうる危険性を排除するため、教頼を「公方」ではなく、ただの流浪者・客分として再定義する必要があった。それゆえに貞盛は将軍直属化を決断したのである。ただし、嫡子成職が将軍偏諱を拝領したのはよいとして、貞盛本人の位置づけはどうなるのであろうか。

幕府からみた貞盛は対馬の知行主であった。しかし、あくまで知行主というのは研究上の概念であり、その地位は任命行為にもとづくものでもなければ、家格とも無関係である。「少弐被官」としての身分を克服するにあたり、貞盛は新しい身分を定義しなければならないのである。そこで求めたのが守護《しゅご》職家《しきけ》の格式ではないか。守護職家としての身分・家格を獲得し、かつ対馬守護として幕府制上に位置づけられることで、「対馬国」の「公方」としての地位を外部から補強することができるし、他国の守護・国衆との関係性、なかんずく少弐氏との関係性のなかでの地位を上昇させることもできるのである。

したがって、少弐教頼が対馬に逃亡してくる一四四七年八月頃から、嫡子彦六が「成職」と称する四九年十一月頃までの間に、貞盛が対馬守護職に補任《ぶにん》されたと結論づけたい。

## 貞盛の死去

貞盛は一四五一年（宝徳三）に隠居して嫡子成職に家督を譲り、翌五二年（宝徳四・享徳元）三月で発給文書が終見となる（「社家」）。そして、最後の事跡となるのが先述の一宮・上津八幡宮への大蔵経の寄進である。四月二十八日、「願主平朝臣宗刑部少輔貞盛　宗彦六成職」が連名で大蔵経を寄進したのは、嫡流相続に向けた最後の布石といえる。それからまもない六月二十二日（明暦）に貞盛は死去した（『端宗』即位年七月丙午条）。

それでは、貞盛の訃報に接した朝鮮側の動向をみてみよう。同年七月、慶尚道《キョンサンド》観察使がその訃報を政府に報告し、

貞盛は誠意をもって我が国に帰順し、日本に連れ去られた人びとを送還しました。三十余年にわたり海辺の平和が保たれております。しかし、その嗣子（成職）は年少ですので、対馬島人がその命令に服さず、海辺で事変が発生することを我が国としては恐れます。海辺の守令《しゅれい》（地方行政官）を武才のある者に交代させましょう

と進言している。これに対し、国王端宗《タンジョン》は、

対馬島主宗貞盛は我が国に誠意をもって帰順し、島人も「酋長」（貞盛）の意思を体現し、みな我が国に帰順している。貞盛が死去したからといって、どうしてにわかに変節することがあろうか。まして親子で継承（「親子継襲」）したわけであるから、（成職の代になっても）父（貞盛）の代と何ら変わることはない

と述べ、むしろ海辺の防備を固めるほうが対馬側を刺激し、あらぬ事態を招きかねないとして慶尚道観察使を諭している（『端宗』即位年七月甲寅条）。

一四一八年（応永二十五・太宗十八）に貞茂が没したのち倭寇活動が活発化し、翌年の「己亥東征《きがいとうせい》」

（応永の外寇）に至った経緯に鑑みると、慶尚道観察使の進言も一理あるが、端宗は穏健に対応したのである。その端宗が観察使の進言を却けるための理論づけに持ち出したのが「親子継襲」であった。貞盛がそこまで意図したとは思われないが、嫡流相続は朝鮮側の穏健な外交的反応を導いたのである。

# 3　日朝「両属」下での実利の追求——宗成職の時代——

## 成職の家督相続

宗成職《しげもと》の治世は「治国十七年」とされ（「順叟大居士并即月大姉画像賛并序」）一四七七年）、一四六七年（応仁元）に没していることから、父貞盛の晩年である五一年（宝徳三）に家督を相続したことがわかる。これで貞茂《さだしげ》―貞盛《さだもり》―成職の三代にわたる嫡流相続が実現したことになる。成職はこの時点では無官であり、嫡子の世襲仮名「彦六」を称しているが（『端宗』即位年十一月丙戌条）、遅くとも一四六〇年（長禄四・寛正元）には家督の世襲官途《かんと》「刑部少輔《ぎょうぶのしょう》」を称している（『蔭涼軒日録』長禄四年三月十日条）。貞盛までの刑部少輔は僭称と思われるが、対馬守護《しゅご》職《しき》を継承した成職の場合は、正式の任官である可能性がある。

さて、成職の最初の大仕事は、朝鮮の弔慰使節の迎接である。一四五二年（享徳元）九月、「日本国対馬州太守宗貞盛致奠官《ちてんかん》」の李堅と「致賻官《ちふかん》」の皮尚宜《ピサンウイ》が対馬を訪れた（『端宗』即位年十月乙巳条）。九月二十六日（明暦《みんれき》、以下同）、朝鮮使節が守護所のある佐賀《さか》に到着すると、成職は直臣《じきしん》（吏僚）の古川某（「侯楼加臥《フルカワ》」）に応接させた。その後、皮尚宜が「島主家」（守護所）で弔問を行った。二十八日、黒瀬平左衛門《へいざえもん》茂家《しげいえ》（「辺沙也文《ピョンサヤムン》」）らが酒を携えて朝鮮使節を慰労した。酒宴の席上、茂

図 22　宗成職の花押(1453 年)
（重要文化財「小田家文書」，長崎県立対馬歴史民俗資料館蔵）

家は成職について次のように語っている。

今の島主は剛明であり、人びとはみな畏服しています。（中略）島主はかねてより大内殿を攻めて（九州の）土地を奪還したいと考えています。毎月、甲冑《かっちゅう》を着して剣術を磨き、家のなかではひそかに戦法を練っています。その驍勇《ぎょうゆう》ぶりは人並みではありません。

黒瀬茂家は朝鮮から「海賊首《かいぞくしゅ》」と認識されて官職を与えられた人物（「受職人」）であるが、その正体は城八幡宮《じょうはちまんぐう》（古代金田城《かねたのき》跡の「城山《じょうやま》」に所在）の宮司であり、同年八月には成職が大檀越《だいだんのつ》、茂家が奉行《ぶぎょう》となって宝殿《ほうでん》を造営している（『神社梁文鐘鰐口等銘』）。つまり、成職と懇意の関係にある茂家の発言であるから、成職像が誇大化されている恐れもあるが、朝鮮使節はこうした人物評を本国に持ち帰り、外交の判断材料に供するわけである。

閏九月二日、朝鮮使節は貞盛の菩提寺《ぼだいじ》である円通寺《えんつうじ》で弔慰の儀礼を挙行した。このとき「島内の僧俗男女老幼」が見物のために「雲集」してきたという。八日、使節が「島主の家」（守護所）を訪ね、成職は「賻物《ふぶつ》」（供物《くもつ》）を受け取った。一方、成職は十四日に家臣とともに使節の船を訪ねて酒宴を催し、十五日には「家」に使節を招いてさらに酒宴を催した。この席上で成職は次のように述べている。

亡父（貞盛）は「大国」（朝鮮）に誠意を尽くしました。まして今は家督を相続したばかりにもかかわらず、新殿下（端宗）の憐れみを受けました。今後もますます忠誠を尽くすつもりです。（日本に）連れ去られた「大国」の人びとが今なお多いと聞きます。その捜索と送還に尽力し、殿下の厚恩に報いましょう。

図23　円通寺（対馬市峰町佐賀，2015年撮影）

対馬—朝鮮間の通交関係の根幹に関わる倭寇禁圧と被虜人《ひりよにん》送還について、貞茂・貞盛の路線を継承することを約束したのである。この宴席には宗盛家《もりいえ》（仁位郡主）・宗貞国《さだくに》（豊崎郡主）・宗盛弘《もりひろ》（伊奈郡主）・宗盛直《もりなお》（守護代・佐須郡主）も参加しており、成職としては、朝鮮使節を粗相なく迎接し、宗氏一門を代表して祖父・父の路線継承を宣言することが、家督相続の正統性をアピールする手段になったわけである。しばしば宗氏の日本・朝鮮双方の国家への「両属性」が指摘されるが、朝鮮への「帰属」は、経済的側面だけでなく、宗氏本宗家の正統性という観点からも考える必要がある。

図 24　図書「熊満」
（重要文化財「対馬宗家関係資料」，九州国立博物館蔵）
現存最古の児名図書(1522 年鋳造)．熊満は当主盛長の子とされる．

## 児名図書

朝鮮使節の迎接を終えた成職は、一四五二年（享徳元）十一月、家督相続して初めて朝鮮に遣使し、「成職図書《としょ》」と「児名千代熊図書」の造給を求めた（『端宗』即位年十一月庚申・丙戌条）。今後の「書契《しょけい》」（外交文書）に捺すための「図書」（私印）として、「成職」銘の図書を求めるのは当然であるが、わざわざ幼名の「千代熊」銘の図書まで求める意図は不可解である。父貞盛が応永の外寇の戦後処理交渉のなかで、「宗氏都都熊瓦《（丸）》」銘の図書（史料上は「印信」）を与えられており（『世宗』二年閏正月壬辰条）、その後にあらためて「貞盛」銘の図書を与えられたと推測される。そうすると、成職が「千代熊」銘の図書を実用に供したか否かはともかくとして、父貞盛の先例に従ったということはいえよう。

近世初期の事例であるが、対馬藩二代藩主の宗義成《よしなり》が幼少期の「児名図書」（「彦三」銘）と成人後の図書（「義成」銘）を併有することを朝鮮側が問題視したのに対し、対馬側は当主の生前に「児名図書」を返納するのは「不吉」であるとして保有しつづけたという（米谷二〇〇一）。成職の場合は、成人後に「児名図書」を受給するという違いがあるが、実利性とは異なる呪術的な意味合いがあったとも考えられる。

## 守護代制の確立

成職期には守護代制が確立するが、それまでの経緯を踏まえておこう。宗氏当主の補佐役としては、貞茂期には宗貞澄《さだずみ》（貞茂弟）と篠栗栄《ささぐりさこう》（貞茂庶子）がおり、朝鮮に対して、貞澄は一四一七年（応永二十四）に「管領」（『太宗』十七年九月辛未条）、栄は一三〜一九年に「宗貞茂代官」「対馬州管領」「対馬州守護代」と称した（『太宗』十三年三月甲戌条・八月丙子条・九月己酉条）。

一方、朝鮮の『海東諸国紀《かいとうしょこくき》』（一四七一年）は宗茂秀《しげひで》が「都代官《とだいかん》」であるとする。茂秀は一四〇一年に貞茂に反旗を翻した賀茂《よししげ》（澄茂系宗氏）の子であり、その一族がなお盛んであったため、茂秀が「都代官」として処遇されたという。その時期は不明であるが、貞盛期の一四二〇年以降のこととみられ、二八年の豆酘行宮権現奉加帳《つつゆきのみやごんげんほうがちょう》には貞盛・茂秀・直臣《じきしん》（一五名）の順で連名している（「宗家文書」）。そして、茂秀の弟茂直《しげなお》の発給文書が一四三〇年（永享二）〜三五年に計九通確認されるが、うち五通が「都代官」として発給した文書とみなされる。いずれも文体は漢字・仮名混淆体《こんこうたい》であり、文言は定型化してしない。また、現当主の貞盛の発給文書ではなく、「故殿（貞茂）の御判《ごはん》」「讃州（貞茂）の御判」「代々の御判」を根拠として発給したもので、これに貞盛が袖判《そではん》（文書の右端の花押《かおう》）を据えるケースもある（「御旧判控伊奈郷」など）。

その後、一四三六年〜五一年（宝徳三）には祐覚《ゆうかく》なる人物の発給文書が計一一通確認される。やはり漢字・仮名混淆体で文言が定型化していないが、祐覚一人が日下《にっか》判《はん》（日付の下の花押）を据えるときは貞盛が袖判を加え、それ以外のときは浄秀《じょうしゅう》なる人物と二名で連署する傾向がある（「佐須郡御判物帳」など）。現当主貞盛の「仰せ」にもとづく奉書《ほうしょ》形式の文書が多いのも特徴である。また、祐覚は「山田周防入道」と同一人物とみられるので（「佐護郡御判物帳」）、宗氏一門の人物ではない。したがって、祐覚は「都代官」ではなく、直臣団（吏僚集団）の上層に位置する人物（奉行人《ぶぎょうにん》）とみられる。

　このように貞茂・貞盛期には「都代官」ないしそれに準ずる者が遵行状《じゅんぎょうじょう》・奉書を発給したが、その様式・文言は一定せず、地域性が色濃く表れているのである。

　やや前置きが長くなったが、それでは成職期の守護代についてみていこう。茂秀・茂直・祐覚の後をうけて、盛直《もりなお》（茂直子）が登場し、一四五三年（享徳二）〜六六年（文正元）に計五三通の発給文書が確認される。依然として漢字・仮名混淆体も多いが、漢文体（和様漢文体）が初めて登場し（一六通）、小地名や助詞に仮名をあてただけの漢文体もみられる。書止文言《かきとめもんごん》も「〜由《よし》、被仰出者也《おおせいだサるものなり》、仍状如件《よってじょうくだんのごとし》（仍執達《しったつ》如件）」（〜とのことをお命じになられた。その旨は以上のとおりである〈その旨を伝達することは以上のとおりである〉）のような遵行状・奉書の定型文言が使用される頻度が高い。また、成職の発給文書と同日付で発給された遵行状は一四通あり（翌日付一通を含む）、とりわけ一四六〇年代にその傾向が強くなる。こうした発給文書は書札礼《しょさつれい》をきちんと踏まえて作成されたものであり、守護成職が幕府制上の守護代を初めて設置し、その任に盛直をあてたと考えることができる。逆にいえば、貞茂・貞盛期の実体が曖昧模糊とした「守護代」「管領」「都代官」などの存在は、貞茂期〜貞盛晩年期の宗氏が守護でなかったことを傍証する。

このように成職は領国内の職制および文書の様式・発給システムを、地域色の強いかたちから、守護家に相応しいかたちへと変更したのである。幕府内で宗氏との窓口を担当したのは伊勢氏（政所執事）であるから、武家故実家でもある伊勢氏、またはその被官蜷川《にながわ》氏から書札礼の指南を受けたのであろう。

一方、盛直は朝鮮には「対馬州守護代官」の肩書で通交し、国王から成職・盛直両名への賜物《しぶつ》もみられるので（『世祖』十一年三月乙卯条など）、朝鮮側も盛直を成職に次ぐ有力者と判断していたことがわかる。一四六一年（寛正二・世祖七）、成職が朝鮮の官職を望むという不可解な外交交渉が行われ、結局は沙汰止みになるという出来事があったが（中村一九六五）、このとき朝鮮側は成職に従一品の「崇政大夫《すうせいだいふ》」（文散階）と「判中枢院事《はんちゅうすういんじ》・対馬州兵馬節制使《へいばせつせいし》」（官職）を与えることを決定している。その後、盛直の子・貞秀《さだひで》が一四八一年（文明十三・成宗十二）に従二品の「嘉善大夫《かぜんだいふ》」と「同知中枢府事《どうちちゅうすうふじ》」を受けている（『成宗』十二年八月庚午条）。つまり、朝鮮側は対馬守護を従一品相当、守護代を従二品相当とみなして接遇していたのである。こうした認識は十六世紀末期までつづき、最後の守護代佐須景満《かげみつ》を排斥して領国の実権を掌握した柳川調信《しげのぶ》は、一五九一年（天正十九・宣祖二十四）に「嘉善大夫」「同知中枢府事」を受けている（『宣祖』三十三年五月甲寅条）。

## 幕府外交のサポート

一四三四年（永享六）、幕府は貞盛を知行主とみなして倭寇の取締りを直接命令しているが、四七年（文安四）～四九年（宝徳元）に貞盛が対馬守護になって以降は、幕府外交の補助が宗氏の重要な職責になったといえる。将軍不在の微妙な時期であるが、一四四八年には幕府の朝鮮遣使に際して、貞盛のもとに「日本国王教書《きょうしょ》」が届いている（『世宗』三十年七月己丑条）。これは将軍家御教書《みきょうじょ》（管領奉書《かんれいほうしょ》）を指すとみられる。

さて、成職期の事例としては、一四五九年（長禄三・世祖五）に発生した通信使船の漂流事故への対応が初見である。まず事故の経緯をたどると、同年六月、日本国王使として僧秀弥《しゅうや》の一行が朝鮮の漢《ハン》城《ソン》に到着した（『世祖』五年六月癸丑条）。八月、主たる任務である大蔵経《だいぞうきょう》の獲得を果たした秀弥は、通信使宋処倹《ソンチョゴム》をともなって帰国しようとした（『世祖』五年八月壬申条）。そして十月八日（明暦《みんれき》）の早朝、正使宋処倹・副使李宗実《イチョンシル》・書状官李覲《イクン》は朝鮮船三船に分乗し、幕府船二船・対馬船一船とともに出航したが、同日午後に「大風」に遭い、宋処倹・李覲が乗る二船は漂流して行方不明になり、李宗実が乗る一船は沈没してしまった。翌日、船軍《せんぐん》（水軍指揮官）の韓乙《ハンウル》ひとりが対馬に漂着して救助された。

明けて一四六〇年正月、成職は朝鮮に遣使して韓乙を送還し、事故の経緯を報告している（『世祖』六年正月辛巳条）。その一方で、成職は伊勢貞親の被官蜷川氏に書状を送り、「高麗使船」が「悪風」に遭い、「二船」とも「破損」し、「高麗よりの返状」と「進物」が失われたが、「日本船」は無事であると報告している（朝鮮船の船数には齟齬がある）。大蔵経は幕府船に積載されて無事だったらしく、三月十日、発注者である美濃守護の土岐成頼《ときしげより》が「高麗蔵経着岸」の「御礼」として銭五千疋を足利義政に献じている（『蔭凉軒日録』長禄四年三月十日条）。このとき成職は対馬守護の立場で幕府に状況報告を行ったものとみられ、これを初見として、幕府―宗氏間の意思疎通が伊勢氏（蜷川氏）を窓口として行われるケースが史料上で確認されるようになる。

一四六五年（寛正六）には、遣明船《けんみんせん》の警固《けいご》を命じる幕府奉行人《ぶぎょうにん》の連署奉書《れんしょほうしょ》が成職あてに発給されている（『戊子入明記』）。「対馬国の津々浦々で警固を行い、支障なく運送するように（成職から国内に向けて）下知《げち》（命令）をせよと（義政が）お命じになりました」との内容である。幕府の命令が成職に伝達され、そして成職から国内の津々浦々に伝達されるという指揮命令系統を示すもので、これは明らかに成職が守護であることを証明してくれる。

わずかな事例ではあるが、対馬守護である成職は、幕府の遣明船・遣朝鮮船の警固などを職責として担っていたのである。

## 島主歳遣船制度の克服

成職が直面する政治課題は、父貞盛が遺した島主歳遣船《とうしゆさいけんせん》問題への対応である。宗氏領国の知行《ちぎよう》制は朝鮮通交権益を包摂するという特殊性を抱えており、領国全体の年間通交回数の加増が至上命題なのである。しかし、先にみたように、貞盛期に試みた島主歳遣船の加増交渉は失敗に終わったため、一四五四年（享徳三・端宗二）八月、成職は歳遣船数の上限を無視して使船の強硬派遣に踏み切った。約半年余りで歳遣船五〇回分を使い果たしていたのである。一方、これを重くみた朝鮮は、同年十二月、対馬に使者を遣わし、成職を譴責して制度の遵守を求めた（『端宗』二年八月乙酉条・十二月癸未条）。

ここに成職は方針転換を迫られる。朝鮮側が島主歳遣船制度を導入した当初の目的は、対馬全体の年間通交回数を五〇回に制限することであったが、さすがに無理があると判断したのか、郡主（宗氏一門）とは別途歳遣船を約定していた。そこで成職はこの流れに便乗し、家臣たちに個別に歳遣船を約定させる方向へと舵を切った。一見すると、宗氏当主の求心力を弱めかねない施策であるが、たとえ朝鮮が家臣に通交の権利を認めたところで、成職が文引制度の政治的な運用によってその行使を阻止すれば、何の利益を得ることもできない。つまり、文引制度が機能しているかぎり、通交の権利はイコール権益とはなりえず、家臣たちが権益を入手するには、宗氏当主の承認が必要なのである。

所領経営や知行制という観点からみると、たとえば田地の経営であれば、宗氏当主の安堵（保証）がなくとも経営自体は可能であり、在地社会で何らかの係争が発生したさいに知行地（給地）として安堵を受ければよい。それに対して、朝鮮通交権は保持しているだけでは利益を生まず、それを実体のある権益として行使できるか否かは、宗氏当主の承認の有無にかかってくる。したがって、家臣たちに個別に通交権を入手させることは、むしろ宗氏当主の求心力を強めることにつながるのであり、通交権益は知行制の重要な柱となるわけである。

こうして成職期には、守護代・郡主・直臣《じきしん》（吏僚）が個別に歳遣船一～七回分を約定し、在地被官

（地侍《じざむらい》）は主として朝鮮の官職を受けて年間一回の朝鮮渡航を行うようになる。その結果、島主歳遣船五〇回分とは別枠で歳遣船約二三回分、「受職人《じゅしょくにん》」一九名（一九回）が確認され、対馬全体の年間通交回数は約九一回にまで増加したのである。

しかし、成職の施策はこれにとどまらなかった。あろうことか、父貞盛が文引制度によって封印したはずの「偽使」を復活させ、これを主体的・組織的に運用するという禁じ手を打ったのである。「偽使」とは、実在または架空の通交名義人になりすました第三者によって派遣されたニセモノの通交使節のことである。一四五五年（康正元・世祖元）から五六年にかけて成職は「深処倭《しんしょわ》」（対馬以外の地域の日本人）の名義を利用した偽使を仕立てている（長二〇〇二）。壱岐の盟主である志佐義《しさよろし》の通交を例にとると、一四五一〜五三年には一回も確認されないのに、五四年に六回、五五年も三回というように俄に増加するのである。このため、朝鮮は深処倭についても歳遣船の約定を順次進めていった。成職期に深処倭名義の偽使がどれほど発生したのかを具体的な数字で示すのは難しいが、正規の通交に加算すると、年間通交回数が一〇〇回以上に増加したことはほぼ確実である。こうして成職は島主歳遣船制度を克服し、知行制（家臣団統制）の強化を実現したのである。

一方、一四五五年以降、成職は博多《はかた》商人と協調しながら「巨酋《きょしゅう》」（幕府重臣・吏僚クラス）の名義の偽使も仕立てるようになる（橋本二〇〇五）。巨酋の使者は、深処倭（国衆クラス）の使節と比べ、旅費（「過海料」）・滞在費（「留浦料」）の支給だけでなく、船の大きさや乗員数などでも優遇される。つまり、巨酋名義の偽使は、有利な貿易が制度的に保証されているわけであり、そこに博多商人の資本が投下されたのである。博多商人もかつては宗氏の名義で貿易に参画した時期があったが、島主歳遣船制度の導入にともない、宗氏は一門・家臣への歳遣船の割当を優先し、部外者である博多商人は排除された可能性が高い。それゆえ、彼らの貿易欲求を吸収するかたちで、巨酋名義の偽使派遣が企画・実行されたのであろう。

こうして中世日朝関係は宗氏が組織的に運用する偽使によって侵食されていき、十六世紀には事実上の貿易独占へと繋がるのである。あえて強調しておくと、十五世紀後半以降の朝鮮側の記録にみえる日本人通交者たちの大部分は虚像なのであり、これをもって日本史（地域史）を語ると、大きな落とし穴にはまることになる。

## 北部九州進出策

筑前では大内氏の領国支配が行われていたが、守護大内教弘《のりひろ》は将軍専制を指向する足利義政と対立していた。一四五四年（享徳三）、義政は山名持豊（宗全）を隠居に追い込み、嫡子教豊《のりとよ》に守護職を継承させるとともに、持豊の聟である教弘に対しても、嫡子亀童《きどう》丸《まる》（政弘《まさひろ》）に守護職を継承させている（家永二〇一〇）。一四六〇年（寛正元）、義政は教弘に上洛を命じたが、教弘はこれを無視して周防在国を決め込んだ。しかも教弘は義政の勘気を蒙った斯波《しば》義敏《よしとし》を周防でかくまったため、翌一四六一年正月、幕府は「西国の者ども十三人」に教弘の追討を命じた（『経覚私要鈔』寛正二年正月二十二日条）。これが誰を指すのかは判然としないが、伝統的な対立軸からすると、少弐教頼《のりより》が含まれていたことは確実であり、対馬守護の成職も含まれていた可能性がある。ただし、実際に少弐氏・宗氏が大内領に進攻したのかどうかは不明である。

一四六二年九月十日、大内教弘は「九州のことで、京都から命じられた事情がある」との理由で九州に向けて出陣の準備をしており、周防国の公領（東大寺領）に「夫丸《ぶまる》」（戦時の人足）百人の供出を求めている（「東大寺文書」）。この時点で教弘は幕府に赦免されていたらしく、九州への出陣に関しては、同年十月に大友政親《まさちか》が筑後半国守護に任じられたこととの関連性も指摘されている（山田二〇一四）。大友氏が筑後半国守護になるということは、それまで筑後守護であった菊池氏が半国を失うことを意味するので、その実現は容易ではない。幕府としては、その執行力を担保し、かつ大友・菊池両者の武力衝突を防ぐために教弘を赦免して九州への出陣を命じたのであろう。

そうしたなか、九月十八日に「対馬勢渡海」の報告が教弘のもとに届き、二十日未明に教弘・亀童丸父子が九州に出陣している（「東大寺文書」）。この合戦の経緯は不明であるが、成職が九州の失地回復に向けて、対馬に在島する少弐教頼とともに挙兵したものとみられる。これは幕府に反旗を翻す行為であるが、成職は教弘・亀童丸父子の九州出陣の動きを察知し、決戦を挑んだのであろうか。ともあれ、成職は対馬守護職と北部九州進出を天秤にかけて、より実利的な後者を優先したのである。

北部九州の失地回復と島主歳遣船制度の克服は、いずれも知行制の強化に直結する問題である。成職は父貞盛が遺した二つの重大な課題を解決することを指向し、あくなき実利の追求を図っていたといえる。

### 少弐教頼の筑前守護再任

一四六四年（寛正五）、伊予守護の河野通春《こうのみちはる》が隣国の阿波・讃岐守護である細川勝元と軍事衝突に及んだ。当時、勝元は幕府管領に在任中であったため、翌一四六五年、幕府として河野氏追討が号令された。瀬戸内海を挟んで伊予と対面する周防の大内教弘のもとにも河野氏追討令が届き、八月に教弘・政弘父子は伊予の興居島《ごごじま》（愛媛県松山市）に陣を敷いたが、教弘は細川氏の勢力拡大を警戒し、河野氏支援へと傾いた。九月に教弘は興居島の陣中で病没したが、政弘は依然河野勢を支援し、細川勢を伊予から撃退した。

一方、同年七月頃、成職の使者が幕府を訪ね、少弐教頼を筑前守護に再任するよう願い出ている（佐伯一九九三）。この時点で大内教弘・政弘父子は反幕府の姿勢を明確に表していなかったが、成職の使者と幕府との交渉が行われている最中に、大内勢が伊予で河野勢を支援している事実が判明した。それゆえ、九月十日、幕府は筑前守護を大内政弘から少弐教頼に交替させ、教頼に対して筑前に「早々御入国」するよう命じたのである（『親元日記』寛正六年九月十一日条）。

嘉吉の乱以降、幕府中枢の細川氏・山名氏が各国守護の系列化を図っていたが、宗氏・少弐氏は細川派、大内氏は山名派に与していた。こうした中央と地方（都鄙）をめぐる政治力学を利用するかたちで、成職は教頼を筑前守護に再任させ、北部九州進出の大義名分を得ることができた。こうして対馬守護職の保持と北部九州進出は、二年前のように相反するものではなく、両立しうるものとなったのである。

**兵衛五郎の証言**

一四六五年（寛正六）九月以降の筑前の情勢を伝える日本史料は断片的であるが、一四六六年（文正元・世祖十二）七月に兵衛五郎《ひょうえごろう》（「表仰古羅《ピョアンゴラ》」）なる人物が朝鮮にもたらした情報が注目される（『世祖』十二年七月壬辰条）。

①　さきごろ大内殿と小二殿が領地を争って戦いました。小二殿は敗れて、対馬州に逃げ込みました。

②　今、本国の殿下（足利義政）は小二殿に「累代相伝《そうでん》」であるとの理由で、「十州」の人を統治させようとしましたが、大内殿が戦って「十州」を奪いました。（義政は）遂に対馬州に命じ、小二殿を本拠（筑前大宰府）に帰還させようとしました。成職もまた兵船を整えようとしましたが、九州の軍士が大内殿に属したため、兵を発することができませんでした。

③　（成職は）遂に本国（幕府）に書状を捧げました。もし回答の「勅書」（義政の命令文書）が届けば、（成職は）必ずや「大国」（朝鮮）にいる「三浦恒居倭《さんぽこうきょわ》」を徴発するでしょう。

①の合戦は、一四六二年九月の「対馬勢渡海」を指すものとみられる。②の「十州」は誇張表現であるが（少弐氏の旧領は最大で「三前二島」）、一四六五年九月に教頼が筑前守護に再任されたのちの情勢を指すとみてよい。教頼は筑前への「早々御入国」を命じられたが、大内勢に阻まれて入国できなかった。そこで幕府は成職に対して教頼を筑前に入国させるよう命じたが、成職も出陣できずにいたの

である。しかし、③によると、成職は筑前渡海のために兵船を準備する意思は持っていたようであり、幕府の再度の命令があれば、朝鮮の「三浦恒居倭《さんぽこうきょわ》」の動員も視野に入れていたという。

「三浦恒居倭」とは、朝鮮半島南部の薺浦《チェポ》・富山浦《プサンポ》・塩浦《ヨンポ》の日本人居留民のことである。このうち薺浦の恒居倭（「こもかい《（薺浦）》地下同心中《じげどうしんちゅう》」）に対し、守護代の宗盛直が発した年未詳十月二十一日付の奉書《ほうしょ》（「梅野（喜）文書」）には、

> 薺浦にある船については、五枚帆《ごまいほ》（五反帆《ごたんほ》）・六反（帆）、その他の大船は言うまでもなく、すべてこちら（対馬）に渡すようにと（成職が）堅くお命じになりました

とある。成職は薺浦に停泊する五・六反帆以上の帆船をすべて対馬に回送するように命じたのである。兵衛五郎の証言との整合性を考慮すると、盛直の奉書は一四六六年（文正元）十月に発せられたものとなる。

このように、成職は一四六六年七月～十月頃に北部九州進攻に向けた準備を進めていたのである。そして、十一月には少弐教頼《のりより》が筑前国糟屋《かすや》郡篠栗《ささぐり》村（福岡県糟屋郡篠栗町）の田地を宗弥六に給付している（「御馬廻御判物控」）。成職は教頼とともに挙兵し、筑前国内に一定の実効支配を実現させたのである。

### 成職の死去

一四六七年（文正二・応仁元）正月、細川勝元を主軸とする東軍、および山名宗全を主軸とする西軍の軍事衝突が発生した。「応仁・文明の乱」である。京都で発生した大

乱は北部九州にも波及することになる。同年八月、山名派の大内政弘が西軍の主力として上洛したため、その間隙を突き、細川派の少弐教頼が前年来の筑前の実効支配を拡大した。教頼は「対馬島の兵」を率いて水城《みずき》（福岡県太宰府市）まで到達したという（『海東諸国紀』）。十月に教頼は宗孫次郎に対し、筑前国席田郡《むしろだ》（福岡市）・怡土郡《いと》（糸島市）・夜須郡《やす》（朝倉市）・嘉麻郡《かま》（飯塚市・嘉麻市）に散在する旧領を安堵しており（「歩行御判物帳」）、博多湾岸地域だけでなく、少弐氏の本拠地である大宰府の一帯も回復したものとみてよい。

こうして筑前の実効支配が順調に回復するなかで、突如、成職の訃報が朝鮮にもたらされた。一四六八年（応仁二・世祖十四）正月十七日（明暦）、成職の使僧として漢城《ハンソン》に滞在中の清蔵主《せいぞうす》が朝鮮側に知らせたのである（『世祖』十四年正月戊寅条）。朝鮮の『海東諸国紀』（一四七一年）は成職の死去と貞国《さだくに》（従弟）の家督相続を一四六七年のこととする。成職の発給文書の確実な終見は一四六七年二月であり（「御旧判控伊奈郷」）、九月以降は貞国が守護の立場で文書を発給し（「草壁家文書」）、十一月には被官に対して「成職の御判形《ごはんぎょう》の旨に任せて」知行《ちぎょう》を安堵している（「大浦（隆）家文書」）。したがって、一四六七年夏～秋に成職が死去して貞国が家督を相続したとみられる。一四六八年正月に「成職」の使者としてその死去を朝鮮に通知した清蔵主は、実際は貞国の使者であったことになる。やや奇異にも映るが、たとえば琉球王国においては、新国王が前国王の名義で明に通交してその死去を通知するケースがあり、東アジアの外交では特異なことではない。

成職は一四五二年に二四歳であるから、六七年に死去したとすると、享年三九歳、壮年での死去である。その理由は全く不明であるが、①自然死のほか、②北部九州での討死、③対馬での政変、が想定される。豊崎郡主の貞国が本宗家の家督を相続したことからすると、③の可能性も完全には否定できないが、特に目立った徴候もない。ひとまず、①または②とみておこう。

# 4 豊崎郡主系宗氏の飛躍——宗貞国の時代——

## 貞国の正統性

一四六七年（応仁元）夏〜秋頃に豊崎郡主の宗貞国《さだくに》が本宗家の家督を相続した。その経緯については、貞国の亡父盛国《もりくに》の肖像賛《しょうぞうさん》（「順叟大居士幷即月大姉画《じゅんそうだいこじならびにそくげつたいしが》像賛《ぞうさん》」一四七七年・仰之梵高《きょうしぼんこう》著）のなかで、

今の国主貞国公は、成職《しげもと》に嗣子がなかったため、国を挙げて主に推戴した

と言及されている。また、朝鮮の『海東諸国紀』（一四七一年）にも、

成職が死去したが嗣子がなかった。丁亥年（一四六七年）、島人が貞盛の同母弟盛国の子貞国を島主に擁立した

とある。貞茂《さだしげ》―貞盛《さだもり》―成職の三代にわたる家督の嫡流相続が途絶え、傍流の貞国（貞盛甥・成職従弟）が本宗家の家督を相続したのである。貞国は一四八六年（文明十八）に五七歳なので（『成宗』十八年七月戊寅条）、このとき三八歳である。

家督相続の時期は一四六七年（応仁元）夏〜秋頃であるが、貞国は朝鮮にその事実を通知することなく、「成職」の名義で朝鮮に遣使しつづけ、先述のように翌六八年正月に漢城《ハンソン》に滞在中の使僧清蔵《せいぞう》

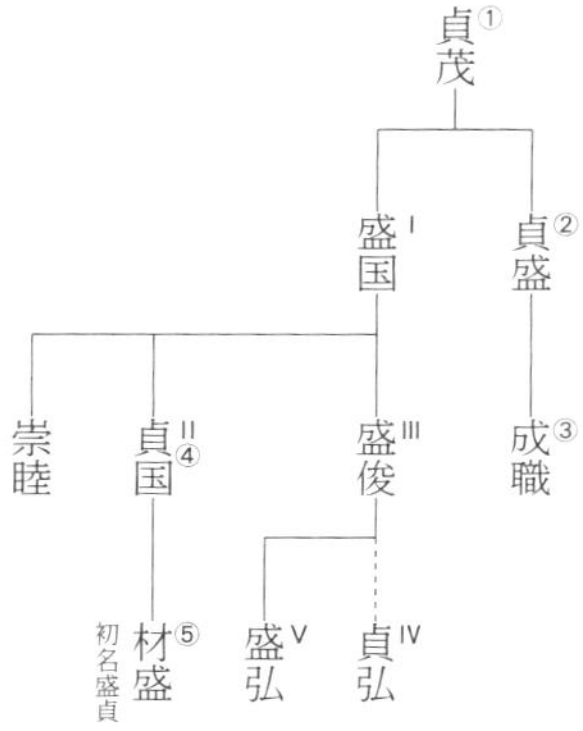


図25　宗氏略系図
丸囲み数字は貞茂を起点とした家督継承順
ローマ数字は豊崎郡主の継承順

図27　宗貞国の花押(1474年)
(重要文化財「小田家文書」, 長崎県立対馬歴史民俗資料館蔵)

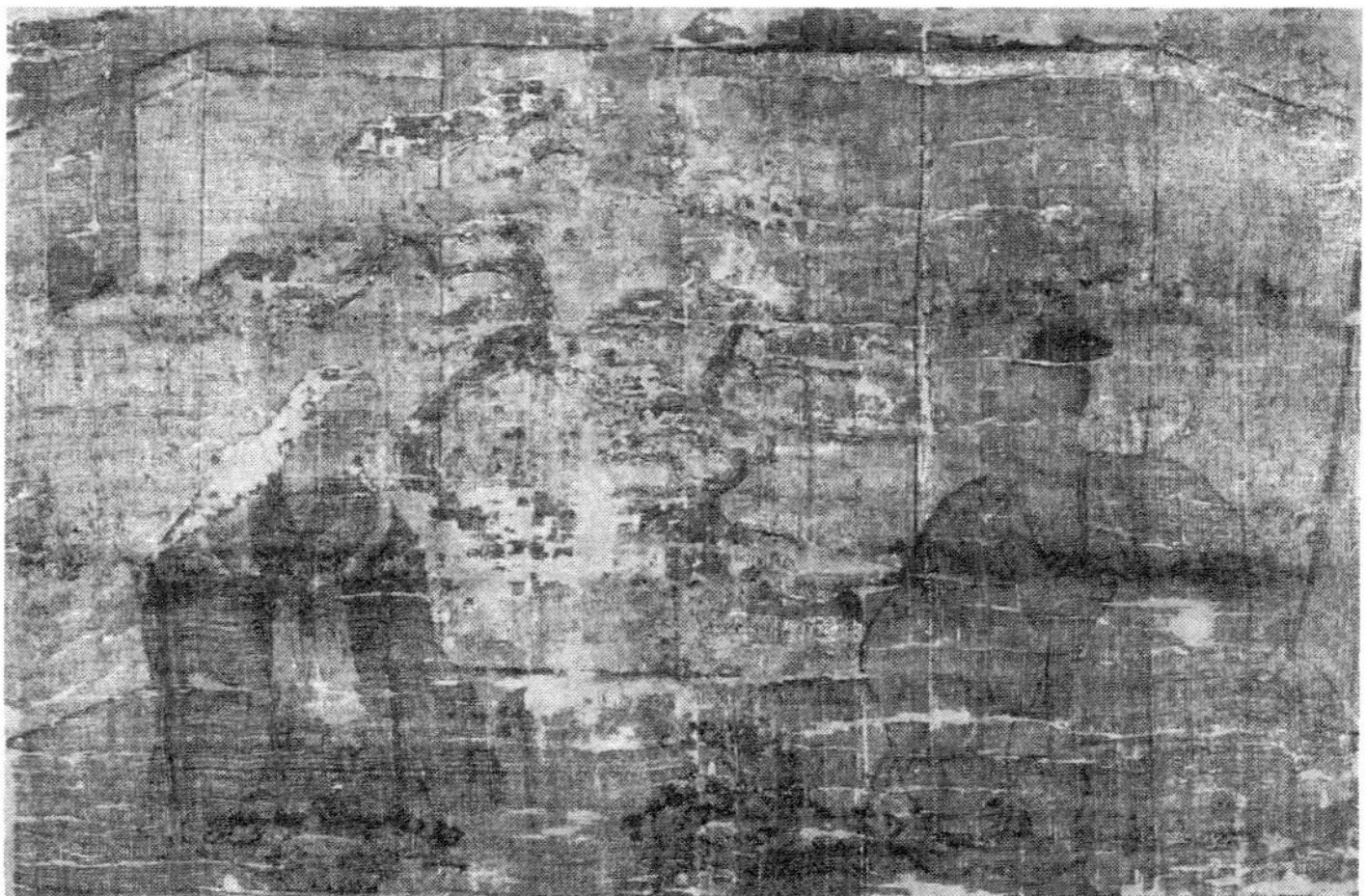

図26　宗貞国夫妻像
(東京・養玉院如来寺蔵, 品川区立品川歴史館画像提供)
現存する夫妻像のなかで最古例.

主《す》（朝鮮渡航は前年冬であろう）が初めて訃報を知らせている。傍流から本宗家を相続した貞国としては、その正統性を宗氏一門・直臣《じきしん》（吏僚）から認知されるには一定の時間が必要であろうし、それがなされないまま拙速に成職の死去を朝鮮に通知し、ただちに致奠官《ちてんかん》（弔慰使節）が来島したならば、家督相続の正統性に疑念を抱かれ、ひいては外交上の損失を招きかねない。かつて貞盛の相続時は、朝鮮の強硬な対外政策もあって「応永の外寇」を招いたが、成職の相続時には、嫡流相続に安心感を抱いた朝鮮から穏健な対外政策を引き出している。当然ながら、朝鮮側は宗氏の代替りを注視しており、新しい「島主」の統制能力を見極めるうえで、致奠官の現地視察は重要な意味をもっていた。つまり、貞国にとって致奠官の来島とその迎接儀礼は家督相続の正統性を領国内にアピールする絶好の機会であると同時に、領国の内情を観察されるリスクも抱えていたわけであり、新体制を整えるために一定の時間稼ぎが必要だったのである。

## 朝鮮使節の来島

貞国が成職の訃報を通知したのち、朝鮮使節の金好仁《キムホイン》が対馬を訪れた。一四六八年（応仁二）の春～夏頃のことである。詳細な経緯は不明であるが、金好仁は致奠官とみられ、七月に国王世祖に復命している（『世祖』十四年七月丁亥条）。

金好仁の観察によると、貞国の居館は「竹屋《ちくおく》（の規模）は三間《かん》であり、城郭と宮室《きゅうしつ》はない」という。朝鮮の度制では、「間《かん》」は八尺《せき》四方の面積を示す単位で、一尺《せき》（営造尺《えいぞうせき》の場合）は約三〇・八㌢なので（李二〇〇一）、貞国の居館は約七・四㍍四方、すなわち約五五平方㍍となる。もちろん実測値ではないが、ごく小規模な「竹屋《たけや》」であることがわかる。「宮室」がないというのは、貞国の私的な生活空間がない、つまり公私の区別のない空間ということである。貞国は一四七一年（文明三）以前に守護館を佐賀《さか》から府中に移転させているが（『海東諸国紀』、以下、『海東』と略記）、その建築は「前庁《ぜんちょう》」（政務空間）と「後庁《ごちょう》」（生活空間）が区別されている（『成宗』七年七月丁卯条）。これが守護館の基本仕様であるとして、かつ一般に守護館の規模が一町四方とも二町四方ともされることに鑑みると、この「竹屋」が佐賀の守護館であるとはとうてい考えられない。本宗家を相続してまもない貞国としては、直臣団の統制の乱れを露呈しないよう、佐賀の守護館を避けて臨時に迎接用の「竹屋」を構えたとも考えられる。

もうひとつ金好仁は重要な観察を行っている。「竹屋」で酒宴を催したさい、「兄弟と族親は島主と連座していた。饌具《せんぐ》・酬酢《しゅうさく》の礼は、島主と区別がなかった」というのである。つまり、「島主」貞国とその「兄弟・族親」は並列的に着座し、酒宴で使用する食器に格差はなく、金好仁と酒を酌み交わす礼儀作法にも格差はなかったという。「兄弟」は庶兄の盛俊《もりとし》、「族親」は宗氏一門の郡主たちを指すとみられる。そうすると、豊崎郡主家から本宗家を相続してまもない貞国が、宗氏一門の郡主たちとのフラットな関係（等輩関係）を解消できていなかったことになる。そうした関係性が儀礼の場で顕在化し、異国からの客人である金好仁には奇異に映ったわけである。

## 貞国の九州出陣

朝鮮使節の迎接をクリアした貞国であったが、それからまもない一四六八年（応仁二）十二月、少弐教頼《のりより》と守護代の宗盛直《もりなお》が「大友殿」（大友親繁《ちかしげ》）および「大内代官」（仁保盛安《もりやす》カ）の連合軍と筑前怡土《いと》郡（福岡県糸島市）で合戦して討死してしまった（『海東』「少弐系図」）。貞国は領国内の地盤でさえ覚束ない状況のなかで、北部九州進出の戦略の練り直しが求められることになったのである。

ところが、翌一四六九年（文明元）三月頃、東軍陣営は豊後守護の大友親繁などの調略を図った。そして足利義政が大内領への進攻を命ずる御内書を発し、親繁がこれに呼応したことで状況は一変する。親繁は東軍の「九州惣大将」となって、五～六月頃に豊前一国（北九州市周辺）を平定し、少弐勢が筑前の嘉麻《かま》・穂波《ほなみ》二郡（飯塚市・嘉麻市）を「知行分《ちぎょうぶん》」とした（「野辺文書」）。

こうした状況を受けて、貞国は九州進出を決断する。『海東諸国紀』にその経緯が詳しく記されている。

> 己丑年（一四六九年）、「国王」（義政）は、大内（政弘）が山名（宗全）に与したので、「小二」（少弐頼忠《よりただ》）に旧領（筑前・豊前）を回復するよう命じた。また（国王は）「諸州」（大友親繁など）にこれを援助するよう命じた。秋七月、対馬島主宗貞国が挙兵し、教頼の子頼忠を奉じて（筑前に）向かった。沿路の「諸酋《しょしゅう》」（国衆など）は護送してこれを援助し、（頼忠は）遂に「宰府」（大宰府）に到達し、旧領をすべて回復した。頼忠はすでに「宰府」におり、今は貞国が博多を守っている。

「国王」の命令とは、一四六九年三月頃に発せられた義政の御内書《ごないしょ》を指しており、対馬にいる少弐頼忠（教頼子）のもとにも届いたようである。そして、貞国は少弐・大友勢が優勢と判断し、七月に頼忠を擁して筑前に進出したのである。頼忠は少弐氏由緒の地である大宰府、貞国は博多の近傍にある住吉に滞在した。博多の都市には貞国の代官が設置されることになる。また、同年中に大内教幸《のりゆき》（政弘伯父）が長門で政弘に反旗を翻し、筑前守護代であった仁保盛安もこれに加担したため、北部九州は東軍陣営が優勢となり、筑前では少弐・宗体制が一時的な安定をみるのである。

**図28　梵鐘**（重要文化財、対馬市教育委員会蔵、清玄寺旧蔵）
筑前芦屋製。龍頭・乳は和鐘の型式であるが、鐘身の装飾は朝鮮鐘を模倣する「日朝混淆鐘」。

## 仁位清玄寺の梵鐘

貞国の筑前進出が実現した直後の一四六九年（応仁三・文明元）十月、仁位郡主の宗盛家《もりいえ》・職家《もといえ》父子が郡内の清玄寺《せいげんじ》に梵鐘《ぼんしょう》を寄進している。銘文に「応仁参年己丑十月二十二日」の年紀があり、「国主惟宗朝臣《これむね》　貞国」と「本寺檀越惟宗朝臣信濃守盛家」「子息職家」らが連名している。

応仁三年四月に文明と改元されているので、年紀には検討を要する。貞国の発給文書で応仁年号を用いたものは六月まで（「阿比留文書」など）、文明年号を用いたものは八月から確認されるので（「薦田文書」）、やはり年紀には不安が残る。しかし、実質的な寄進の主体が仁位郡主家であることに鑑みると、同家にまで改元の情報が伝わっていなかったためとも考えられる。

銘文の年紀に問題を残すとはいえ、守護貞国と郡主盛家・職家父子が「惟宗」姓を使用しているのが重要なポイントである。少弐頼忠を推戴することが九州進出の大義名分であり、その主従関係を内外に喧伝するために惟宗姓を使用したものとされる（長一九八七）。ただし、九州進出の大義名分であれば、一四六三年（寛正三）・六六年（文正元）に成職が挙兵した時点で惟宗姓を使用していてもおかしくないが、少なくとも史料上にその形跡はない。むしろ惟宗姓の使用は、貞国期に特有の問題、すなわちその正統性の問題に関わるのではないか。

そもそも「平」姓への改姓は、貞盛が将軍に直属するために使用した手段であり、その結果として貞盛は対馬守護に任じられ、かつ嫡子成職が将軍偏諱《へんき》を拝領した。これは対馬に身を寄せる主人の少弐教頼の存在意義を相対化し、宗氏一門の郡主たちが教頼のもとに結集して嫡流相続を妨害することへの予防措置であった。ところが、郡主家から本宗家を相続した貞国にとって、平姓の論理はさほど重要ではない。むしろ他の郡主たちとのフラットな関係を解消できないまま、臨戦態勢に突入した貞国としては、郡主たちと同等な立場で結集して少弐頼忠を推戴しなければならなかった。こうした非常事態において、貞国と郡主たちは少弐氏のもとに結集する論理として惟宗姓を一時的に復活させたのである。

## 正統性の担保

貞国が本宗家の家督としての正統性を担保するための手段として、将軍権威の利用も必要不可欠である。一四七〇年（文明二）九月、貞国の特送使梵賀《ぼんが》禅師《ぜんじ》が朝鮮の漢城《ハンソン》に到着しているが、その任務は、①国王世祖《セジョ》の薨去《こうきょ》（六九年）に対する弔慰、②成宗《ソンジョン》即位の慶賀、③貞国の「刑部少輔《ぎょうぶのしょう》」任官の通知であった（『成宗』元年九月丙戌条）。このときの貞国の書契《しょけい》（外交文書）には、

私は筑前州に渡って強敵（大内氏）を退け、（敵の）大陣を囲みました。「扶桑殿下《ふそう》」（足利義政）のご命令を承り、「宗刑部少輔」の官職を賜りました。（それゆえ）この書契には「宗刑部少輔」と書いて遣わしました

とある。つまり、貞国は足利義政から「刑部少輔」に任官されたというのである。さらに貞国は、「帝位」（成宗即位）の祝礼、および私が「官爵」を賜った祝儀として使船を遣わすべきところ、

少々遅れてしまいました

とも弁解しており、刑部少輔の任官からは若干時間が経過していたらしい。一四六九年十月の清玄寺鐘銘では「国主惟宗朝臣　貞国」とあり、官途《かんと》が記されていないので、この時点で貞国は無官であったといえる。したがって、貞国の任官は一四六九年十月〜七〇年夏頃のこととなる。

貞国が足利義政から刑部少輔に任官された意義は大きい。刑部少輔は貞茂—貞盛—成職三代の世襲官途であるから、貞国はその後継者としての一定の正統性を担保できたのである。それまでは豊崎郡

主家の世襲仮名である「彦七」を称したままであり、かつ他の郡主家とともに惟宗姓を復活させていたのと比べると、正統性のレベルが上昇したといえる。

正統性のレベルを測るバロメーターとしては、被官に対する受領《ずりよう》名・官途《かんと》名の授与方式もある。貞盛期後半～成職期にはすべて官途状《かんとじよう》の様式が使用されたが、貞国期には官途挙状《かんときよじよう》が部分的に復活し、とくに一四七〇～七五年に集中する（「歩行御判物帳」「一宮文書」など）。貞盛・成職があらゆる被官に「公方《くぼう》」として君臨し、自分の一存で受領名・官途名を授与するという様式（書札礼《しよさつれい》）をとれたのに対し、貞国は一部の被官に対しては儀礼的な配慮をする必要があり、その結果として「京都に挙げ申す」という遠慮した様式をとらざるを得なかったのである。こうした観点からすると、官途挙状の発給が散発的になる一四七六年に正統性のレベルがもう一段階上昇したといえる。そして、一四七七年の盛国肖像賛（「順叟大居士并即月大姉肖像賛」）では惟宗姓が消滅して平姓が復活している。この頃には少弐氏との主従関係は再び途絶えており、郡主たちとのフラットな関係もある程度解消されていたとみられる。このように一四七〇年代後半になると、貞国は貞茂―貞盛―成職三代が利用してきた正統性の要件の多くを継承することになったのである。

### 筑前支配の実態

応仁・文明の乱中の筑前支配に視点を転じよう。筑前守護少弐頼忠が旧領を回復し、貞国は博多（福岡県福岡市）近傍の住吉に駐留したわけであるが、貞国は頼忠の補佐役としての立場にありながらも、独自の動向をみせている。その眼目は、前代と同じく貿易都市博多の支配と後背地に広がる田地の獲得にあった。

博多の支配については、貞国は直臣（吏僚）の宗直家《なおいえ》を「博多代官」に任じており（「大小姓御判物控」）、直家は一四七一年（文明三）に博多商人奥堂右馬大夫《おくのどううまだゆう》の公事《くうじ》・課役《かやく》を免除している（「油座文書」）。

一方、貞国は一四六九年九月〜七一年六月に筑前国内で知行《ちぎょう》の宛行《あてがい》・安堵を集中的に行っている。たとえば一四六九年九月、貞国は宗肥前守に嘉麻《かま》郡三緒《みお》（飯塚市）の所領を安堵しているが、これは四四年（嘉吉四）に父盛国が「宗あハはう」に給付した所領である（「仁位郷給人寺社足軽百姓御判物写」）。宗肥前守は「あハはう」の子孫にあたる人物であり、まさに父祖の所領（失地）を回復したわけである。貞国は筑前国内で知行宛行・安堵権を行使しているが、知行をめぐる訴訟の裁定権は少弐頼忠が掌握していた（「宗家文書」）。

一方、一四六九年八月、豆酘《つつ》郡主の宗茂世《しげよ》が山下左衛門助《さえもんのすけ》を御笠《みかさ》郡（太宰府市周辺）の郡代に任じており（「山下家文書」）、翌七〇年からは「九州侍所」の肩書で朝鮮に遣使する（『成宗』元年二月癸亥条）。茂世の祖父貞澄《さだずみ》は、一四〇八年（応永十五）に貞茂から筑前守護代の代官（又代官）に任じられているので、茂世はその先例にしたがい、貞国の補佐役としての立場で活動したのである。

一四七〇年頃、豊前宇佐八幡宮の神官・社僧が「筑前国御神領当知行所々《とうちぎょうしょしょ》大宰少弐頼忠押領地《おうりょうち》の事」について議論し、鞍手《くらて》郡野坂庄《のさかのしょう》（宗像市）と大宰府宇佐町（太宰府市）を茂世に押領され、かつ嘉麻郡立岩別符《たていわべっぷ》（飯塚市）・山野《やまの》別符《べっぷ》（嘉麻市）と穂波《ほなみ》郡椿弁分《つばきべんぶ》（飯塚市）を宗国茂に押領された事実を認定している（「到津文書」）。国茂は嘉麻郡代と推定され、同郡内の知行安堵に関わる実務を担った人物である。つまり、茂世と国茂は筑前国内の寺社領を容赦なく押領しており、その成果としての押領地が宗氏被官に知行として分配されたのである。

### 少弐氏・宗氏の連携分断

一四七一年（文明三）春、朝鮮使節の田養民《チョンヤンミン》が対馬を訪れた。この急報に接した貞国は、少弐頼忠に断りなく筑前住吉に兵を残して帰島した。貞国としては、朝鮮使節の迎接は自分の正統性に関わる重大事であるから、筑前駐留よりも帰島を優先したわけであるが、無断帰島の背景には肥前千葉氏の内紛をめぐる貞国と頼忠との意見の対立があった。前年冬、貞国は意に反して千葉氏の内紛に介入することになり、肥前小城《おぎ》（佐賀県小城市）に兵を進めたが、大雪に遭って敗北し、多数の凍死者を出したという（『海東』）。

一方、田養民は「宣慰官《せんいかん》」（朝鮮国王の慰労の意を伝える臨時官）の名目で来島したが、その目的は貞国に通交制度の遵守を求めることであった（『成宗』元年九月丙子条）。一四七〇年に日本からの使船の来航数が最多を記録したため、①島主歳遣船《とうしゅさいけんせん》制度（年間五〇回）を遵守すること、②対馬以外の地域の人びとの歳遣船（年間一～二回）についても、定数外の使船には文引《ぶんいん》（渡航証明書）を発行しないこと、を求めたのである。ただし、②の歳遣船の多くは宗氏の管理・運用する権益、すなわち「偽使」通交権益と化したものであった。

この時期に対馬からの使船が増加した理由は、朝鮮から旅費（「過海料《かかいりょう》」）・滞在費（「留浦料《りゅうほりょう》」）として支給される米・豆を入手し、それを九州方面の兵糧に供したためである（長二〇〇二）。一四七〇年五月、貞国の特送使や「山名殿」の偽使など二四五名が滞在期限を過ぎても帰国しないため、朝鮮は滞在費の支給停止を通告しているが（『成宗』元年五月己丑条）、翌月から八月にかけて種々の使船が大挙して朝鮮に来航している。グレゴリオ暦に換算すれば概ね六〜九月頃、すなわち収穫前で米穀備蓄量が最小となる季節の出来事である。つまり、兵糧が最も不足する季節に際して、貞国は組織的に多数の使船を派遣することで、朝鮮の官庫に備蓄される米穀を入手し、北部九州への回送を行っていたわけである。貞国としては田養民の要求を容易に受け入れることはできないのであった。

なんとか田養民との外交交渉を凌いだ貞国であったが、翌一四七二年、またしても重大事が発生した。肥前岸岳《きしだけ》（佐賀県唐津市）を本拠とする波多《はた》氏が壱岐《いき》を制圧したのである。室町期の壱岐は松浦《まつら》党《とう》が「分治《ぶんち》」しており（『海東』）、彼らのほとんどは「少弐被官」（『満済』永享六年六月十七日条）であった。応仁・文明の乱の北部九州版が少弐氏対大内氏の対立軸で繰り広げられるなかで、親少弐勢力が割拠する壱岐を波多氏が攻略したわけであるから、波多氏は親大内勢力ということになる。壱岐と岸岳付近（上松浦）は対馬と筑前を結ぶ海上交通の要衝であり、地政学的にみると、宗氏と少弐氏との軍事的連携を成立させる要衝でもある。和船（小型・中型）の航行のあり方からみて、とりわけ壱岐は経由・寄港すべき位置にある。それゆえ、壱岐が親少弐勢力の「分治」から親大内勢力の一元支配に変化したことは、宗氏と小弐氏との連携が遮断されたことを意味する。朝鮮使節の迎接のため筑前住吉から一時帰島した貞国であったが、海上交通路を遮断されたことで、再び北部九州に渡海するのは困難になったのである。

### 守護所の移転

貞国は一四七一年（文明三）以前に守護所を佐賀《さか》から府中に移転させている。新しい守護所の様子については、一四七六年に宣慰使《せんいし》として対馬を訪れた金自貞《キムチャジョン》の詳細な復命書のなかに記述がある（『成宗』七年七月丁卯条）。金自貞は府中の「島主家」で迎接されたさい、次のような観察をしている。

建物は「堂」（館）と「厩舎《きゅうしゃ》」（馬小屋）・「厨舎《ちゅうしゃ》」（台所）からなり、茅で垣を作って敷地を囲っている。その垣の周囲に「塹壕《ざんごう》」（堀）があり、海水を引いていて、深さは「丈余」である。「堂」の壁は板で造り、東・西・北の三面に山水を描く。「堂」は「島主」が居住する「後庁《ごちょう》」と賓客を応接する「前庁《ぜんちょう》」からなる。「前庁」には皮甲《ひこう》五〇頭・兜鍪《とうぼう》五〇頭・木弓《もつきゅう》七〇張・長剣《ちょうけん》二〇口・長箭《ちょうせん》四〇部が「自衛」のために常備されている。

この守護所は「中村館《なかむらやかた》」と称され、現在の対馬南警察署（対馬市厳原町中村）の敷地に所在したと伝承される（二五六頁図70参照）。現在の海岸線から直線距離で約八〇〇㍍の地点であるが、深さ「丈余」（朝鮮の一尺を三〇・八㌢とすると約三㍍）の堀に海水を引いていたという。中世府中の景観を伝承にもとづき素描したとみられる絵図（厳原郷土館旧蔵）によると、下津八幡宮の手前付近まで入江が広がっている。現在の警察署の敷地は海抜約六〜一六㍍の微高地であるが、その前を南北に縦断する国道三八

図29　対馬市厳原町の市街地（清水山城一ノ丸跡より，2015年）

二号線より東側は海抜約二〜三㍍の低地が広がる。この東側の低地まで入江（海抜〇㍍地帯）であったとみて単純計算すると、西側の微高地は最も低いところで約三〜四㍍であったことになる。あくまで正確なデータがないなかでの机上の空論ではあるが、入江から微高地にかけての傾斜面（海抜〇〜四㍍）で深さ約三㍍の堀を切れば、海水を引き入れることは可能であろう。ともあれ、「中村館」は海城の様相を呈しており、防衛が強化されたわけである。九州とは遠く海を隔てた対馬は国内の戦乱に巻き込まれるリスクがきわめて低いわけであるが、そのなかにあって唯一の仮想敵となりうるのは波多氏である。波多氏が親大内勢力として壱岐を制圧したのは一四七二年であるが、七一年以前からその兆候があったとも推測される。

この当時の府中は、内陸方向にまで入江が広がっていたとすると、陸地面積がかなり限られていたことになる。『海東諸国紀』には「古于《コウ》浦百余戸」とあり、佐賀の五分の一の戸数にすぎない。それゆえ、港湾都市として繁栄する佐賀を捨ててまで、府中に守護所を移転させる理由が判然としないのである。北部九州の戦乱に対応し、海上交通の利便性を高めるために移転したという見方もあるが、決して佐賀の利便性が劣るわけではない。むしろ成職が兵船の確保のため朝鮮の三浦で船の徴用を実施したことに鑑みると、多くの船が往来・停泊する佐賀のほうが都合がよいはずである。

そこで視点を変えると、貞茂・貞盛・成職の嫡流三代の本拠地である佐賀を避けたという見方もありうる。傍流から本宗家を相続した貞国は、当初は貞盛・成職の路線を継承せず、惟宗姓を使用して少弐氏を推戴するという復古的な姿勢を示している。実利ではなく観念のレベルで、律令制下の国府の所在地である府中が移転先として選択されたのではなかろうか。

## 少弐・宗体制の消長

北部九州の戦乱が膠着《こうちやく》状態にあった一四七三年（文明五）、西軍の主将山名宗全と東軍の主将細川勝元が相次いで死去した。一四七七年には西軍の主力である大内政弘と畠山義就《よしひろ》が領国に帰還したため、京都に集結した諸大名も一斉に撤退し、応仁・文明の乱は終息した。そして、政弘は同年十月に幕府から周防・長門・豊前・筑前守護に任じられ、十一月には周防山口に帰還した。これにともない、少弐政尚《まさひさ》（頼忠）は筑前守護を解任されてしまったのである。

翌一四七八年春、貞国のもとに幕府政所執事である伊勢貞宗《さだむね》の奉書が届いた。「少弐に『同意』（加担）してはならない」との将軍足利義尚の命令を伝達したものである（「正任記」）。これは大内政弘が画策した少弐氏・宗氏の離間工作であった（佐伯一九七八）。同年九月に大内勢が北部九州に進攻するが、貞国は実際に筑前に渡海していない。隣島の壱岐を親大内勢力の波多《はた》氏に領有されたうえ、将軍の命令とあっては、もはや歴代当主の宿願である北部九州支配を放棄せざるを得なくなったのである。こうして九月下旬には大内勢が豊前・筑前を平定し、少弐政尚は肥前に逃亡した。

博多に陣を構えた政弘は、十月十二日、貞国のもとへ使僧を遣わし、少弐方に加担しなかったことに「御祝著《ごしゆうちやく》」の意を伝え、対馬に「落人《おちゆうど》」が出没したならば「成敗」するよう求めている。これに対して、貞国は波多泰《やすむ》を仲介者として政弘に書状を送っている（「正任記」）。長年にわたって大内氏との対立軸をなしてきた少弐・宗体制は瓦解し、貞国は少弐氏と完全に訣別して親大内勢力となることを選択したのである。これから一世紀にわたって宗氏は北部九州の戦乱に直接の介入をしなくなる。一方の少弐氏はもはや対馬を潜伏先とすることができず、肥前東部への潜伏を繰り返すことになる。「対馬宗氏の中世史」にとっての一大画期なのである。

## 大内氏による掃討戦

北部九州には宗氏一門・被官の一部が取り残されて「落人」と化していた。親大内勢力の波多氏が壱岐を領有する以上、彼らが対馬に帰還するのは困難な状況であった。「九州侍所」の宗茂世《しげよ》（豆酘《つつ》郡主）は、高野山金剛三昧院《こんごうさんまいいん》領の粥田庄《かいたのしょう》（福岡県宮若市周辺）を押領したため、一四七七年（文明九）に幕府から返還命令を受けたが、これを無視して翌七八年の夏麦の収穫期に庄内に乱入した。このため、金剛三昧院側は同年に再び幕府に訴訟を起こしている（「金剛三昧院文書」）。茂世が頑強に押領を続けたことは、依然として筑前の所領支配に固執する被官たちが多かったことを示唆する。しかし、茂世の活動は同年八月の朝鮮遣使で終見となる（『成宗』九年八月甲辰条）。茂世の子孫は肥前に潜伏して少弐氏と行動をともにしているので（『宗氏家譜』）、茂世は少弐政資《まさすけ》（頼忠・政尚）に従って肥前に没落したのであろう。

博多代官の宗直家《なおいえ》は、一四七八年二月に「博多代官分」（代官職に付随する権益）の取り扱いについて貞国に「愁訴」（嘆願）する一方で、十二月には少弐政資から博多近傍の席田郡《むしろだ》福満（福岡市）の安堵を約束されている。これは「今度天竺岳の忠節」の恩賞であるが、政資の「御出国」（肥前からの出国）の際には「御判《ごはん》」（安堵状）が発せられるであろうとの約束手形である（「大小姓御判物控」）。直家も政資に従うことで既得権益の維持を図ったが、結局、実現しなかったのである。

茂世・直家ら残留組の動向が追えるのは一四七八年までである。同年十月には大内政弘のもとに「落人の頸」が次々と届き、宗彦次郎の「家人《けにん》」金尾帯刀尉《たてわきのじょう》や宗左馬助の頸も含まれている（「正任記」）。大内氏の掃討戦で残留組の多くは落命・離散を余儀なくされたのであろう。

## 嫡子盛貞の登場

貞国の嫡子は盛貞《もりさだ》（材盛《きもり》）である。盛貞は一四七〇年（文明二）から「其の子」（貞国嫡子）としての立場で朝鮮に遣使しており（『成宗』元年正月甲辰条）、七四〜七六年には豆酘《つつ》郡の永泉寺《えいせんじ》・金剛院《こんごういん》に対して常住物《じょうじゅうぶつ》などを安堵している（「御旧判控豆酘郷」「金剛院文書」）。

永泉寺は豆酘郡主家の「位牌所《いはいしょ》」であり、一四六八年（応仁二）に郡主の茂世が寺領を「貞澄・盛世代々の御判形《ごはんぎょう》」にもとづき安堵したばかりであったが（「府内田舎寺社所持之御判物并執権ヨリ之奉書之写」）、茂世の筑前駐留中に盛貞がその権限を吸収した恰好である。一方、金剛院は本宗家が関与してきた寺院であるが、盛貞は「成職の御判」にもとづき安堵状を発給しており、家督貞国の権限の一部を分有していたことになる。貞国は盛貞に家督の権限の一部と郡主の権限を吸収させることで、本宗家による豆酘郡への支配の浸透を図ったものと考えられる。

ここで八郡の支配体制を振り返ってみよう。成職期の直轄郡は三根・佐護・与良《よら》の三郡であるが、豊崎郡主の貞国が本宗家を相続したため、豊崎郡も事実上の直轄郡となった。異母兄の盛俊《もりとし》が郡主家を相続したものの、その権限は限定的である。なお、盛俊以後も郡主は存続するが、十六世紀半ば以降は郡内の在地被官が「郡代」に任じられるようになる。

伊奈・仁位・佐須・豆酘の四郡には宗氏一門の郡主が存在したが、もともと貞国とは等輩《とうはい》であり、貞国が主導権を確立するうえで障害となりうる存在である。仁位郡主家とは濃い血縁関係にあるし（長一九八七）、佐須郡主家は守護代を兼ねるため厚遇する必要があるが、伊奈郡主家と豆酘郡主家は遠縁である。なかでも豆酘郡主の茂世は「九州侍所」として筑前に駐留中であり、郡主支配が空洞化していた。貞国はこの機に乗じて嫡子盛貞に豆酘郡の支配権を行使させ、その直轄化を画策したのである。筑前の少弐・宗体制の崩壊に際して、貞国が茂世をなかば見殺しにしたこととも無関係ではなかろう。茂世の豆酘郡内宛ての発給文書が途絶える一四七七年（文明九）以降は、本宗家の一元支配が実現しており、貞国期の直轄郡は事実上五郡に拡大したのである。

## 守護代宗貞秀の登場

貞国期の守護代・佐須郡主は当初は宗盛直であったとみられるが、一四六八年（応仁二）十二月に筑前で討死した。盛直の後継候補としては、子の職盛《もともり》、実弟の貞秀《さだひで》・茂勝《しげかつ》がいた。

職盛（四郎）は一四七〇年（文明二）～七六年に朝鮮に遣使している（『成宗』元年正月甲辰条・七年九月庚戌条）。一方、一四七一年に森戸兵庫助《ひょうごのすけ》（本宗家直臣）と宗中務丞《なかつかさのじょう》（郡主家被官）に筑前の知行を宛行い（「歩行御判物帳」「井田家文書」）、七六年には大内氏の代官陶弘護《すえひろもり》と交戦したという（『成宗』七年七月丁卯条）。職盛は朝鮮への遣使は一族などに委任したものとみられ、もっぱら筑前に駐留して軍事指揮を行っていたのである。一四七六年を最後に史料上から姿を消すので、翌年の大内氏との合戦で落命したのかもしれない。結局、職盛が守護代・郡主として活動した形跡はない。

貞秀（彦九郎・出羽守）は、盛直の実弟であるが、かつての「都《と》代官《だいかん》」茂秀（出羽守）の養子となった人物である。一四七一年以前に佐須郡主家を相続し（『海東』）、七四～七五年に郡主としての発給文書がみられる（「佐須郡御判物帳」「大石家文書」）。一方、一四六九年九月に斎藤掃部助《かもんのすけ》（郡主家被官）に筑前の知行を宛行っており（「斎藤家文書」）、筑前に進出したことが知られるが、まもなく帰島したらしく、七一年八月には朝鮮国王成宗《ソンジョン》が「久しく空島を守った」功績を賞している（『成宗』二年八月甲子条）。「空島」すなわち貞国の筑前駐留は一四六九年七月〜七一年春のことである。貞秀は当初こそ貞国に従軍したものの、貞国が博多近傍の住吉に駐留することを決めたため、対馬の留守を預かるべく帰島したのである。その後、一四七四年に貞国が朝鮮に遣使し、「政務を委ねている」貞秀のために歳遣船《さいけんせん》の九船加増を実現しており（『成宗』五年十月戊子条）、この時点ですでに守護代の任にあったことがわかる。貞国は出羽守家への配慮から貞秀を守護代に任じ、かつ先代の盛直の歳遣船が二〜三回分であったことに鑑みて、歳遣船の加増を交渉したのである。ただし、貞秀の守護代としての発給文書（遵行状《じゅんぎょうじょう》・奉書《ほうしょ》）がみられるのは一四七八〜八二年の期間である（「大浦（隆）家文書」「梅野（喜）文書」）。朝鮮遣使は一四八三年まで確認される（『成宗』十四年正月戊午条）。

茂勝（兵部少輔・伊予守）は実兄の貞秀から守護代・佐須郡主家を相続した。それに先立つ一四七五年、茂勝は貞秀と連名で書契を朝鮮に送り、朝鮮の辺境を侵した倭寇の処罰を約束しており、七八年からは独自の遣使が確認される（『成宗』六年五月戊午条・十三年九月己未条）。茂勝は貞秀と連携して倭寇問題に対処しているとアピールすることで通交権を認められたのである。その後、一四八三年正月に貞秀が史料上から姿を消すと、茂勝の守護代としての発給文書（遵行状・奉書・書下《かきくだし》）が同年六月から九五年（明応四）十二月まで確認される（「与良郡御判物帳」「与良郡社家」）。

このように守護代・佐須郡主家の家督は、北部九州の戦乱も影響し、盛直の実子職盛ではなく、貞秀・茂勝兄弟に継承された。それ以後は茂勝の嫡流が家督を相続し、茂勝の官途「兵部少輔《ひょうぶのしょう》」が世襲されることになる。

## 幕府・将軍への接近

応仁・文明の乱が終息したのち、一四八一年（文明十三）から貞国と幕府・将軍との関係が緊密になる。同年八月、貞国は伊勢貞宗を仲介として、将軍足利義尚《よしひさ》から太刀一腰を拝領した（『親元日記』文明十三年八月十一日条）。また、一四八四年八月、貞国は「大御所様」（足利義政）に太刀一腰・虎皮一枚・油布《ゆふ》三端・鳥目《ちょうもく》（銭）二千疋を進上し、御内書《ごないしょ》と剣一口を拝領した（「諸状案文」）。虎皮・油布は朝鮮国王からの回賜品として入手したものである。一四八六年八月にも貞国は「当年祝儀」として太刀一腰・鳥目二千疋・象牙一本・照布《てりふ》三端・油布二端・藤筵《ふじむしろ》一枚を進上し、太刀一腰を拝領した（「昔御内書符案」）。照布（黒麻布）も朝鮮国王からの回賜品である。いずれも八月の贈答であるから、毎年恒例の八朔《はっさく》祝儀とみられる。たまたま三例が幕府側の記録に残ったのであろう。

一方、対馬側の史料によると、一四八二年五月、豆酘郡の永泉寺住持が貞国の「御使」として「御上洛」している。守護代の貞秀は、住持の「御留守中」をよいことに「地下中《じげちゅう》」（寺領内の住人）が「臨時御公事」を寺家に納めない場合は成敗すると約束しており（「府内田舎寺社所持之御判物并執権ヨリ之奉書之写」）、長期の留守が想定されている。その用件は不明であるが、日本国王使（正使園城寺《おんじょうじ》僧栄《えい》弘《こう》）が同年五月に朝鮮の漢城を発しているので（『成宗』十三年五月庚辰条）、貞国は国王使が帰京する途次のアテンドとして永泉寺住持を遣わしたのであろう。

一四九一年（延徳三）春、貞国は特送使を朝鮮に遣わし、今度の遣明船《けんみんせん》が景泰勘合《けいたいかんごう》を携行するので、そのことを朝鮮から明へ事前に通知してほしいと交渉しており、これは「扶桑《ふそう》殿下（日本国王）の命」によるものであると述べている（『成宗』二十二年四月辛亥条）。前年の一四九〇年、細川氏が遣明船の経営から大内氏を排除するため、大内氏が所持する成化《せいか》勘合を失効させ、とっくに失効済となっていた景泰勘合の復活を企てるという出来事があった。つまり、幕府・細川氏の意向をうけて、貞国は朝鮮との外交ルートを利用し、明への根回しを図ったのである。

### 嫡流相続の準備

嫡子盛貞は一四七四年（文明六）頃から豆酘《つつ》郡に寺領安堵権を発動するとともに、七六年頃から各郡の在地被官《ひかん》に加冠状《かかんじょう》・官途状《かんとじょう》を発給しており（「峯郡御判物写帳」）、とりわけ加冠状が多数にのぼる。盛貞は嫡子の立場でありながら、すでに被官の嫡子・庶子との主従関係を築いていたのである。こうなると、被官の家が代替りしたときの知行安堵の意義は相対的に低下することになる。実際、家督相続後の盛貞（材盛）、およびそれ以後の歴代当主（盛長を除く）は知行安堵状《ちぎょうあんどじょう》をほとんど発給しなくなるのである。

逆に歴代当主のなかで最も多くの知行安堵状を発給したのが貞国であり、計一一六通が確認される。これは貞茂―貞盛―成職三代の嫡流相続が途絶えたことに不安を抱いた被官たちが、こぞって貞国に知行安堵状を求めた結果である。しかし、貞国は一四七六年頃になると家督相続の正統性をある程度担保できており、被官たちの関心事も眼前の主従契約から将来的な主従契約へと移ったため、自家の嫡子の元服に際し、未来の家督である盛貞に加冠を求めたのである。

一四八一年に一宮・上津《こうづ》八幡宮の造営事業がなるが、これは「当国守護平朝臣宗刑部少輔《ぎょうぶのしょう》貞国」と「盛貞」が連名で行ったものである（『神社梁文鐘鰐口等銘』）。一四七六年の一宮・下津《しもつ》八幡宮の造営は貞国が単独で行っているので、八一年頃から貞国は盛貞への嫡流相続にむけて本格的に動きはじめたことがわかる。そして、一四九〇年（延徳二）七月〜十一月頃、盛貞は将軍足利義材《よしき》の偏諱《へんき》である「材」字を拝領し、「材盛《きもり》」と改名した（「比田勝家文書」「御判物写与良郷」）。十一月に貞国は龍蔵寺《りゅうぞうじ》僧の等才《とうさい》に対し、「国分寺」に同行して京都で辛労したことを賞しているので（「与良郡」）、おそらく国分寺住持の崇統《そうとう》（貞国甥）が偏諱授受の実現のために奔走したのであろう。

貞国の領国内での最後の事跡となるのが一四九三年（明応二）三月の豆酘《つつ》観音堂の造営事業であり、「宗讃岐守《さぬきのかみ》貞国・刑部少輔材盛・同彦七盛順《もりまさ》」の嫡流三代の連名で行っている（黒田一九六八）。貞国は貞茂の先例にもとづき「讃岐守」、材盛は世襲官途《かんと》「刑部少輔」を称したのである。史料を欠くが、将軍の任官によるものであろう。また、材盛の子の盛順（義盛）が仮名《けみょう》「彦七」を称しているが、これは貞国・材盛の仮名（『成宗』十年四月己亥条）を世襲したものである。貞盛・成職の仮名は「彦六」であったが、貞国は父盛国から世襲した「彦七」を材盛・盛順にも世襲させたのである。官途「刑部少輔」は本宗家家督の正統性の根拠として重要であるが、仮名「彦七」には豊崎郡主系宗氏の血統意識が込められているのである。

図 30　宗貞国墓塔
（国史跡「対馬藩主宗家墓所」，万松院）
近世の造塔とみられる．塔身に
「国分寺殿」と陰刻される．

対馬特有の天道信仰とも習合する豆酘観音堂・豆酘行宮権現《ゆきのみやごんげん》は、一宮（上津・下津八幡宮）とともに宗氏の崇敬が厚く、その造営には政治的契機が絡むことが多い。それゆえ、一四九三年の造営は、貞国の隠居、材盛の家督相続、盛順の嫡子指名を宣言する意味合いがあったと考えられる。こうして家父長・家督・嫡子の地位を表象する受領《ずりょう》・官途・仮名が「讃岐守」「刑部少輔」「彦七」にほぼ固定化され、嫡流相続を正統化する典型的な構図となるのである。

## 貞国の死去

一四九四年（明応三）四月、貞国は病床に伏してしまい、七月に朝鮮使節の権柱《クオンジュ》と面会したときには、

私は今にも死のうとしております。（中略）病になってから日久しく、気力も弱っております。この数日間は苦しくなったり、和らいだりの繰り返しですが、かろうじて粥は啜《すす》れております

と述べたうえで、政務は材盛が代行していると伝えている（『成宗』二十五年七月辛卯条）。材盛が家督を相続してはいるが、朝鮮通交上の代表者は貞国のままだったのである。その後も貞国名義の朝鮮遣

使は一四九五年十一月まで確認されるが、翌九六年三月、朝鮮から故貞国への弔慰のため致奠官《ちてんかん》が対馬を訪れている（『燕山君』元年十一月己亥条・二年三月癸巳条）。貞国は一四九五年冬〜翌九六年春頃に死去したのである。

# コラム1 書契・図書・文引――四五〇年の歴史――

「書契《しょけい》」「図書《としょ》」「文引《ぶんいん》」は一般に耳慣れない用語であるが、中世日朝通交に必要不可欠な外交アイテムである。これらを複合的に運用するシステムは宗貞盛期の一四二〇年代に導入・確立をみたが、やがて近世対馬藩にも継承され、明治初期に新政府（外務省）に外交権を接収されるまで持続した。「文禄・慶長の役」の国交断絶を挟むとはいえ、約四五〇年間にわたって、隣国の二国間関係において同一の外交システムが持続・機能したことは、世界史的にみても稀有なことであろう。

「書契」は外交文書であるが、私信の体裁をとる「書《しょ》」の形式で作製されたものである（高橋一九八二）。その淵源は九州探題今川了俊《りょうしゅん》が高麗王朝に「書」形式の外交文書を送り、高麗側もこれに応えて「書」形式で返書したことにたどりつく（岡本二〇〇七）。これが先例となり、朝鮮王朝と日本人通交者との間を往復する外交文書も「書」形式となり、朝鮮では「書契」と称され、宗氏領国では「書」と称された。日本国王・朝鮮国王の「書」は一般に「国書《こくしょ》」と称されるが、これは発信者が国王であるための呼称であり、「書契」であることに変わりはない。

「図書」は、品質・形状は銅で鋳造された印鑑（単廓陰刻方印《たんかくいんこくほういん》）であり、機能は私印である。朝鮮国王としては、公印である「印信《いんしん》」を日本人通交者に授けると、両者間に君臣関係が生じ、明の冊封国《さくほうこく》（侯国）としての立場と相反するため、私印である「図書」を授けたのである（木村二〇〇四）。つまり、私信様式の「書契」と私印の「図書」は親和性の高い組み合わせなのであり、「書契」という外交文書の様式が定着した理由も同様に説明できるだろう。こうした名分上の問題もあるが、実務上の利点もあろう。もし公文書に公印（印信）を捺すとなれば、両者の上下・対等関係を厳しく判定し、適切な様式の公文書を作成しなければならないが、なにしろ日本人通交者は、日本国王（将軍・室町殿《むろまちどの》）を頂点として探題・守護・国衆・地侍・僧侶・商人・職能民に至るまで多岐にわたるので、公文書で対応しようとすれば、実務上の煩雑さをともなう。集権的な朝鮮王朝と分権的な中世日本とのギャップを埋めるには私文書は適合的なのである。逆にいえば、私文書という方便が多種多様な日本人通交者を迎え入れられる素地であったともいえる。

「文引」は「行状《こうじょう》」「路引《ろいん》」ともいい、今日のパスポートにあたる。倭寇の被害を防ぐた

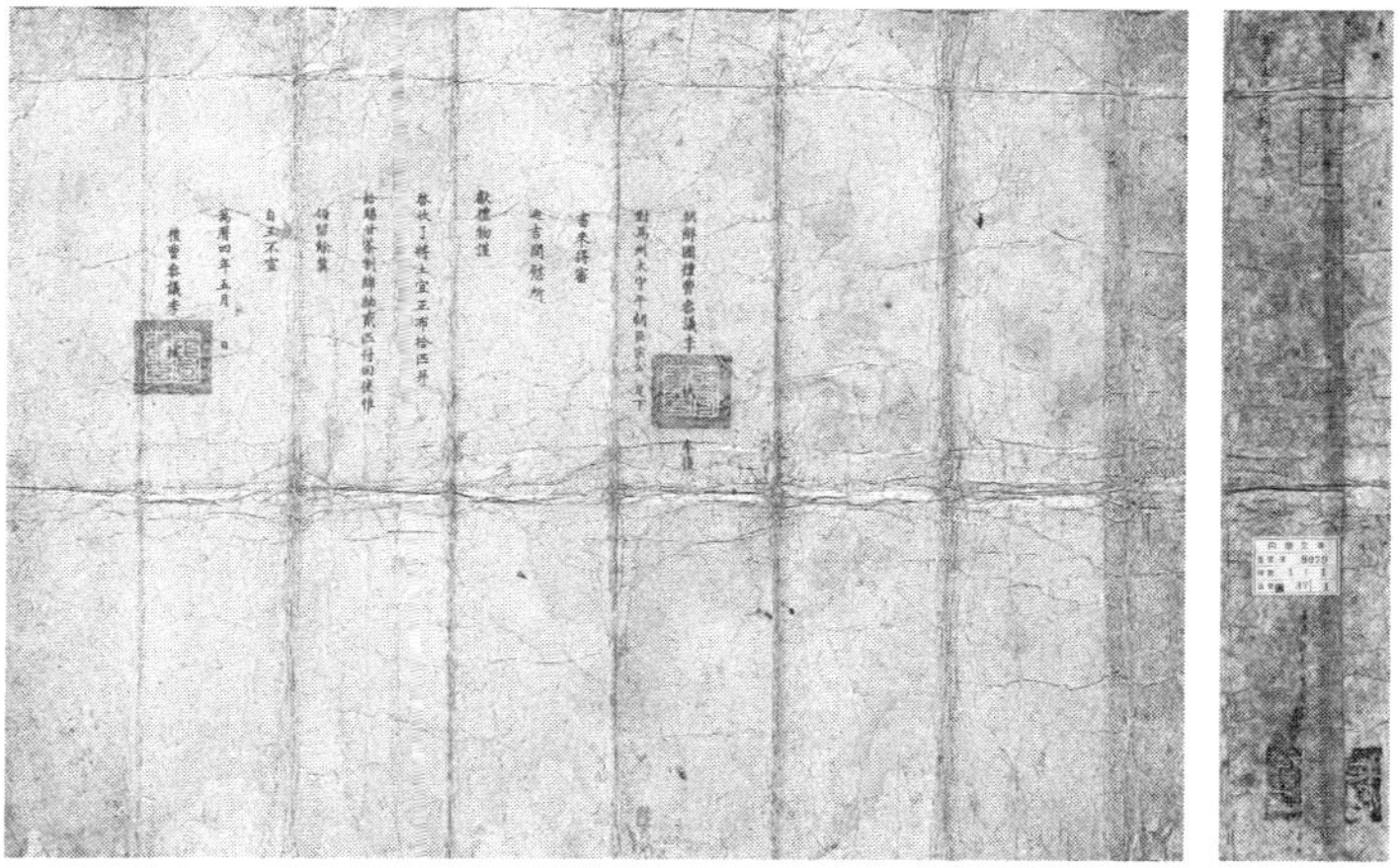

図31　万暦4年(1576)5月日礼曹参議李拭書契(国立公文書館蔵)
対馬宗氏宛ての書契としては現存最古.

図32　図書「政尚」
(重要文化財「対馬宗家関係資料」, 九州国立博物館蔵)
現存最古の図書.「政尚」は少弐政尚(頼忠・政資).

め、朝鮮初期には半島周辺海域の島々に「空島」化政策が実施されており、民衆が海上に船を出すさいには文引を申請・受給する必要があった（藤田一九九八）。一方、対馬側でも貞茂が朝鮮渡航船に「行状」を発給していた。こうした前提のもと、貞盛は文引制度を確立することで、日朝通交上の優越的な地位を確立し、宗氏領国を確立することもできたのである。文引の有効回数は一回限りで、朝鮮側の窓口機関で回収される。書契に関してもいえることだが、基本的に朝鮮では原本をそのまま保管することは少ないので、中世の文引の原本はおろか、近世の原本も現存しない。ただし、中世の文例が残っているので、その一例を原文のまま紹介しよう（「対馬私記」）。

対馬州太守　平朝臣宗　義調　謹呈
朝鮮国礼曹大人足下　忝蒙
大国恩顧者甚、雖繁多猶致頻之慙汗有余、軽乏
進上、為民　保重、伏望恩顧、恐惶不宣、
年号　　平朝臣宗　義調

十六世紀後半の当主宗義調《よししげ》が発給した文引の文例である。宛先は朝鮮の礼曹《れいそう》（外交部門）の官僚であり、「朝鮮国」は一字擡頭《たいとう》、「大国」は二字擡頭にして敬意を払っている。大意は「ありがたくも大国の恩顧を蒙り、（使者を）頻りに遣わしており、慙愧《ざんき》に堪えません。

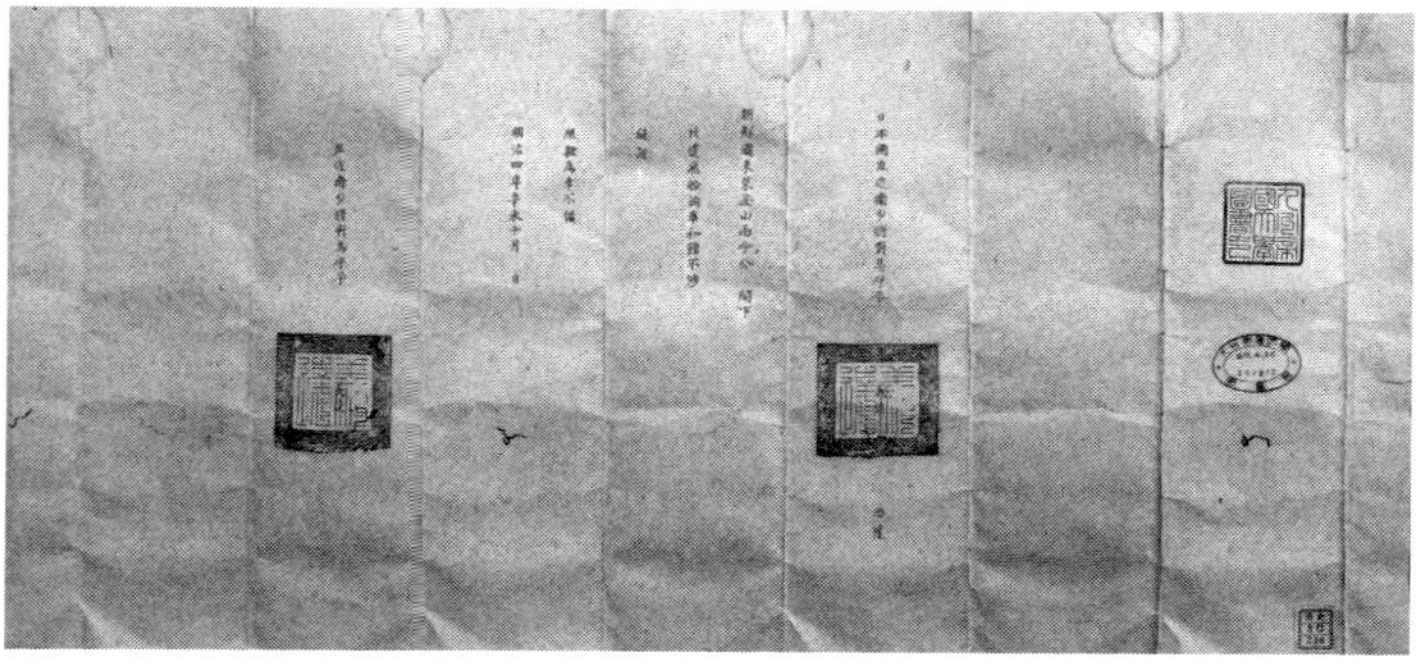

図33　明治4年(1871)10月日宗義達文引
（九州大学文学部蔵，伊藤幸司氏画像提供）
文引の現存唯一の原本.

わずかばかりの進上品を持参しました。民のためにご自愛ください。伏して恩顧（入国許可）を願います」とのものである。なお、当時の認識では文引は推挙状であり、対馬では「吹噓《すいこ》」（推挙）と称された。

こうした文面を整えたうえで図書が捺される。明治初期の廃藩置県から外交権接収までのわずかな期間に作成された文引の原本が一例のみ、使船の派遣中止によって日本側に現存する（伊藤二〇〇二）。外務大丞《がいむだいじょう》（旧藩主）の宗義達《よしあきら》が発給した文引であり、「義達」の名前の上に図書「義達」が捺されている。中世の義調の文引の場合も同様だったのであろう。なお、貞盛は他人に名義を貸すときには名前（「貞盛」）の上に図書を捺し、自分の都合で使者を送るときには職名（「対馬州太守」）の上に図書を捺したらしい。後者は「特送船《とくそうせん》」（特送使）として制度化されるが、その場合の文引は「三著《さんちゃく》図書《としょ》文《ぶん》引《いん》」、すなわち図書を三ヶ所に捺したものであった。実例がないので、三つ目の捺印の箇所と方法は不明であるが、対馬では特送船のことを「三印《みついん》」と通称するようになるのである（佐伯一九八五）。

# コラム2

## 港湾都市佐賀——文化が交錯する場——

対馬東海岸の中部に佐賀《さか》という集落がある。三方を山で囲まれ、湾は南に口をひらき、北から佐賀川、西から駄道川が注ぐ。縄文遺跡の佐賀貝塚からは佐賀県伊万里産の黒曜石が大量に出土したほか、骨角器の針突具は日本海域に広くみられるもので、釣針は「西北九州型」であるという（峰町教育委員会一九八九）。先史時代から北部九州—日本海を結ぶ交流ルートと接続していた様子が窺える。

歴史時代の佐賀が初めて文献に現れるのは鎌倉期である。一二六七年（文永四）の文書に「佐賀宗形《むなかた》宮司講師定慶《じょうけい》」の名がみえる（「蔵瀬文書」）。「宗形宮」は航海神として崇敬の厚い筑前宗像《むなかた》宮を勧請《かんじょう》したもので、現在の和多都《わたつ》美神社にあたる（『津島紀事』）。鎌倉前期には対馬と九州を往来する廻船の活動が盛んになっており（網野一九九二）、北部九州との交流が深まるなかで勧請されたのであろう。現在、円通寺《えんつうじ》の境内に集合する墓塔の大部

図34　佐賀の空間構成（国土地理院航空写真を加工）

図35　佐賀浦（2015年撮影）

図36　長崎県指定史跡「対馬円通寺宗家墓地」（2015年撮影）

図37　梵鐘（円通寺蔵）

分は南北朝〜室町初期に造立されたもので、石材は「日引石《ひびき》」（福井県高浜町日引産の安山岩質凝灰岩）とされる（大石一九九九）。室町期に佐賀の塩津留《しおづる》氏は「陸地《ろくち》（九州）・石見・若狭・高麗（朝鮮）」を往来しているので（「峯郡」）、やはり佐賀は北部九州—日本海を結ぶ交流のルートと接続しているのである。一方、円通寺境内の鐘楼には異形の梵鐘が吊るされているが、これは朝鮮と中国の様式が混淆《こんこう》したものである（西日本文化協会一九七八）。佐賀貝塚の発掘調査では、表層から少量ながら朝鮮の瓦も出土している。さまざまな人・モノが往来し、文化が交錯する様子がみてとれる。

室町期に宗貞茂が佐賀に本拠を構えたといい、宗氏居館は円通寺の門前に存在したと伝承される。貞茂は一三九九年（応永六）佐賀村と近隣二ヶ村を直轄領とし（「峯郡」）、一四〇二年（応永九）の宗賀茂《よししげ》の騒乱のさいは最南端の豆酘《つつ》から上陸し、鎮定後は佐賀まで移動しているので（「国分家文書」）、この頃には佐賀に本拠を構えていたようである。次代の宗貞盛は直臣《じきしん》（吏僚）の林幸世《ゆきこ》に「佐賀の居屋敷《いやしき》」を給付しており（「梅野（喜）文書」）、宗氏居館の周辺には直臣団の武家屋敷が構えられたのであろう。

佐賀の港湾都市としての繁栄ぶりは宗成職期に顕著に表れる。成職は「津《つ》」「市《いち》」の監督にあたる二名の「奉行《ぶぎょう》」を定め（「歩行御判物帳」）、「大舟・小舟の問《とい》」（倉庫業者）の活動を保証している（「津江文書」）。また、成職は朝鮮渡航船に対する「書契《しょけい》」（外交文書）と

「文引《ぶんいん》」（パスポート）の発給を佐賀で行うこととし、直臣の秦盛幸《はたもりゆき》がその事務を担当している（『海東諸国紀』）。朝鮮渡航者数の統計は一四五六年分については判明し、計六一一六人であるという（『世祖』二年十二月己酉条）。この統計がどれほど信頼できるかはともかく、対馬―朝鮮間を往来する多くの人・船・モノが佐賀を経由したことは確実である。

このように、佐賀には宗氏居館（守護所《しゅごしょ》）と武家屋敷、町場《まちば》が形成され、九州―対馬―朝鮮間を往来する多くの人・船・モノが出入りした。『海東諸国紀』（一四七一年）には「沙加浦《サカ》五百余戸」とあり、対馬で第二位の戸数を誇っている。朝鮮の三浦《さんぽ》恒居倭《こうきょわ》の人口は、一戸あたり三・七～五・九人（中村一九六六）であるから、あえて試算すれば、佐賀の人口は一八五〇～二九五〇人程度となる。他地域からの一時滞在者も含めると、この狭いエリアに相当数の人びとが密集していたと考えられる。

宗貞国期になると、宗氏居館は東海岸南部の府中に移転する。やがて佐賀の居館（「茂（成）職の御屋敷」）とその「近所」にある「射場《いば》の跡」は府中の国分寺に寄進されたが、「中絶」してしまい、一五五六年（弘治二）に晴康が「中興寄進」している（「府内寺菴御判物帳」）。近年、円通寺門前（字寺ノ前）の居館跡伝承地が発掘調査された。中世に遡る遺構は発見されていないが、少量の朝鮮・中国・ベトナム陶磁が出土している（峰町教育委員会二〇〇六）。佐賀館は戦乱・火災による廃絶ではなく移転にともなって役割を終えたわけであるから、美術工芸品や備品類の多くは府中の中村館に移動したと推測される。今後、中世の遺構が発見されたとしても、佐賀館の時代まで遡る遺物は限定的であり、国分寺領の時代の遺物を含む可能性がある。

現在、円通寺は海抜約一五㍍の微高地にある。一方、宗像社は佐賀川付近の約五㍍の低地にある。宗像社および対馬市立東小学校付近は縄文時代にはラグーン（潟湖《せきこ》）であったとされ（峰町教育委員会一九八九）、地元住民の方によると、宗像社の所在地はもとは低湿地であり、現在の社殿が建てられるさいは盛土して整地したと伝承されているという。中世の港町の一般的な傾向からすると、佐賀川沿いの低湿地帯に町場が形成されており、宗氏は地盤の安定した山麓部に居館を構えて港湾・町場を見下ろすかたちで監督したのではなかろうか。佐賀館跡は国分寺領となってから「中絶」したらしく、寂寞たる感があるが、その一方で戦国末期まで佐賀に多数の貿易商人（地寺㕝）が存在し、対馬北部・中部にひろがる経済圏の中核として機能していることは、居館と町場の立地の違いからも説明できるかもしれない。佐賀の実像を知るには材料が不足している現状であるが、今後、多面的な検討を進めていく必要があり、またその価値のあるエリアであるといえる。

# コラム3

## 国分寺――国家鎮護から宗家菩提寺へ――

一四七三年（文明五）五月、宗貞国は特送使を朝鮮に遣わし、国分寺を「改造」して規模を拡張し、弟の甫庵崇睦《ほあんそうぼく》を住持としたので、どうか国分寺に「図書《としょ》」を賜り、歳遣船《さいけんせん》を派遣させてやってほしいと交渉したところ、朝鮮は崇睦に図書を授け、歳遣船一回分を認めた（『成宗』四年五月戊午条・六月己丑条）。国分寺は古代律令制下で創建された島分寺の系譜をひくが、国家の庇護を失って久しく、府中に守護所を移転させてきた貞国が目にしたのは、「茅葺《かやぶ》き屋根でひっそりと寂しい」姿であった。ちょうど前年末に弟の崇睦が諸国参禅から戻ってきたので、貞国は国分寺を再整備して崇睦を住持に任じ、今後の経済基盤とするため歳遣船を求めたのである。いわば寺領の寄進であり、家臣が歳遣船を知行したのと本質的に変わらない。一四七七年十月には歳遣船が二回分に加増されているが、貞国の求めに応じ、朝鮮国王成宗《ソンジョン》は福利山の山号とこれを刻字した扁額《へんがく》を授けている（『成宗』

図38 「金石城跡」出土の朝鮮式軒丸瓦・軒平瓦
（対馬市教育委員会蔵）

八年十月壬戌条）。一方、一四七七年八月頃には崇睦が発注していた亡父母の夫妻像（盛国夫妻像）が完成し、国分寺で永年供養することとなった（「順叟大居士并即月大姉画像賛」）。

一九八〇〜八一年に実施された旧厳原中学校跡地の発掘調査により、第二期遺構である金石城跡に先行する第一期遺構が確認された。高麗・朝鮮時代の瓦が約四〇〇〇点出土し、朝鮮時代の軒丸《のきまる》瓦・軒平《のきひら》瓦を含むことから、第一期遺構は国分寺跡であるとされる（厳原町教育委員会一九八五）。一四七三年頃の整備前は茅葺きの状態であったというので、整備後に朝鮮式瓦をもって瓦葺きにあらため、伽藍《がらん》を荘厳したものと考えられる。

こうして国分寺は禅宗寺院として再興され、故盛国夫妻の菩提寺《ぼだいじ》となった。まもなく崇睦が示寂《じじゃく》すると、甥の景林崇統《けいりんそうとう》（宗鎮《そうちん》）が二代住持となり（伊藤二〇一四）、貞国も没後に「国分寺殿《こくぶんじでん》」の殿号を贈られた。また、豊崎郡主貞弘《さだひろ》が没すると、後家の隣荊妙徳《りんけいみょうとく》が梵鐘《ぼんしょう》を寄進し、その鐘銘を住持崇統が執筆している。この梵鐘は第二次大戦中に供出されてしまったが、幸い拓本が残されている（石田二〇〇一・伊藤二〇一四）。

このように国分寺は豊崎郡主家の系譜に連なる人びとの菩提寺として整備されて拡大していったのである。貞国以後の中世の歴代当主のほとんどは豊崎郡主家の系譜をひき、義智《よしとし》は初代対馬藩主となる。そして、国分寺は藩主宗家の菩提寺としての意義を帯びていくことになる。

近世の宗家菩提寺としては初代藩主義智の菩提を弔うために創建された万松院《ばんしょういん》が有名であり、境内に歴代藩主・一族の供養塔が林立するさまは壮観である。一方、近世中期頃の国分寺には中近世の歴代当主・一族の位牌《いはい》と肖像が一括して保管・供養されていたが、一七三二年（享保十七）春の府中大火で国分寺も罹災《りさい》し、その多くが焼失してしまった。

一七九一年（寛政三）の記録によると、中世の歴代当主の木像二軀・画像一八幅《ふく》のうち二軀・一一幅が焼失し、かつ盛国像（賛あり）一幅と甫庵崇睦像一幅も焼失している。不幸中の幸い、二月の彼岸会《ひがんえ》で供養されてまもない当主像七幅は別置されていたために救出されている。この七幅はいずれも室町〜江戸初期に制作された画像であり、現在は養《よう》玉院如来寺《ぎょくいんにょらいじ》（東京都品川区）および万松院の所蔵になる。養玉院は江戸の宗家菩提寺であるから、明治期に宗伯爵家《はくしゃくけ》が東京に移住したのち、国分寺から養玉院と万松院に移管されたものと考えられる。義智像は二幅現存するが、一幅（江戸初期・賛なし、一三八頁図67）

表３　国分寺旧蔵の中世肖像群

| 殿号等 | 実名 | 種別 | 存否 | 享保以後 | 制作時期 |
|---|---|---|---|---|---|
| 放光寺様 | 知宗様 | 木像 | 焼失 | | |
| 光全寺様 | 重尚様 | 木像 | 焼失 | 再興(画像) | |
| 龍泉寺様 | 助国様 | 画像 | 焼失 | | |
| 元徳寺様 | 盛明様 | 画像 | 焼失 | | |
| **西来寺様** | **盛国様** | **画像** | **伝来** | **養玉院蔵** | 室町 |
| 梅林寺様 | 経茂様 | 画像 | 焼失 | | |
| 善勝寺様 | 頼茂様 | 画像 | 焼失 | | |
| 長松寺様 | 貞茂様 | 画像 | 焼失 | | |
| **円通寺様** | **貞盛様** | **画像** | **伝来** | **養玉院蔵** | 室町 |
| 妙泉寺様 | 成職様 | 画像 | 焼失 | | |
| **国分寺様** | **貞国様** | **画像** | **伝来** | **養玉院蔵** | 室町 |
| 達磨院様 | 材盛様 | 画像 | 焼失 | | |
| 龍源院様 | 義盛様 | 画像 | 焼失 | | |
| 東泉寺様 | 盛長様 | 画像 | 焼失 | | |
| **巌笑院様** | **将盛様** | **画像** | **伝来** | **養玉院蔵** | 室町 |
| **建総院様** | **晴康様** | **画像** | **伝来** | **養玉院蔵** | 室町 |
| 長寿院様 | 義調様 | 画像 | 焼失 | 再興(画像) | |
| 慶龍院様 | 茂尚様 | 画像 | 焼失 | 再興(画像) | |
| **無量寿院様** | **義純様** | **画像** | **伝来** | **養玉院蔵***1 | 桃山 |
| **万松院様** | **義智様** | **画像** | **伝来** | **万松院蔵***2 | 江戸 |
| 妙音寺様 | 盛国様 | 画像 | 焼失 | | |
| 甫庵様 | — | 画像 | 焼失 | 再興(画像)<br>養玉院蔵*3 | |

「御先祖様古キ御墓所且御画像等御再興之義国分寺より以書付申出候控」(重要文化財「対馬宗家関係資料」長崎県立対馬歴史民俗資料館蔵)により作成.

*1　墨書は長寿院殿像とする. コラム５参照.

*2　万松院本(江戸初期)のほか, 養玉院本(江戸中期)もある.

*3　現存の僧形像カ.

図40　図書「崇統」
（重要文化財「対馬宗家関係資料」，九州国立博物館蔵）
鋳造は1485年.

図39　僧形像（東京・養玉院如来寺蔵，品川区立品川歴史館画像提供）

が義智ゆかりの万松院に移管され、もう一幅（江戸中期・賛あり）が養玉院に移管されたのであろう。一方、焼失した木像・画像のうち四名分が再興されており、うち重尚《しげひさ》像・崇睦像は別に存在した木像をもとに描き起こされた。したがって、現存する僧形像は再興された崇睦像である可能性が高い。

十八世紀末になっても、残る一名分の再興が行われなかったため、当時の国分寺住持の歓年《かんねん》は「御菩提寺の御規格旧儀」を「相続」したいとの理由でその再興を藩に願ったのであるが、財政難の折柄、実現しなかったようである。

# 第三章　暗転する領国経営と朝鮮通交

# 1　斜陽の時代への突入
## ―宗材盛・宗義盛の時代―

### 材盛の家督相続

宗材盛《きもり》は一四九三年（明応二）頃に家督を相続し、世襲官途《かんと》「刑部少輔《ぎょうぶのしょう》」を称した。朝鮮通交上の代表者は隠居貞国《さだくに》であったが、貞国没後の一四九五年二月、材盛は通交名義を「宗彦七貞秀」から「平朝臣刑部少輔宗貞秀」に改めており（『成宗実録』二十五年七月癸丑条）、朝鮮通交上の代表者となったことを宣言したものといえる。「貞秀」という名は奇異に映るが、材盛（盛貞）は一四七〇年（文明二）から通交名義として使用している（『成宗』元年正月甲辰条）。なぜ「貞秀」と称したのかは不明であるが、材盛期の守護代宗国親《くにちか》は「盛親《もりちか》」を通交名義としているし、十六世紀後半に登場する柳川調連《しげつら》は「調信《しげのぶ》」を通交名義として使用し、やがて「調信」を本当の実名《じつみょう》（諱《いみな》）にしてしまう。これらは合理的な説明が難しく、呪術的な意味合いがあるのかもしれない。ともあれ、一四九六年以降、材盛は通交名義を「平朝臣宗刑部少輔材盛」に変更し（『燕山君』二年十一月己酉条）、ようやく実名と通交名義を一致させている。

### 材盛の慢性疾患

材盛（盛貞、以下「材盛」に統一）は青年期から慢性疾患に悩まされていた。家督相続から遡ること約十七年前、一四七六年（文明八）に朝鮮から来島した宣慰使《せんいし》金自貞《キムチャジョン》の記録をたどってみよう（『成宗』七年七月丁卯条）。

五月十七日（明暦《みんれき》、以下同）の夜、材盛は咽喉に何らかの症状が出ている。雨天時に現れる症状らしく、翌十八日、貞国の使者河野伊勢守《かわのいせのかみ》（「可臥老而信都老《カワノイシンドノ》（殿）」）は「もし雨がやめば、症状も治まるでしょう」と述べ、朝鮮国王成宗《ソンジョン》からの賜物《しぶつ》を今日中に父子揃って拝受できるか否かは天候次第との見通しを示している。結局、この日に予定されていた授受儀礼は翌日に延期された。

明けて十九日、またも授受儀礼は延期となり、使者彦左衛門《ひこざえもん》（「皮古沙文《ビコサムン》」）が貞国の言葉を次のように伝えている。

> 私はとっくに老いており、子の「貞秀」（材盛）に我が業を継がせ、永く（朝鮮国王の）臣下とさせたいと存じております。今、大国は宣慰使（金自貞）を遣わしてくださり、これ以上に慶ばしいことはなく、感激に耐えません。父子で賜物を拝受したいと切に存じておりますが、不幸なことに、「貞秀」は再び咽喉に痛みを感じ、医師に鍼灸をさせており、一晩中眠れておりません。もうしばらく平癒を待ち、父子で賜物を拝受したいと存じます。どうか怠慢であると思われないでください。

朝鮮使節の迎接と賜物の授受儀礼は、貞国の家督相続の正統性をアピールする絶好の機会であり、しかも父子で挙行することで嫡流相続の正統化の布石ともなりうる。貞国としてはどうしても父子揃って授受儀礼を挙行したいところであったが、材盛の病状は一向に回復しなかった。結局、二十七日に

図41　宗材盛の花押(1500年)
（重要文化財「小田家文書」，長崎県立対馬歴史民俗資料館蔵）

図42　宗氏略系図

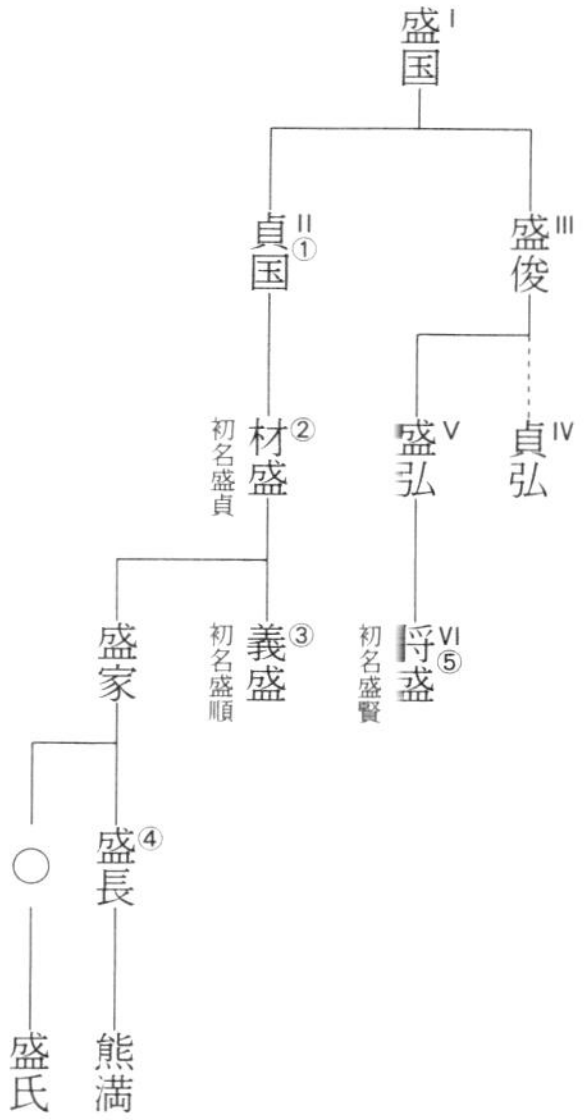


丸囲み数字は貞国を起点とした家督継承順
ローマ数字は豊崎郡主の継承順

材盛不在のまま授受儀礼が挙行された。

ようやく六月二日に材盛単独での賜物の授受儀礼が挙行された。その際には「四拝《しはい》礼《れい》」などの身体を屈曲させる作法が要求されるが、材盛は「屈伸」ができない状態であり、「揖礼《ゆうれい》」（会釈）を行うにとどめ、長時間にわたって着座するのも困難であった。金自貞の観察によると、材盛は顎の下に鍼《しん》灸《きゅう》の痕があり、顔色も悪かったという。そして、材盛は儀礼が終わるなり退席してしまい、その後の酒宴の場に姿を見せることになかった。

### 家督・守護としての存在感

嫡子時代の材盛は公式の場への出席がままならず、嫡流相続を予定している父貞国にとって重大な懸案であった。一四九三年（明応二）頃に材盛が家督を相続するが、一五〇四年（永正元）十一月に守護代宗国親が発給した遵行状《じゅんぎょうじょう》は、材盛の上意ではなく、「御太方様《おんおおかたさま》」（材盛夫人）の上意を伝達する形式となっている（「小田家文書」）。このとき材盛は政務をみられない状態に陥っており、材盛夫人が政務を代行したのである。そして、一五〇六年十一月時点で材盛は「大殿様」と称されている（「佐護郷給人寺社足軽百姓御判物写」）。材盛が隠居し、嫡子盛順《もりまさ》が家督を相続しているのである。

その二年半後の一五〇九年四月、材盛は死去した（『中宗』四年四月癸未条）。このとき朝鮮から敬差《けいさ》官《かん》の尹殷輔《ユンウンボ》が対馬に向かう途中であった。尹殷輔は出発に先立ち、

> 私が聞くには、「島主宗材盛」には持病があるそうです。もしその子（盛順）が代理で書契《しょけい》（外交文書）を接受することになったとしたら、「開諭《かいゆ》」（指導）の件などは、どのように対処すればよろしいでしょうか

と指示を仰いでいる。依然として材盛が朝鮮通交上の代表者であったが、朝鮮側は健康不安を抱える材盛を交渉相手とすることを懸念していたのである。結局、

図43　**銅鐘**（奈良国立博物館蔵）日朝混淆鐘、一五〇一年、宗貞経が材盛の「寿算保延」（寿命の延長）などを祈願して佐護観音堂に寄進したもの。

材盛死去の急報によって敬差官の派遣は中止となり、故材盛を弔慰するための致奠官《ちてんかん》の派遣が決定された（『中宗』四年四月甲申・辛卯条）。

材盛の家督・守護としての存在感は希薄であり、対馬側の史料からはその実像がみえてこないが、朝鮮使節の見聞録によって、生涯にわたって慢性疾患と闘いつづけた人物であることが浮かび上がる。その一方で、材盛が政務を放任したことは守護代の権限拡大を招き、ひいては領国の命運を左右する事件に発展することになる。

## 盛順の家督相続と二人の将軍

盛順《もりまさ》が家督を相続したのは、一五〇六年（永正三）十一月以前のことである。この頃、中央政局では将軍権力が分裂し、二人の将軍が各地の守護・国衆たちに号令を発していた。少し時計の針を巻き戻して、中央と九州をめぐる情勢をたどってみよう。

一四九三年（明応二）四月、細川政元が将軍足利義材《よしき》を失脚させ、香厳院清晃《きょうごんいんせいこう》を新将軍に推戴した。これが戦国期の幕開けとされる「明応の政変」である。清晃は還俗《けんぞく》して義遐《よしとお》と称し、義高《よしたか》・義澄《よしずみ》と改名する（以下「義澄」に統一）。一方、前将軍の義材は義尹《よしただ》・義稙《よしたね》と改名し（以下「義稙」に統一）、周防山口の大内義興《よしおき》のもとに身を寄せて復職の機会を狙っていた。

一五〇一年（文亀元）某月、義澄陣営は九州・中国の守護・国衆一九名に御内書《ごないしょ》を発し、大内高弘《たかひろ》・大友親治《ちかはる》と協力して大内義興を討伐するよう命じた（「大友家文書録」）。この御内書は「宗刑部《ぎょうぶの》少輔《しょう》」（材盛）宛てにも発せられている。翌一五〇二年、少弐政資《まさすけ》の被官《ひかん》である資貞《すけさだ》（姓未詳）が正月十一日付の書状を材盛の直臣《じきしん》森戸兵庫助《ひょうごのすけ》に送り、材盛への取り成しを願っている（「歩行御判物帳」）。義興追討令を好機とみた政資が筑前回復をもくろみ、材盛に援軍を求めたのである。同年九月、政資は宗掃部助《かもんのすけ》を「先衆《さきしゅう》」として「防長両国」（周防・長門）に向けて進発しており、翌一五〇三年六月には細川政元が「神妙である」との義澄の言葉を政資に伝えているが（「細川政元朝臣家一冊」）、この宗掃部助は政資直属の被官とみられる。材盛が義澄陣営に呼応した形跡はなく、大内氏との協調路線を維持したのである。

やがて大内義興が前将軍義稙を推戴して上洛を企てると、一五〇八年（永正五）二月、義澄陣営は島津忠昌《ただまさ》・菊池政朝《まさとも》・阿蘇惟長《これなが》、そして「宗刑部少輔」に対して、今出川《いまでがわ》（義稙）が入洛しようとして、既に安芸まで到達したとの報告があった。大友・少弐らと相談し、すぐさま豊前・筑前・周防・長門に切り入り、一段と忠節を尽くすならば神妙である。

戦功次第で恩賞も与えよう

との御内書を発している（「室町家御内書案」）。義澄陣営は後方攪乱のため大友氏・少弐氏らに大内氏領国への進攻を命じたのであるが、宗氏側が義澄の御内書に呼応した形跡はない。義澄の御内書の宛先は「宗刑部少輔」であるが、一五〇六年十一月頃から材盛は病床にあり、盛順が家督を相続しているので、盛順を指す可能性もある。いずれにせよ、盛順は家督を相続して早々に大内氏支持か少弐氏支持かという政治的判断を求められ、前者を選択したのである。

## 義字の授受と任官

一五〇八年（永正五）七月、大内義興は上洛を果たし、義稙を将軍に復職させ、細川高国との連合政権を樹立させた。翌一五〇九年二月、義稙は大友義長《よしなが》と盛《もり》順《まさ》（「宗刑部少輔」）に対し、

上洛の時節は我が命令に従い、九州は無事であると聞いた。神妙である。ますますその覚悟で忠節を尽くせ。義興は京都の事情によって（領国に）帰国する。詳しくは高国が申すであろう

との御内書を発している（「永正御内書案文」「昔御内書符案」）。静観に徹することで義澄陣営の勢力拡大を阻止し、「九州無事」を維持したことが「忠節」なのである。

その後、盛順は「讃岐守《さぬきのかみ》」に任官されたようで、一五一〇年十二月に義稙は「宗讃岐守」宛てに二通の御内書を発している。一通目は、「九州の儀」につき御内書を遣わしたところ、盛順が回答書（「請文《うけぶみ》」）と礼物（太刀一腰・鵞目三千疋）を捧げたので、これを受納した旨を伝えたものである。二通目は、一字の儀」の礼物（太刀一腰・段子二端・照布《てりふ》三端・油布《ゆふ》二端・鳥目三千疋）を受納した旨を伝えたものである（「昔御内書符案」）。盛順は同年三月まで「盛順」と称し、八月から「義盛《よしもり》」に改名しているので（「豆殿郡御判物帳」「平山家文書」など）、「義」字の授受は同年夏～秋頃のことである。

ここで注目されるのは、将軍の偏諱《へんき》ではなく通字の義字が授受されたことである。義字の授与は、室町期には足利一門や有力守護にのみ許された栄典であったが、戦国期に突入すると、九州在来の守

護にも授与されるようになり、大友氏は義右《よしすけ》が義稙から、義長が義澄から義字を拝領している。つまり、義稙・義澄は九州の守護を懐柔して自陣営に取り込むため、破格の措置として義字を授与したわけである。義稙・義澄が朝鮮に「日本国王使」を派遣するために必要な「牙符《がふ》」（象牙製の証明札）を大内氏・大友氏に分配していたことが知られているが（橋本二〇〇五）、そうした実利的なアイテムだけでなく、将軍権威に関わる義字の授与をも奮発していたのである。

一方、義稙将軍期には大内義興が各国守護への栄典授与に関して「口入《くにゅう》」（斡旋）を行っていたことが知られている（今岡二〇〇一）。そして、連合政権に参画して在京中である義興にとって、留守中の領国、とりわけ豊前・筑前で少弐氏・大友氏が策動するのを未然に防止する必要があった。つまり、義興は義盛（盛順）が少弐陣営に回帰するのを阻止するため、義稙に義字を授与するよう斡旋したと考えられるのである。

**図44　宗義盛の花押（1517年）**
（「対馬古文書」大浦（一）家文書，東京大学史料編纂所所蔵写真帳より）

一五一二年閏四月、少弐政資の被官である資《すけ》光《みつ》（姓未詳）が義盛の直臣宗盛永《もりなが》に宛てて書状を送り、

> 江州（近江）の公方様《くぼう》（義澄）の御下知《おげち》により、細川澄元《すみもと》が九州の諸家に御教書《みきょうじょ》を発せられました。当家（少弐家）の分国《ぶんこく》の国

衆だけでなく、そちら（対馬）にも御使者の紀卜《（ママ）》が渡海します。（中略）代々の筋目にしたがい、義盛が（義澄に）御請文《おんうけぶみ》（回答書）を提出されれば、たいへんな忠節です。当家としてもこれ以上に満足なことはありません

と述べているが（「馬廻御判物控」）、やはり義盛が呼応した形跡はない。もはや大内氏支持が既定路線となっており、義盛が少弐陣営に回帰することはなかったのである。

### 義盛の権威

応仁・文明の乱後、大内氏は幕府・将軍を利用して巧妙に宗氏を懐柔しているが、逆にいえば、それだけ宗氏の行動が幕府・将軍によって制約されていたともいえる。対馬守護となる以前の宗氏は、主家少弐氏を推戴してなりふり構わぬ反幕府行動を行うことができたが、守護として自立したことで、将軍と守護、あるいは守護同士の関係性（政治力学）のなかで行動するようになり、しかも将軍権威を家督相続の正統化に利用することが常態化していた。幕府・将軍を利用しようとすれば、逆にその上意に拘束されるという構図（山田二〇一一）に嵌まり込んだわけである。

こうした傾向はむしろ将軍権力の分裂によって強まり、義盛は「讃岐守」に任官されただけでなく、義字を拝領した。さらに『宗氏家譜』によると、義盛は義字の拝領とともに「屋《や》形《かた》」号の使用を免許されたという。近世対馬藩の史書だけでなく、北部九州の軍記物である『北肥《ほくひ》戦誌《せんし》』も採用する説である。屋形号の免許にかかわる同時代史料は確認できないが、義盛・盛長《もりなが》期の守護代である宗国親《くにちか》

（在職一四九七〜一五二六）の年未詳八月二十二日付の書状（「御旧判控佐護郡」）に「御屋形様《おやかたさま》に懇ろに披露いたしました」との文言があり、守護（当主）を「御屋形様」と称したことは確実である。義盛以前に「公方《くぼう》」の呼称は使用されていたが、「御屋形様」の呼称は義盛・盛長期に初めて出現する。屋形号は将軍の認可に関わる事案であり、戦国期には特権化するとされる（福田一九九三）。盛長の家督在位期間は短く、将軍との接点も確認できないので、義稙との太いパイプをもつ義盛が屋形号を免許されたとみてよい。

領国内での屋形号の使用事例は少ないが、領国外の人物から屋形と称される事例が確認される。後年の事例になるが、義調が「御屋形様」「屋形様」「対馬屋形」と他称され（「松浦文書類」『九州御動座記』）、義智も「つしまのやかた」「対馬之屋形」と他称されている（『晴豊記』『日本史』「大阪歴史博物館所蔵文書」）。つまり、屋形号の使用は、領国内での権威を高めるだけでなく、領国外に守護職家《しゅごしきけ》としての格式を表示し、それを認知させる手段となったのである。

このように、将軍権力の分裂の副産物として、義盛は義字の拝領や屋形号の免許を実現し、かつ家父長の象徴である讃岐守に任官されることで、瞬く間に自己の権威・正統性を高めたのである。

## 三浦の乱

一五一〇年（永正七・中宗五・庚午）四月、朝鮮半島南部の薺浦《チェポ》・富山浦《プサンポ》・塩浦《ヨンポ》の居留民（「三浦恒居倭《さんぽこうきょわ》」）たちが宗氏の軍勢とともに蜂起して朝鮮の軍事拠点を攻撃し、六月にも宗氏の軍勢が薺浦近辺の安骨浦《アンゴルポ》を攻撃した。当時の朝鮮で「庚午年倭変《こうごねんわへん》」などと称された中世日朝関

図45　熊川薺浦之図

（『海東諸国紀』，東京大学史料編纂所蔵）
薺浦の日本人居留地は三浦随一の港湾都市．倭館の位置を示し，その南側の湾岸にびっしりと民家を描く．

係史上の大事件であり、現在の日本では「三浦の乱」と称される。

この事件の背景には、朝鮮国王中宗《チュンジョン》の対日強硬策があった。一四一九年の「己亥東征《きがいとうせい》」（応永の外寇）以降、歴代国王は穏健路線を継承してきたが、中宗は強硬路線に転じ、日本使節の接待を簡素化したり、三浦恒居倭の統制を強化したりした。そのため、交流の窓口である三浦では朝鮮官人と使節・恒居倭とのトラブルが頻発していたのである。

一方、貿易をめぐる宗氏と朝鮮との対立も深まっていた。一四八〇年代以降、対馬の貿易船（偽使を含む）は頻繁に金・銅を輸出し、その代価として綿布などを大量に輸入していた。しかし、朝鮮は貨幣である綿布の国庫備蓄量の急減を危惧し、一四九四年（成宗二十五・明応三）に金の公貿易（官府との貿易）を禁止した。もとより民間での金の売買は禁止されているので（『経国大典』）、金の輸出は全面的に禁止されたわけである。さらに一四九八年（燕山君四）頃には銅の公貿易も禁止された。これに対して宗氏は、頻繁に特送使を朝鮮に遣わし、使船に船載した大量の銅を突きつけて公貿易の許可を迫っている。特送使とは、宗氏が日朝間の外交問題について交渉するために派遣する臨時の使節である。つまり、宗氏は銅の公貿易禁止という経済問題を重大な外交問題と位置づけたわけである。金・銅の輸出で好況を呈する経済を維持するためには、なんとしても解決すべき課題なのであった。

銅の輸出を強硬に求める宗氏と、国庫支出の規律化を図る朝鮮との貿易摩擦が激化するなかで、一五〇六年（中宗元・永正三）に国王中宗が即位し、対日強硬政策に転換したため、宗氏側は反感を強めた。そして、武力行使という最悪のシナリオに至ったわけであるが、その政策的判断を主導した人物こそが守護代の宗国親《くにちか》であった。加えて若年の直臣《じきしん》（吏僚）たちも血気にはやり、強硬論を唱えたようである（『中宗』五年八月丁未条）。対馬側の記録によると、三浦恒居倭の蜂起に際しては国親が薺浦に渡海し、安骨浦の攻撃では直臣の小田宮内大輔《おだくないだいぶ》と村山大膳《だいぜん》が船三〇〇艘を率いて渡海している（「宗左衛門大夫覚書」）。小田宮内大輔は義盛期に直臣として奉公した人物であるが（「永正五年小番帳」）、所領の安堵を義盛ではなく国親から受けており（「小田家文書」）、国親とは寄親《よりおや》・寄子《よりこ》の関係にあったと考えられる。このように二つの戦闘が宗氏領国の中枢で計画・実行されたことは疑いないわけであ

図46　宗国親の花押（1504年）
（重要文化財「小田家文書」，長崎県立対馬歴史民俗資料館蔵）

るが、義盛は国親や直臣たちの強硬論を制御できず、武力行使を容認してしまったのである。

義盛政権は外見上は安定しており、義盛自身の権威も上昇していたわけであるが、それとは裏腹に政権内部では守護代の専横が生じていた。こうしたアンバランスな構図のなかで、日朝関係の根幹、そして宗氏領国の根幹までを揺るがす大事件が計画・実行されたのである。

### 戦後処理交渉

事件発生から一年後の一五一一年（永正八・中宗六）四月、日本国王使が朝鮮との講和交渉に着手した。その正使を務めた弸中道徳《ほうちゅうどうとく》（鳳叔全徳《ほうしゅくぜんとく》）は博多聖福寺《しょうふくじ》の住持であり、将軍足利義稙・大内義興との関わりが深い（橋本二〇〇五）。翌一五一二年にも弸中は正使として朝鮮に渡航している。このとき弸中は義稙の国書とともに義興の書契を持参し、朝鮮と対馬の講和は「扶桑《ふそう》殿下」と「大内殿」の望みであると主張し、講和交渉の進展を図っている（『中宗』六年五月己巳条・六月戊子条）。また、弸中に同行した「船頭《せんどう》」（正使・副使の次位である「都《と》船主《せんしゅ》」）の高山長弘《こうやまながひろ》は、義稙から「牙符《がふ》」（象牙製の証明札）を交付されている（「宗左衛門大夫覚書」『武家諸法式』）。つまり、義盛は義稙・義興との太いパイプを利用し、講和交渉のための国王使の派遣を実現させたのである。朝鮮と断交した宗氏にとって、特送使を派遣して独力で講和交渉を行うよりも、日本国王使に講和交渉を委ねるほうが得策なのであった。

さて、一五一二年の講和交渉の舞台裏は「宗左衛門大夫覚書《そうさえもんだいぶおぼえがき》」という史料に詳しい。これは豊崎郡大浦《おおうら》の在地被官である宗左衛門大夫の記録であり、『朝鮮王朝実録』からは窺い知れない交渉の息づかいをやや口語調で書き留めている。その語感を大切にして、要所要所で読み下し文を提示しよう。

三月某日、「御所丸《ごしょまる》」（国王使船）と「三印《みついん》」（特送使船）が同時に府中を出発した。四月三日、対馬最北端の鰐浦《わにうら》に到着し、十六日に無事に朝鮮の薺浦《チェポ》に到着した。国王使の漢城《ハンソン》への上京はすんなりと許可されたが、特送使の上京は拒絶された。それでも、同月下旬に朝鮮から帰島した早船は、

　はや高麗はなおり申し候（すぐに朝鮮とは講和できるでしょう）

との速報を伝えている。これを聞いた義盛は「公私共に御悦び」の様子であり、講和交渉に手応えを感じていたようである。

五月中旬、「大内船」が鰐浦を出航して富山浦《プサンポ》に入港した。この船には事件の当事者の首一四〜一五級が載せられていたが、おそらく一般の罪人の首をもって偽装したものであろう。大内船は富山浦での応接を拒否され、六月中旬に薺浦へ回航した。一方、特送使の上京は六月下旬になっても許可されていない。

結局、国王使のみが漢城で講和交渉を続けていたが、七月六日、船頭の高山長弘が漢城からの早馬

で薺浦に戻り、九日には対馬の伊奈郡鹿見《ししみ》に到着した。その急報によると、

急ぎ御役人のつのかみ（津守）殿こなた（此方）へ御渡し候へ、以後の儀、申し談じ候てわゆ（和与）仕り候ずる（急いで御役人〈守護代〉の摂津守殿〈宗国親〉をこちら〈朝鮮〉にお渡しください。〈そうすれば〉今後のことを協議して講和を成立させます）

とのことであった。三浦の乱の総大将である守護代宗国親の身柄送致が講和の条件とされたのである。しかし、宗氏側は政権の実力者である国親を引き渡すわけにもいかず、

此の分にてははやきれ（切）候（この様子では、すぐに講和交渉は決裂するだろう）

と判断して特送使を召還することにした。こうして八月下旬に特送使は対馬に帰島したのであるが、

京の沙汰《さた》、今にかはり（変）候て、わゆ（和与）仕り候ずると定まり候（京〈朝鮮政府〉の方針が今になって変更になりまして、講和することに決定しました）

と最新の状況を報告している。朝鮮側が軟化して講和に傾いていたが、特送使は本国からの召還命令に従い、やむなく帰島していたのであった。

十月上旬、国王使・大内殿使からの早船が対馬に到着し、特送使を再度朝鮮に渡航させるよう催促している。このため新たな特送使が同月下旬に府中を出発し、十一月中旬には朝鮮に渡航して早馬で漢城へ上京した。一方、講和実現の大役を果たした国王使は、特送使と入れ替わりで漢城を去り、十二月二日、大内殿使とともに対馬に帰着している。

## 壬申約条の衝撃

一五一二年（永正九・中宗七・壬申）八月、日本国王使は対馬と朝鮮との講和に道筋をつけ、癸亥約条《きがいやくじょう》（一四四三年）の改定を約束した。この新しい約条が「壬申《じんしん》約条《やくじょう》」である。全九条からなるが、それを類別すると、

①宗氏名義の通交権の削減（島主歳遣船《とうしゅさいけんせん》の半減、特送船の廃止）
②対馬島内の諸氏名義の通交権の廃止
③対馬島外の諸氏名義の通交権（実態は宗氏が運用する偽使通交権）の削減
④浦所《ほしょ》の制約（富山浦《プサンポ》・塩浦《ヨンポ》の閉鎖、三浦恒居倭《さんぽこうきょわ》の廃止）

などの厳しい内容が盛り込まれていた。癸亥約条の締結以後、宗氏が虚々実々に集積してきた諸権益があっけなく消滅してしまう内容なのである。

この衝撃的な約条の内容は、翌一五一三年正月に帰島した特送使によって報告された。

高麗はわゆ《（和与）》つかまつり《（仕）》候へ共、そさ《（送使）》廿五そう《（艘）》より外はいや《（否）》と申し候、又六地《ろくち》の書は卅九そういやと申し候、ただ国次《くになみ》廿五そうばかり御渡し候へと申し候（朝鮮は講和しましたが、島主歳遣船二五艘以外はダメだと申しております。また、九州の歳遣船は三九艘のすべてがダメだと申しております。ただ島主歳遣船二五艘のみをお渡しくださいと申しております）

「送使《そさ》」「国次《くになみ》」は島主歳遣船、「六地《ろくち》の書」は九州の諸氏名義の歳遣船を指している。前者は従来の五〇回分から二五回分に半減、後者は三九回分が停止となった。特送使は九州諸氏に限定して報告を

表４　宗氏領国全体の年間通交回数

| 年　代 | 島主名義 | 諸氏名義 | | 偽名義 | | 合計 |
|---|---|---|---|---|---|---|
| | 歳遣船 | 歳遣船 | 受職 | 歳遣船 | 受職 | |
| 1480〜1510 | 50 | 32 | 14 | $\alpha$ | 0 | 96＋$\alpha$ |
| 1514(約条発効) | 25 | 0 | 0 | 0 | 0 | 25 |
| 1515〜1520 | 25 | 0 | 0 | 7(6) | $\beta$ | 32＋$\beta$ |

＊(　)内の数字は通交名義数.
＊偽国王使・巨酋使は除く.
＊ $\alpha \geqq 0$, $\beta \geqq 0$ である.

しているが、「深処倭《しんしょわ》」（対馬以外の地域の日本人）全体では実に五二回分（三八名義）が停止されている（長二〇〇七）。このうちどれほどが宗氏の運用する偽使だったのかは正確には知りえないが、仮にすべて偽使であったとすれば、表4の「α」には「52」が代入される。そうすると、領国全体の年間通交回数は、事件前は最大で一四八回という計算になる。これが壬申約条で二五回に削減されたわけであるから、削減率は最大で八三％となる。

国王使は講和の成立を最優先するあまり、対馬側の利害を十分に代弁できなかったのである。そもそも宗氏側としては、朝鮮側から貿易制限の緩和などの融和策を引き出すため、わざと三浦で争乱を起こしたわけであるが、特送使が不在のまま、国王使に丸投げするかたちで講和交渉が進捗したことで最悪の結果を招いたのである。

### 約条改定交渉の難航

ひきつづき「宗左衛門大夫覚書」によると、一五一三年（永正十・中宗八）四月、義盛は特送使宗盛永《もりなが》を朝鮮に遣わしている。特送使は壬申約条で廃止されているため、強硬に派遣したかたちであるが、意外にも問題なく受け入れられ、五月下旬には漢城に上京した。盛永の任務は「京にて御しうそ《(愁訴)》」（漢城での嘆願交渉）を行うことであり、「廿五そう《(艘)》は卅そうにもなり《(成)》候ずる事」（島主歳遣船は三〇艘になるかもしれないこと）を念頭に置いていたが、首尾なく八月下旬に帰島した。義盛は約条を部分的に改定して、島主歳遣船を三〇回分にまで回復しようと試みたのである。

義盛は同年十月にも特送使小林盛正《もりまさ》を朝鮮に遣わしているが、その任務は「廿五そう《(艘)》の国次《くになみ》渡し候へと承り候御礼」（島主歳遣船二五艘をお渡しくださいとの指示を承った御礼）を述べることであった。ここで義盛は壬申約条を受け入れる姿勢を示したわけであるが、もう一度「御弓箭《おんゆみや》」（合戦）を仕掛ける構えもみせている。翌一五一四年三月、小林盛正が帰島して報告したところによると、朝鮮側は「唯国次《ただくになみ》廿五そう《(艘)》遣わし候へ」（ただ島主歳遣船二五艘のみを遣わしてください）と「かたく《(堅)》申」したという。また、同年正月に特送使渋川経実《つねざね》が朝鮮人漂流民の送還を名目として朝鮮に渡航し、同年六月に帰島しているが、やはり朝鮮側の妥協を引き出すことはできず、「唯国次《ただくになみ》廿五そう《(艘)》渡し候へ」との返答を持ち帰ってきただけであった。

こうして同年七月に義盛は最終的な決断を迫られた。

> 高麗より廿五そう《(艘)》の国次《くになみ》遣わし候へとかたく《(堅)》申し候間、さらばと仰せ出だされ候て、廿五そうを遣わし候ずるにさだまり《(定)》候て、七月に入り候へば、御用意候て、先ず六そう御渡し候（朝鮮が島

図47　図書「順治」
（重要文化財「対馬宗家関係資料」，九州国立博物館蔵）
印の上面に「正徳十五年正月日造」の銘がある．正徳15年は1520年．

主歳遣船二五艘を遣わしてくださいときつく申しましたので、〈義盛は〉「それならば」と仰せになり、二五艘を遣わすことに決まりました。七月に入りましたので、〈義盛は歳遣船の〉御用意をなされ、まず六艘をお渡しになりました）

約条の改定交渉よりも目先の歳遣船の再開を優先させたのである。事件発生からすでに二年余が経過しており、これ以上の貿易停止は領国の危機をより一層深刻化させる恐れがあった。

約条改定の見通しが立たないなかで、義盛が進めたのは、結局のところ偽使の運用なのであった。一五一五〜二〇年、物故者の宗盛俊《もりとし》（貞国庶兄）や架空人物の山田順治《まさはる》（図47）のほか、牧山正《ただす》（壱岐）・宗茂家《しげいえ》（筑前）・渋川政教《まさのり》（肥前、二回）・源吉見《よしはる》（長門）の六人の名義で歳遣船七回分を入手している。島主歳遣船と合わせると年間通交回数は三二回程度に回復した計算になる（受職人数は不明である）。義盛は偽使の運用によって通交権益の緩やかな回復を試みたのである。

## 社会・経済の混乱

壬申約条は対馬の社会・経済に甚大な悪影響をもたらした。年間一〇〇〜一五〇回の頻度で行われていた通交貿易が二年間も停止となり、約条成立後は年間二五〜三〇回に大幅な削減を受けた。一方、最盛期には三千人を超える人口を抱え、宗氏領国の一部と化していた三浦の港湾都市が壊滅し、行き場を失った恒居倭たちの多くは対馬に出戻りしたものと推測される。流通・貿易ネットワークの混乱、急激な人口増加にともなう米穀供給量の不足など、社会・経済に深刻な影響があったことは容易に推測されるが、そうした現象はなかなか史料上には現れない。しかし、ひとつだけ手がかりとなる禁令が義盛によって発せられている。

一五一六年（永正十三）〜二〇年頃、義盛は木綿の「切法度《きりはつと》」を発している（「三根郷給人寺社足軽百姓御代々御判物写」）。「日本人」が「木綿の尺」を任意に操作して裁断することを禁止したものである。朝鮮貿易の主要な輸入品は綿布であり、十五世紀後半には金・銅の輸出の代価として莫大な量の綿布が日本に流入した。ちょうど日本各地で悪銭が蔓延していた時期でもあり、対馬では綿布が銅銭に代わる貨幣として通用するようにもなっていた。ところが、三浦の乱にともなう二年間の貿易停止、そして壬申約条《じんしんやくじょう》による貿易機会の急減は否応なく綿布の流通量を減少させた。朝鮮綿布一匹（約一六メートル）は、そのまま一端として日本で流通したわけであるが、これを任意の尺（長さ）に裁断し、短い尺にして一端として流通させる、要するに端数を水増しする行為が急速に蔓延していたのである。これでは綿布の商品価値は下落するし、商取引のトラブルにもなりかねない。とりわけ対馬では綿布が貨幣として機能しているので、悪銭に加えて悪布までも社会に蔓延するとなれば、貨幣経済はますます混

図48　宗義盛の墓塔
（西山寺境内，2015年撮影）
近世の造塔になる．塔身に
義盛の法名と忌日を刻む．

乱に陥ることになる。それゆえ、義盛は再三にわたって「切法度」を発したわけであるが、あまり実効力がなかったようである。

### 義盛の死去

宗氏領国を暗転させた義盛の治世は一五二〇年（永正十七）で終焉を迎えた。義盛の発給文書は十一月二十日で終見となり、後継者である盛長《もりなが》の発給文書が翌一五二一年正月十一日から確認される（「歩行御判物帳」「伊奈郡」）。『宗氏家譜』によると、義盛は盛長に家督を譲って十二月六日に没したという。義盛の死去した理由は判然としないが、盛長は朝鮮に遣使して義盛を討伐したと喧伝している。単純な自然死なのか、それとも政変による横死なのか、次節で詳しくみていこう。

# 2　急進的な朝鮮通交とその挫折——宗盛長の時代——

### 本宗家の交替

一五二一年（永正十八・大永元）正月頃、宗義盛の後継者として盛長《もりたか》が家督を相続した。このとき盛長は二七歳である（『中宗』十七年六月辛丑条）。盛長は義盛の弟盛家《もりいえ》の子にあたるが、盛家は本宗家を離れて仁位郡主家を相続していた（一四八頁図42参照）。ここに豊崎郡主家の系譜をひく貞国—材盛《きもり》—義盛三代の嫡流相続が途絶え、仁位郡主家が本宗家の家督を輩出したかたちである。もちろん血統上は盛家—盛長父子も貞国—材盛の直系であるが、仁位郡主家は一三九八年（応永五）の政変で貞茂に本宗家の地位を奪われた家系であるから、イエの論理からすると、異例の家督相続なのである。

盛長の二代のちの当主である晴康《はるやす》の寿像賛《じゅぞうさん》（「桃林宗春大居士《とうりんそうしゅんだいこじ》寿像賛《じゅぞうさん》并序《ならびにじょ》」一五六二年）には、「義盛には嗣子がいなかったので、姪（甥）の盛長を継嗣とした」とあり、平和裡に家督の相続がなされたかのようである。ただし、後述するように、晴康寿像賛には、義盛—盛長—将盛《まさもり》—晴康—義調《よししげ》の順序でスムースに家督相続が行われたことを強調する意図が込められているので、義盛と盛長との断絶性に言及しないのは当然のことである。盛長の家督相続が偶発的な出来事だったのか、それともクーデタ

図49　宗盛長の花押（1521年）
（重要文化財「小田家文書」，長崎県立対馬歴史民俗資料館蔵）

ーによるものであったのか、史料は直接的に伝えてはくれないので、盛長期の政治情勢を丹念に追いかけてみるほかない。

### 国中錯乱

一五二一年（永正十八・大永元）四月頃、佐護郡の在地被官である宗狩野介《かのうのすけ》が郡衆を糾合して蜂起し、盛長の出身母体である仁位郡に乱入した。瞬く間に宗氏領国は「国中錯乱《くにじゅうさくらん》」（「大浦（一）家文書」）に陥ったのである。四月二十九日、盛長は譜代の直臣《じきしん》（吏僚）である俵彦三郎の遅参を譴責し、与良《よら》郡の大山岳《おやまだけ》（大山城）に参陣するよう命じている（「馬廻御判物帳」）。盛長政権の内部から分裂が生じているのである。

五月上旬、盛長は狩野介に呼応した仁位郡廻《まわり》・唐洲《からす》の警固中《けいごちゅう》を「しかとみかた（味方）にめしおき（召置）」（「仁位郡」）、十四日には豊崎郡の大浦氏の寄合（地縁・血縁結合体）に感状《かんじょう》を発している（「大浦（一）家文書」）。短期間で終息したとはいえ、狩野介の事件は領国内に不協和音を残した。盛長は味方した大浦氏の寄合に対してさえも、「心替わりする者は、親であろうと、子であろうと、寄合として成敗し、奉公せよ」と命じている（「大浦（一）家文書」）。後述するように、一五二六年（大永六）に至っても、盛長は仁位・佐護の郡衆の騒擾に手を焼いており、伊奈郡主の宗盛次《もりつぐ》が郡衆を成敗する事件も発生している。

## 家督をめぐる抗争

宗氏領国を二分する抗争は、一三九八年（応永五）の貞茂の政権奪取以来のことである。その後、貞茂—貞盛—成職《しげもと》三代、貞国—材盛《きもり》—義盛三代（豊崎郡主系）の嫡流相続が実現したこともあって、家督相続にともなう混乱は生じていないが、一五二一年（大永元）に仁位郡主家の盛貞が本宗家を相続したタイミングで「国中錯乱」が発生したのである。

やや結論を先取りするが、盛長の後継者である盛賢《もりかた》（将盛）は豊崎郡主家の出身であり、家督相続後に対馬島外に亡命中の宗狩野介と連絡を交わしているので、「国中錯乱」で佐護郡衆が蜂起した背後には盛賢が存在したと考えざるを得ない。盛長の家督相続が平和裡に実現したのか、それともクーデターにより実現したのかは依然不明であるが、少なくとも豊崎郡主家の盛賢との対立が激化したことは確実である。

宗氏権力は豊富な朝鮮通交権益を知行制の枠内で管理・運用することで維持・強化されてきたがゆえに、壬申約条にともなう通交権益の激減は宗氏一門・家臣団の統制を急速に弛緩させる方向に作用した。さらに社会・経済の混乱は、家臣団のなかでも在地被官（地侍層）たちの生計を直撃した。このように領国全体が危機的な状況のなかで、盛長と盛賢との権力闘争が発生し、盛賢が郡衆の不満の鉾先を盛長に向かわせたと考えられるのである。

## 知行安堵権の行使

宗氏一門の権力闘争、および家臣団の分裂という現実に直面した盛長にとって、もはや神仏の加護や幕府・将軍の権威などを利用して家督相続の正統性を主張したところで、ほとんど意味をなさない。盛長が指向したのは、宗氏一門・家臣団の結束を強化し、盛賢との権力闘争を勝ち抜くことであった。

盛長の発給文書をみると、家督在位はわずか六年余であるにも関わらず、知行安堵状《ちぎょうあんどじょう》が三五通も確認される。材盛《きもり》期（在位一四年）の二一通、義盛期（在位一五年）の八通と比べると、その多さは一目瞭然である。宗氏権力が安定し、かつ嫡流相続が実現していた時期には知行安堵状が減少し、加冠状が増加する現象がみられた。知行（物権）を媒介としたイエとイエとの主従関係が安定した状態にあっては知行安堵の意義が希薄となり、むしろ宗氏当主・嫡子と家臣の嫡子・庶子とが烏帽子《えぼし》親子の関係を築き、将来の主従契約を約束することの意義のほうが高まっていたためである。ところが、宗氏本宗家の家督の地位が流動化した盛長期には、イエとイエとの主従関係が自明ではなくなり、両者が主従契約を再確認する必要があった。盛長が知行宛行状を大量に発給したのは、家臣団統制の乱れの裏返しなのである。

盛長が知行安堵状を発給するさい、守護代宗国親《くにちか》が遵行状《じゅんぎょうじょう》を同時に発給するケースも増加する。材盛・義盛期に国親は政権の実権を掌握しており、その発給文書をみると、守護代の職権に即した遵行状・奉書《ほうしょ》は八通のみで、職権から逸脱した文書が実に四二通を数える。後者には材盛・義盛の直臣・在地被官に対する知行安堵も含まれている。いくら知行安堵の意義が希薄化し、かつ材盛の健康不安があったにせよ、国親が宗氏当主に固有の知行安堵権を侵食していたことは否めないのである。

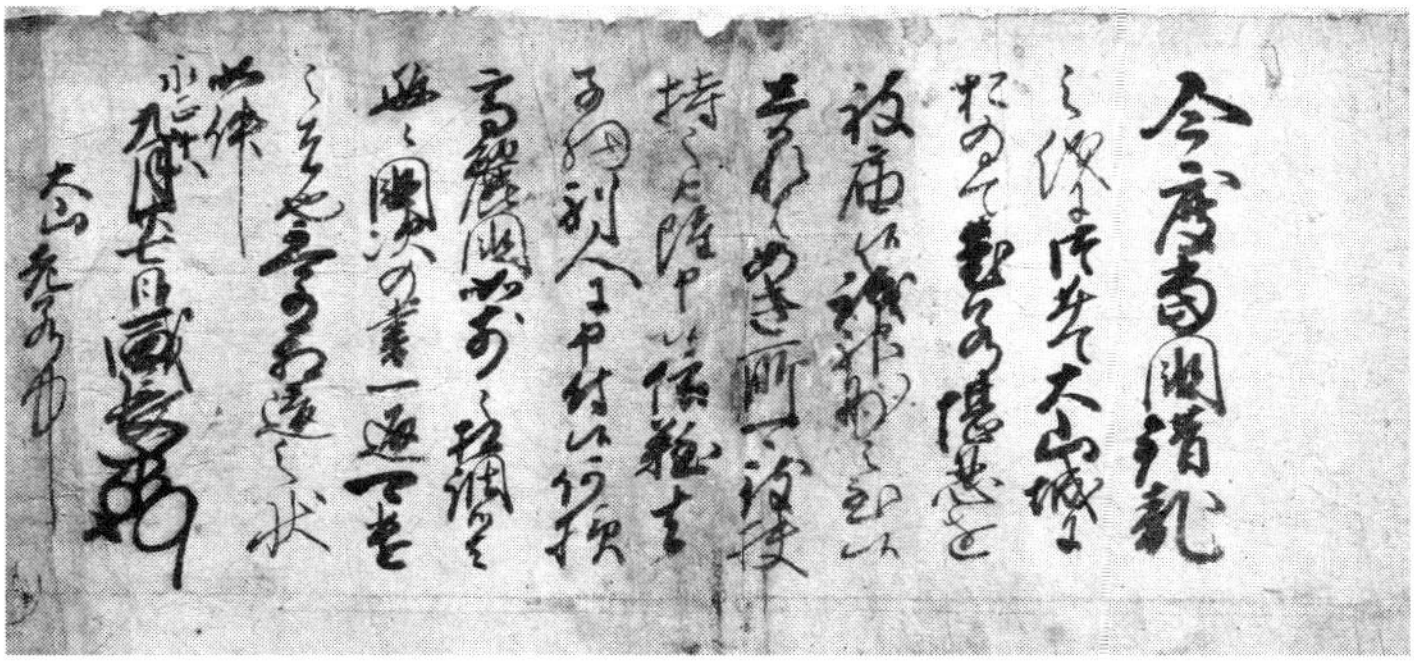

図50　永正18年(1521)9月27日宗盛長知行宛行状
（重要文化財「小田家文書」，長崎県立対馬歴史民俗資料館蔵）

ところが、盛長期の国親発給文書をみると、遵行状・奉書が一六通に増加し、逸脱した形式の文書は四通にまで減少する。つまり、盛長は当主固有の知行安堵権を回復し、国親の権限を守護代の職権に押し戻したのである。

こうして盛長は知行宛行権《ちぎょうあてがい》・安堵権の行使によって家臣団統制の再建を図ったわけであるが、当然ながら問題となるのが知行の対象となる物権の確保である。盛長の知行安堵状のなかには有名無実化したままの朝鮮関係の諸権益も含まれている。また、新規に宛行状を発給したとしても、物権の対象物が存在しなければ、それはただの空手形である。一五二一年（永正十八・大永元）九月、「国中錯乱」をひとまず沈静化させた盛長は、大《お》山《やま》小《お》田《だ》氏の寄合《よりあい》（老若《ろうにゃく》中《ちゅう》）に対し、大山城での功績を賞するとともに、

高麗国（朝鮮国）のことが前々のとおりに調ったあかつきには、必ずや「国次《くになみ》の書《しょ》」一通を遣わそう

と述べている（「小田家文書」、図50）。「国次の書一通」とは、

島主歳遣船《とうしゅさいけんせん》一回分の権益を意味する。つまり、盛長は朝鮮関係の諸権益の回復に意欲を示し、近い将来に島主歳遣船の権益を宛行うという約束手形を発行したわけである。こうした約束を実現できるかどうかに家臣団統制の再建がかかっているのであり、盛長としては壬申約条《じんしんやくじょう》で失われた諸権益の回復を急ピッチで進める必要があったのである。

## 特送使と偽日本国王使

一五二二年（大永二・中宗十七）二月、盛長は特送使饗庭盛重《あえばもりしげ》を朝鮮に遣わした。盛重は盛長の異父兄にあたる。仁位郡主家の出身である盛長は、本宗家の譜代の直臣たちを十分に統制できていないため、盛重こそが最も信頼できる人物なのであった。

特送使の盛重は、日本国王使・少弐殿使、および宗盛門《もりかど》（仁位郡主）・宗盛次《もりつぐ》（伊奈郡主）・宗盛氏《もりうじ》（「豊唐《ほうとう》二郡代官」）の使者と行動をともにした（『中宗』十七年二月庚寅条）。このときの国王使（正使太原《たいげん》）は盛長が豊後大友氏と連携して仕立てた偽使であり（橋本二〇〇五）、少弐殿使も偽使である。盛長は偽国王使の脇を固めるかたちで、特送使などを随伴させたのである。壬申約条で特送使のほか巨酋使《きよしゅうし》（幕府重臣クラス）・諸酋使《しよしゅうし》（国衆クラス）も廃止されていたので、これらを強硬に派遣したところで応接される保証はないが、偽国王使に随伴させれば応接される確率は高まる。違約でありながらも応接されたという前例をつくり、壬申約条を骨抜きにしようという魂胆である。一方、偽国王使には博多の禅僧が任用されることが多いが、重要な外交交渉を丸投げしてしまっては、一五一二年（永正九）の講和交渉の轍を踏みかねないので、盛長の意向を熟知した特送使の随伴が必須となる。こうして偽国王使と特送使などがセットで派遣されるのが十六世紀の宗氏の外交交渉の特色となるのである。

それでは、その外交交渉の内容をみてみよう。偽国王使一行は慶尚右道《キョンサンウド》の軍官に対して、

> 対馬島主（盛長）は日本国王（足利義晴）と力を合わせて「庚午《こうご》年《ねん》叛逆の倭」（三浦の乱の加担者）を討伐し、その首謀者二人を捕らえました

と来航の目的を伝えている。その急報を受けた朝鮮国王中宗《チュンジョン》は、

> 対馬島主（盛長）は我が国との交好の恩に報いるため、盛順《もりまさ》（義盛）の「庚午年唱乱の罪」（三浦の乱を首謀した罪）を「日本」（幕府）に報告し、盛順を討とうとした。「日本」はこれに同意して「十島」の兵を発して島主（盛長）を助け、盛順（義盛）を攻め、首謀者二人を捕らえ、そして使者を遣わしてきたのである

として、特送使などが違約して来航したことを不問に処し、特別に漢城《ハンソン》への上京を許可したのである（『中宗』十七年二月庚寅条）。

### 壬申約条の撤廃交渉

一五二二年（大永二・中宗十七）の偽国王使の言説は、足利義晴と盛長が協力して義盛を討伐したとか、義晴が「十島」の兵を発したとか、虚構に満ちたものである。盛長は「日本国王」とともに義盛を討伐したと喧伝することで、朝鮮側の外交方針の軟化を狙ったわけであるが、「盛長が義盛を討伐した」という根幹の部分は強ち否定できない。また、盛長は仁位郡主宗盛門・伊奈郡主宗盛次・「豊唐二郡代官」宗盛氏の使者を随伴させており、彼らに

図51　図書「盛氏」
（重要文化財「対馬宗家関係資料」，九州国立博物館蔵）
印の上面に「嘉靖元年五月日造」の銘がある．嘉靖元年は1522年．

通交権を入手させようとする意図が窺えるわけであるが、この局面で豊崎郡主宗盛賢の使者が登場しないことは、やはり盛長と盛賢との対立関係を暗示する。なかでも盛長の甥とされる盛氏（『攷事撮要』）の肩書が「豊唐二郡代官」、すなわち豊崎郡代であることが注目される。盛長が豊崎郡の直轄化を図り、甥の盛氏を郡代に任じたのであるとすれば、それは盛賢の郡主支配を真っ向から否定するものである。このように偽国王使一行の構成や言説には、盛長の家督相続後の政治過程が反映されているのであり、盛長が義盛をクーデターで横死させた可能性は高いと判断したい。

さて、偽国王使の正使太原は外交交渉の場で、

壬申年の約条は旧島主（義盛）と締結したものにすぎず、新島主（盛長）には関わりのないことです。今、新島主は尽く賊徒を斬り、朝鮮に対する功績は莫大です。「旧例」に戻すことで、その功に報いてください

と求めている（『中宗』十七年五月壬戌条）。あまりにも都合のよい論理であるが、盛長が義盛を討伐したと喧伝することで、壬申約条を撤廃

し、「旧例」すなわち癸亥約条《きがいやくじょう》（一四四三年）に回帰することを主張したのである。しかし、この要求は朝鮮側に一蹴されてしまい、帰国を目前に控えた太原は、

歳遣船《さいけんせん》をすべて復活できないとしても、もし三〜四隻を復活できれば、私たちは気持ちよく帰国できます

と食い下がった（『中宗』十七年七月己酉条）。壬申約条の部分改定にまで要求のレベルを下げたわけである。朝鮮側はこの要求も一蹴したが、盛長の子熊満《くまみつ》に歳遣船三回分、盛氏には先行する盛俊《もりとし》（豊崎郡主）の通交権を継承するかたちで歳遣船一回分を認めた（田代・米谷一九九五、図51）。また、長門国見島《みしま》の住人のふりをして偽国王使に同行した新四郎（「信時羅《シンシラ》」）は、朝鮮の官職を受けて年一回の通交を認められたらしい（「対馬私記」）。壬申約条後、朝鮮は対馬の住人への授職に高いハードルを設定していたため、新四郎は居住地を詐称したのである。なお、菊池重朝《しげとも》（肥後）・島津武久《たけひさ》（薩摩）・奈《な》留繁《るしげる》（肥前）・平方忠能《ひらかたただよし》（摂津）・宇久幡《うくのぼる》（肥前）・本城壱《ほんじょうはじむ》（壱岐）・飯田集《いいだあつむ》（同）の七名義の歳遣船七回分が復活したのは、このときである可能性が高い。

翌一五二三年、盛長は二年連続で偽国王使（正使一鶚《いちがく》）を朝鮮に派遣し、特送使の饗庭盛重が随伴した。今回の外交交渉は島主歳遣船の復活に焦点を絞ったことが功を奏し、朝鮮国王中宗は五回分の復活を許可した。島主歳遣船は二五回分から三〇回分に回復したのである。

一五二五年、盛長は三度目となる偽国王使（正使は国分寺住持景林宗鎮《けいりんそうちん》）を朝鮮に派遣し、やはり特

**表５　宗氏領国全体の年間通交回数**

| 年代 | 当主 | 島主名義 | 諸氏名義 | | 偽名義 | | 合計 |
|---|---|---|---|---|---|---|---|
| | | 歳遣船 | 歳遣船 | 受職 | 歳遣船 | 受職 | |
| 1514 | 義盛 | 25 | 0 | 0 | 0 | 0 | 25 |
| 1515〜20 | 義盛 | 25 | 0 | 0 | 7(6) | $\alpha$ | $32+\alpha$ |
| 1521〜26 | 盛長 | 30 | 4(2) | 0 | 13(12) | $1+\beta$ | $48+\beta$ |

＊(　)内は通交名義数.
＊偽国王使・巨酋使は除く.
＊$\alpha \geqq 0$, $\beta$は増減幅をもつ.

送使の饗庭盛重を随伴させた。今回は島主歳遣船・特送船の復旧を交渉したが、朝鮮側の妥協を引き出すことはできなかった。なお、同年に盛長は饗庭六郎を経由して「書一つう《（通）》」（歳遣船一回分）を三根郡の在地被官長野氏に給付しており（「長野家文書」）、通交権益の入手から運用に至るまで饗庭氏一族が深く関与していたことがうかがえる。

このように積極的な外交攻勢をかけた盛長であったが、壬申約条の撤廃は実現できず、年間通交回数の回復は一六回分程度にとどまった。これでは宗氏一門・家臣からの通交権益の分配要求を満たすことができない。盛長がクーデターという多大な政治的コストを払ってまで家督を相続したのであるとすれば、期待どおりの成果が得られたとは言いがたい。盛長政権の命運は尽きかけていたのである。そして、一五二六年十月、盛長は三二歳の若さで突然の死をとげる。

## 3　絶えない政変と騒乱——宗将盛の時代——

一五二六年（大永六）十月、盛長が死去したため（「御家譜拾遺」所収文書）、豊崎郡主宗盛賢《もりかた》（将盛《まさもり》）が本宗家の家督を相続した。盛賢の発給文書は十二月十三日が初見である（「峯郡」）。

### 盛賢の登場

盛賢は一五二〇年（永正十七）末に義盛が死去した時点で、豊崎郡主の地位にあったとみられる。義盛は仁位郡主家の盛長のクーデターで横死した可能性が高いわけであるが、仮に平和裡の家督相続であったとしても、盛賢にとっては不本意な出来事である。盛賢の系譜上の位置をみると、貞国の庶兄である豊崎郡主盛俊の孫にあたる（一四八頁図42）。材盛《きもり》の孫である盛長と比べると、盛賢は嫡流家との血縁関係では遠く及ばない。しかし、郡主家というイエの観点からみると、盛長の出身である仁位郡主家は、一三九八年（応永五）に貞茂によって本宗家の地位を奪われた家系であり、貞茂の言葉を借りると、「天罰を蒙った酷吏」の家系である。一方、盛賢の出身である豊崎郡主家は、一四六七年（応仁元）の成職《しげもと》の死去をうけ、貞国を本宗家の家督として輩出した先例がある。つまり、血統の論理では盛長が有利、イエの論理では盛賢が有利な状況であった。どちらも家督相続の正統性がいま

図52　宗将盛像（東京・養玉院如来寺蔵，品川区立品川歴史館画像提供）

ひとつなのである。

それゆえ、盛賢は盛長政権への対抗姿勢を強め、一五二一年（永正十八・大永元）春、宗氏領国は「国中錯乱」に陥り、宗氏一門・家臣団に亀裂が走った。その後も佐護・仁位・伊奈郡で郡衆による騒擾が頻発するが、佐護郡は本宗家の直轄郡であるし、仁位郡主宗盛《もり》門《かど》と伊奈郡主宗盛次《もりつぐ》は盛長政権の支持者であった。盛長政権の膝下で頻発する騒擾の背後には、盛賢が存在したとしか考えられない。後年、盛賢の後継者である晴康が「八郡のなかで豊崎一郡だけは、今まで郡衆に軽率な行動がなくて平安である」と口癖のように語っていたというのも傍証となるだろう（「大浦（一）家文書」）。そして、一五二六年十月に盛長が三二歳の若さで死去し、盛賢が家督を相続したわけであるから、これもクーデターである可能性がきわめて濃厚なのである。

## 盛長死去の真相

盛賢の家督相続をめぐる言説として最古のものは、一五六二年（永禄五）の晴康《はるやす》寿像賛《じゅぞうさん》であり、

盛長にも嗣子がなかったので、盛弘（豊崎郡主）の子息である将盛（盛賢）を継嗣とした

とある。また、近世対馬藩の藩撰史書である『宗氏家譜』によると、

熊満（盛長の子）は幼年で死去した。盛長には継嗣がなかったため、「家族」（宗氏一門）と「家臣」が相談し、盛弘の長男である盛賢を擁立して当主とした

という。これに対して、『宗氏家譜』以外の史書は挙って正反対の説明をする。たとえば、『宗氏家譜』とともに宗家に伝来した『宗氏家譜遺事』であっても、次のような説明をしている。

盛長は異父兄の饗庭《あえば》盛重《もりしげ》に政治の一切を任せており、盛重に頼って物事を決断していた。時に薦《こも》野《の》右衛門《えもん》という家臣がいた。まだ年少だったため、盛重はその「田禄《でんろく》」（知《ち》行地《ぎょうち》）と「送使《そさ》」（朝鮮通交権益）を収公してしまい、「成長のあかつきには給付しよう」と伝えた。右衛門の母は河野《かわの》盛親《もりちか》の姉であり、盛親の妻は盛重の妹である。そこで、盛親は（盛重に対して）右衛門に田禄と送使を返すように請うたが、盛重は聞き入れなかった。怒った盛親は盛重を刺殺した。これを聞いた盛長は盛親が謀叛を起こしたものと勘違いし、自刃して果てた。そのため、家臣たちは盛親を誅殺した。時に大永六年のことである。

図53　宗将盛の花押（1532年）
（「対馬古文書」大浦(一)家文書，東京大学史料編纂所所蔵写真帳より）

通常の史料操作であれば、近世の史書よりも同時代史料を信用するところであるが、この場合にかぎっては逆である。饗庭盛重の重用、「田禄」（知行

地）・「送使」（朝鮮通交権益）の給付問題、そして直臣団の分裂。いずれも盛長期の治世の特徴と一致するのである。一方、晴康寿像賛は、盛長—盛賢（将盛）—晴康—義調《よししげ》の順番での家督相続を正統化しようとする晴康・義調父子の思惑を反映したものである。その系譜は一本の線で表現するのが望ましいわけであり、家督相続の正統性に疑念を抱かれるような言説が書き留められるはずがない。

そこで、『宗氏家譜遺事』をある程度信用するならば、「田禄」「送使」の給付問題がきわめて重要となる。一五二一年（大永元）に盛長は大山小田《おやまおだ》氏の老若中《ろうにゃくちゅう》に対して「国中錯乱」での功績を賞しているが、大山小田氏側が「あき《(明)》所」（知行者の不在地）の給付を求めたところ、盛長は「去り難き子細」（どうしようもない事情）があるとして、「高麗国（朝鮮国）のことが前々のとおりに調ったあかつきには、必ずや国次《くになみ》の書《しょ》一通（島主歳遣船《とうしゅさいけんせん》一回分）を遣わそう」との約束手形を発している（「小田家文書」）。また、一五二六年に盛長は直臣古川藤兵衛尉《とうびょうえのじょう》に対し、知行地を収公するかわりに「丙戌年（一五二六）から国次の書を毎年一通遣わそう」と約束してもいる（「馬廻御判物帳」）。壬申約条で島主歳遣船が大幅削減されてしまい、家臣団の知行対象の多くが有名無実化した事態の弥縫《びほう》策として、知行の付け替えが頻繁に行われており、それが新たな火種を生んでいたのである。

『宗氏家譜遺事』の語り口は、盛長の自刃の真相を曖昧にし、河野盛親ひとりに罪を着せて幕引きしている感が否めない。盛長に対抗する盛賢が家臣団の分裂を突いてクーデターを実行したというのが真相であったとみるべきである。

## 郡主家の行動様式

盛賢の家督相続がクーデターによるものかどうかは措くとして、郡主家という視点からみると、豊崎郡主家が仁位郡主家に勝利したことを意味する。盛長支持派の仁位郡主宗盛門《もりかど》は一五二三年（大永三）を最後に史料上から姿を消し（「御旧判控仁位郷」）、盛長の死去後まもない一五二六年十一月から宗盛親《もりちか》（系譜関係未詳）が登場する（「仁位郡」）。従来、仁位郡は郡主の一円領であったが、一五三〇年（享禄三）以降、本宗家（豊崎郡主系）の支配が入り組むようになる（「馬廻御判物控」）。

この当時、郡主が存在したのは、豊崎郡・仁位郡のほか、伊奈郡・佐須郡・豆酘《つつ》郡であるが、他の三郡の郡主家（宗氏一門）がどのように行動したのかをみていこう。

伊奈郡主の宗盛次は盛長政権を支持したため、盛賢陣営の策動によって伊奈郡衆の騒擾が発生したが、盛賢政権下では目立った動きがない。伊奈郡主家は本宗家との血縁関係が遠いこともあろうが、初代資茂《すけしげ》以来、何度かの政権交代に無難に対応している。

佐須郡主は守護代の兼任である。一三九八年（応永五）の政変で非主流派となった仁位郡主家に連なる家系であるが、盛直が初代の守護代となって以降、貞秀―茂勝―国親―盛廉《もりかど》四代が守護代を世襲している。このうち国親は材盛《きもり》・義盛政権の実権を掌握し、三浦の乱を主導して領国の政治・社会・経済を混乱に陥れた張本人である。そうした負い目もあってか、盛長政権下では守護代としての職権に忠実である。その後、盛賢政権の発足にともない、国親は嫡子盛廉に守護代職《しき》を譲るが、盛廉にも特に目立った動きはみられない。佐須郡主家の行動様式は、政権交代に無難に対応して守護代職を保持・世襲することであった。

豆酘《つつ》郡主家の初代貞澄《さだずみ》は貞茂の弟であり、筑前守護代の又代官《まただいかん》に任じられ、朝鮮向けには「九州侍所」と自称した。これが先例となり、永享・嘉吉期の北部九州の争乱では盛世《もりよ》が各地を転戦して討死し、応仁・文明期には茂世《しげよ》が筑前で活発に行動している。豆酘郡主家の行動様式は「九州侍所」として北部九州の経略を進めることであったが、一四七八年（文明十）に貞国が大内政弘と和睦したため、茂世はなかば見殺しにされた恰好となり、郡主不在の豆酘郡は本宗家の直轄郡に編入されてしまった。ところが、『宗氏家譜』によると、一五一八年（永正十五）に義盛が肥前に潜伏する茂世の孫盛顕《もりあき》を対馬に呼び戻し、豆酘郡主に任じたという。そして、豆酘郡主家は宗氏一門内でのスタンスが定まらないうちに、後見人ともいうべき義盛を失い、仁位郡主家と豊崎郡主家との権力闘争に遭遇するのである。

### 宗盛治の蜂起

豆酘《つつ》郡主盛顕が初めて文書を発給したのは、「国中錯乱」に揺れる一五二一年（大永元）のことである。盛顕は菩提寺《ぼだいじ》である永泉寺《えいせんじ》の寺領を安堵するにあたり、「祖父」茂世が発給した応仁三年（一四六九）の安堵状を先例として引用しており（「豆酘郡」）、まさに半世紀ぶりの寺領安堵であった。その後、盛顕の発給文書は一五二三年（大永三）まで一三通が確認され、うち二通は嫡子盛満《もりみつ》との連署である（「豆酘郡」）。一五二七年（大永七・享禄元）八月には盛満が単独で文書を発給しており（「主藤家文書」）、盛満が郡主家を相続していたことがわかる。そして、その二ヶ月後に盛賢政権を揺るがす大事件が発生する。

十月八日の「夜寅刻《とらのこく》」（午前四時頃）、「宗九郎盛治《もりはる》兄弟三人」が盛賢に「逆心」を企て、「館中《かんちゅう》」（府中池館《いけのやかた》）で合戦に及んだのである（「杉村家文書」「山下家文書」）。『宗氏家譜』によると、盛治三兄弟は豆酘郡主盛満（「盛郷《もりさと》」）の甥にあたり、盛満とともに蜂起したのだという。この事件の背景を伝える同時代史料は確認されないが、合戦の終息後、豆酘郡主家は再び史料上から姿を消してしまい、一五五六年（弘治二）以前には、守護代・佐須郡主家の庶流家が「豆酘郡代職《ぐんだいしき》」に任じられているので（「杉村家文書」）、盛満が事件を主導したことは確実である。

もう少し『宗氏家譜』の所伝に耳を傾けてみると、盛賢に「田禄」（知行地）を収公された津原主馬《しゅめ》が縁戚の薦野《こもの》右衛門《えもん》と共謀し、盛満と盛治三兄弟に蜂起をうながしたのだという。このプロットは『宗氏家譜遺事』が語る盛長自刃説の構図と瓜二つである。盛長自刃説にも薦野右衛門が登場するが、盛長に「田禄」「送使」を収公されたため、縁戚の河野《かわの》盛親《もりちか》が騒動を起こしたことになっている。薦野右衛門は不満分子の代名詞として語られるきらいがあるが、薦野氏・津原氏・河野氏はともに本宗家に仕える直臣（吏僚）である。やはり盛長・盛賢政権の内部では直臣たちの知行をめぐる対立状況が激化しており、これが宗氏一門の権力闘争とあいまって政局が混迷していたと考えられるのである。

目下の政治的混乱のなかで家督相続の正統性を振りかざしたところで、どこまで効果があるのかは疑問であるが、そもそも盛賢には正統性を担保しようとする指向性はあったのであろうか。

## 盛賢の正統性

年未詳四月十五日付の盛賢書状によると、盛賢は京都に滞在中の禅僧栄智《えいち》のもとに使者塚本源太郎を遣わし、「抄物《しょうもつ》」と「調合薬」を求めるとともに、諸事不案内な源太郎への「指南」「籌策《ちゅうさく》」を請うている（「御旧判控佐須郷」）。栄智の上洛は修行が目的と推測されるが、源太郎の使命は何だったのであろうか。義盛期には将軍足利義稙《よしたね》との太いパイプがあり、大内義興《よしおき》がその仲介役となっていたが、一五一八年（永正十五）に細川・大内連合政権が瓦解し、一五二一年（大永元）には義稙が京都を出奔している。一方、一五二〇年に義盛が没すると、宗氏領国は政治的混乱に陥り、盛長が積極的に幕府・将軍の権威を利用しようとした形跡はない。それだけに盛賢が源太郎を京都に遣わした理由が気になるところである。そこで、盛賢の書状がいつ発せられたものかを考えてみよう。

一五三二年（享禄五・天文元）四月十二日、盛賢が源太郎に発給した公事免許状《くうじめんきょじょう》に「今度の忠節により」との文言がある（「歩行御判物帳」）。「今度の忠節」が京都への使行を意味するとすれば、盛賢書状の年代も一五三一〜三二年となる。この時期に盛賢が幕府・将軍との接触を図ろうとした可能性が出てくるわけであるが、将軍足利義晴は一五二七年に細川高国とともに近江へ出奔しており、再び入京するのは一五三四年（天文三）のことである。その間は細川晴元・三《み》好元長《よしもとなが》が足利義維《よしつな》を和泉堺で擁立している。つまり、一五三一〜三二年に盛賢が源太郎を幕府との交渉のために遣わしたのだとすると、将軍権力が分裂していた時期であり、どちらの陣営に接触するか判断が難しい状況であったといえる。

その後、一五三三年十月頃に盛賢は「将盛《まさもり》」と改名する（「歩行御判物帳」「蔵瀬文書」）。いうまでもなく「将」字は将軍の偏諱《へんき》ではない。成職《しげもと》以降の歴代当主のなかで、将軍偏諱の拝領によらない改名は将盛が初めてである。この事実から遡って推測すると、将盛が源太郎を京都に遣わしたのは、将軍偏諱の授受について交渉するためであろう。しかし、将軍権力が分裂した状況を受けて、将軍偏諱と無関係な改名に至ったと考えられる。一方、官途については、将盛は大内義隆・大友義鑑《よしあき》宛ての書状において、一五三三年四月までは「平盛賢」と署名しているが、翌三四年閏正月以降は「刑部少輔将盛」と署名している（「大永享禄之比御状并書状之跡付」）。つまり、政権奪取から約七年を経ても無官のままで、家督の正統性を示す「刑部少輔」を世襲できていなかったのである。そして、「将盛」と改名するのと同時に「刑部少輔」を称したとみられるわけであるが、将軍偏諱を拝領できていないことから、僭称であったと考えられる。このように、将盛は家督相続の正統性を十分に担保できずにいたのである。

## 将盛期の朝鮮通交

将盛の朝鮮通交には奇妙な特色がある。遣使の名義が前当主の「盛長」のままなのである。その理由としては、盛長がさかんに喧伝した「三浦の乱の首謀者義盛を日本国王とともに討伐した」という言説に縛られてしまい、名義の変更は得策でないと判断したためであろう。また、盛長が死去した事実を朝鮮に知らせると、慣例によって致奠官《ちてんかん》・致慰官《ちいかん》（弔慰使節）が対馬に派遣されることになる。宗氏権力の安定期においては、故当主への致奠と新当主への致慰は、嫡流相続の正統性をアピールする絶好の機会であったが、将盛の家督相続がクーデターによるものであるとすれば、従来ほどの政治的効果は期待できない。むしろ朝鮮使節が来島して宗氏一門・家臣団統制の混乱を観察されることで、外交上の失点につながる恐れがあった。それゆえ将盛は盛長が死去した事実を隠し、「盛長」のふりをして朝鮮に遣使しつづけたのである。こうして致奠官・致慰官の来島は途絶えてしまった。

一方、将盛には壬申約条《じんしんやくじょう》の撤廃ないし改定交渉に強い意欲があったように感じられない。盛長は約六年の在位期間に三度の偽日本国王使を仕立てるなど、壬申約条の撤廃・改定交渉に積極的であったが、将盛期の約一四年において偽国王使は二度しか確認されない。しかも一度目（一五二八年）の偽国王使は、大友義鑑の主導のもとに派遣されたもので（「大永享禄之比御状并書状之跡付」）、対馬側の利害を代弁した様子はない。二度目（一五三六年）の偽国王使も同様である。

## 偽使の運用

将盛期には一五三五年（天文四）以前に陶興房《すえおきふさ》（周防）名義で歳遣船《さいけんせん》一回分を入手し（「対馬私記」）、一五三六年には「古東嶋太守奈成親忠」なる全くの架空人物の名義で朝鮮人漂流民を送還し、その功績として歳遣船一回分を新規に入手している（田代・米谷一九九五、図

図 54　図書「親忠」
（重要文化財「対馬宗家関係資料」，九州国立博物館蔵）
印の上面に「嘉靖十五年閏十二月日造」の銘がある．嘉靖 15 年は 1536 年．

表 6　宗氏領国全体の年間通交回数

| 年代 | 当主 | 島主名義 | 諸氏名義 | | 偽名義 | | 合計 |
|---|---|---|---|---|---|---|---|
| | | 歳遣船 | 歳遣船 | 受職 | 歳遣船 | 受職 | |
| 1515～20 | 義盛 | 25 | 0 | 0 | 7(6) | $\alpha$ | $32+\alpha$ |
| 1521～26 | 盛長 | 30 | 4(2) | 0 | 13(12) | $1+\beta$ | $48+\beta$ |
| 1526～39 | 将盛 | 30 | 0 | 0 | 19(16) | $16+\gamma$ | $65+\gamma$ |

＊(　)内は通交名義数．
＊偽国王使・偽巨酋使は除く．
＊盛長期の諸氏名義（熊満・盛氏）の遣使は偽使化したものと判断した．
＊ $\alpha \geqq 0$，$\beta$・$\gamma$ は増減幅をもつ．

54)。

歳遣船の権益は正規・非正規（偽使）に関わりなく、宗氏一門・直臣に重点的に分配された。政権中枢の結束の強弱は歳遣船の権益の多寡に比例するため、それを増加させることが至上命題なのである。一方、受職人としての権益は主として在地被官《ひかん》（地侍《じざむらい》）が知行した。彼らは歳遣船権益の分配の優先度が低いため、何らかの機会に便乗して朝鮮に渡航し、自力で朝鮮の官職を受けて通交権を獲得し、事後的に宗氏から安堵してもらうという方式が定着していた。ただし、受職人の通交権は基本的に世襲が認められないため、時期的な変動を受けやすく、史料の制約もあって受職人の人数を正確に把握するのは難しい。たまたま将盛期のある時点での受職人数は一六名と判明するのであるが（「対馬私記」）、将盛政権が積極的に動いた成果とも言いがたい。ともあれ、将盛期の領国全体の年間通交回数は概ね六五回にまで回復した計算となる。

将盛政権の政治・外交は、盛長政権の急進性と比較すると、あまり切迫感が伝わってこない。壬申《じんしん》約条《やくじょう》の撤廃・改定交渉を進めた形跡もなく、偽使の運用にも特段の進展はみられない。宗氏一門・直臣団の統制の乱れが宗盛治の騒乱を招いたにもかかわらずである。盛長政権の遺産を継承したのをよいことに、通交権益を回復する意欲を失っているとさえ感じられるのである。

## 将盛廃位事件

一五三九年（天文八）五月二十二日の夜、将盛は突如「遠慮」（蟄居《ちっきょ》）を余儀なくされ、与良《よら》郡横浦《こうら》の水手《かこ》たちの漕船《こぎぶね》に乗って府中を去っていった（「与良郡」）。静かなる政変が発生したのである。

将盛に代わって家督を相続したのは豊崎郡主の晴康《はるやす》（初名賢尚《かたひさ》）である。将盛の伯父にあたり、すでに六五歳を迎えた宗氏一門の長老である。「晴康寿像賛《じゅぞうさん》」（「桃林宗春大居士寿像賛并序」、一九三頁図55）には政変の背景が記されている。この寿像賛は「国主」義調《よししげ》が父晴康の寿像を画工に描かせたのち、対馬西山寺《せいざんじ》住持の方室宗諸《ほうしつそうしょ》に執筆を依頼したもので、一五六二年（永禄五）十二月の年紀がある。それゆえ、晴康・義調父子の政治的思惑が色濃く反映されているのであるが、まずは当事者の弁に耳を傾けてみよう。

> 将盛は残酷で薄情（「刻薄《こくはく》」）であるが、大居士（晴康）は他人に恭しく慎み深い（「恭倹《きょうけん》」）。それゆえ、「家臣」たちは大居士に国政を継がせようとしたが、大居士は謙譲して固辞した。家臣たちは国を挙げて主君に擁立しようとしたので、大居士はやむなく家督を相続したのである。

将盛を蟄居させた主体が「家臣」であり、彼らが挙国一致して晴康を推戴したというのは注目すべきことである。「家臣」とは直臣団（重臣・吏僚）を指すとみてよい。近世になると藩主に器量が備わっていなければ、家老が一致結束して藩主を蟄居させる「主君押込《しゅくんおしこめ》」の慣行が存在したことが知られているが（笠谷一九八八）、その中世版ともいうべき事件である。

将盛期には直臣団に分裂が生じていたが、彼らが結束して器量に劣る将盛を廃位し、老練な晴康を新家督に擁立したのである。従来の家督相続は宗氏本宗家の嫡流相続が主流であり、嫡流相続が途絶えたときには、宗氏一門が権力闘争によって新家督を擁立してきた。ところが、今回は直臣団が衆議によって平和裡に将盛を隠居させ、新家督に六五歳の晴康を擁立した。つまり、将盛廃位事件は本宗家の家督相続のあり方が一変したターニングポイントなのであり、家督には従来以上に器量が要求されるようになったのである。一方、後継者＝嫡子・養嗣子という構図も自明ではなくなり、嫡子・養嗣子に将来の家督としての資質がないと判断されれば廃嫡も起こりうることになる。晴康肖像賛は、晴康の人徳や功績を賛美するだけでなく、わざわざ将盛廃位事件の経緯に言及している。もちろん家督相続の正統性をアピールする意図があるのは当然であるが、この事件を教訓として後世に残す意味合いもあったといえる。

# 第四章

# 復調する領国経営と朝鮮通交

# 1　暫定政権の樹立と家中の成熟——宗晴康の時代——

## 異例の家督相続

宗晴康《はるやす》は豊崎郡主宗盛俊《もりとし》の次男（貞国甥）として生まれた（一九四頁図57）。長男盛弘《もりひろ》が郡主家を相続したため、出家して建総院宗俊《けんそういんそうしゅん》と号し、諸国を遍歴した。一五二六年（大永六）、豊崎郡主である甥の将盛《まさもり》（盛賢《もりかた》）が本宗家の家督を相続し、郡政の停滞を招いたため、一五三〇年（享禄三）八月に「建総院宗俊」の名で初めて豊崎郡に文書を発給し（「豊崎郡」）、十月には「賢尚《かたひさ》」の名で文書を発給している（「給人寺社足軽百姓御判物写帳豊崎郷」）。還俗にあたり、将盛（盛賢）の偏諱《へんき》を冠して「賢尚」と名乗ったのである。その後、豊崎郡主として活動していたところ、一五三九年（天文八）の将盛廃位事件に遭遇し、本宗家の家督を相続することになった。一五六〇年（永禄三）の発給文書に「讃岐守《さぬきのかみ》年八十六」と署判しているので（「大浦（一）家文書」）、実に六五歳での家督相続であった。

一五三九年、賢尚が五月五日付で豊崎郡大浦の宗左衛門大夫《そうさえもんだいぶ》らに宛てた書状によると、「このたびは思いも寄らないことになり、迷惑をしております」との心情を吐露しており（「大浦（隆）家文書」）、賢尚（晴康）の寿像賛《じゅぞうさん》には「大居士は謙譲して家督相続を固辞した」ともある。もちろん謙譲の美徳

図 56　晴康の花押(1560 年)
(「対馬古文書」大浦(一)家文書，東京大学史料編纂所所蔵写真帳より)

図 55　宗晴康寿像(東京・養玉院如来寺蔵，品川区立品川歴史館画像提供)
永禄 5 年(1562)著賛．晴康 88 歳(米寿)の姿を描く．

であることは否定できないが、老年の賢尚にとって、家督相続はまさに青天の霹靂であったといえる。

**政変の事後処理**

一五三九年(天文八)五月上旬、賢尚は豊崎郡豊《とよ》に将盛を蟄《ちっ》居《きょ》させるための「仮屋《かりや》」を建設している(「大浦(隆)家文書」)。そして二十二日夜、将盛は府中を去ったのである(「与良郡」)。政変の発生は四月頃のことであろう。

賢尚は五月二十七日頃に「貞《さだ》尚《ひさ》」と改名した(「大浦(一)家文書」)。将盛(盛賢)の偏諱《へんき》である「賢」字を捨てたのである。六月二日、貞尚は肥前岸岳《きしだけ》の波《は》多盛《たさこう》と

図57　宗氏略系図

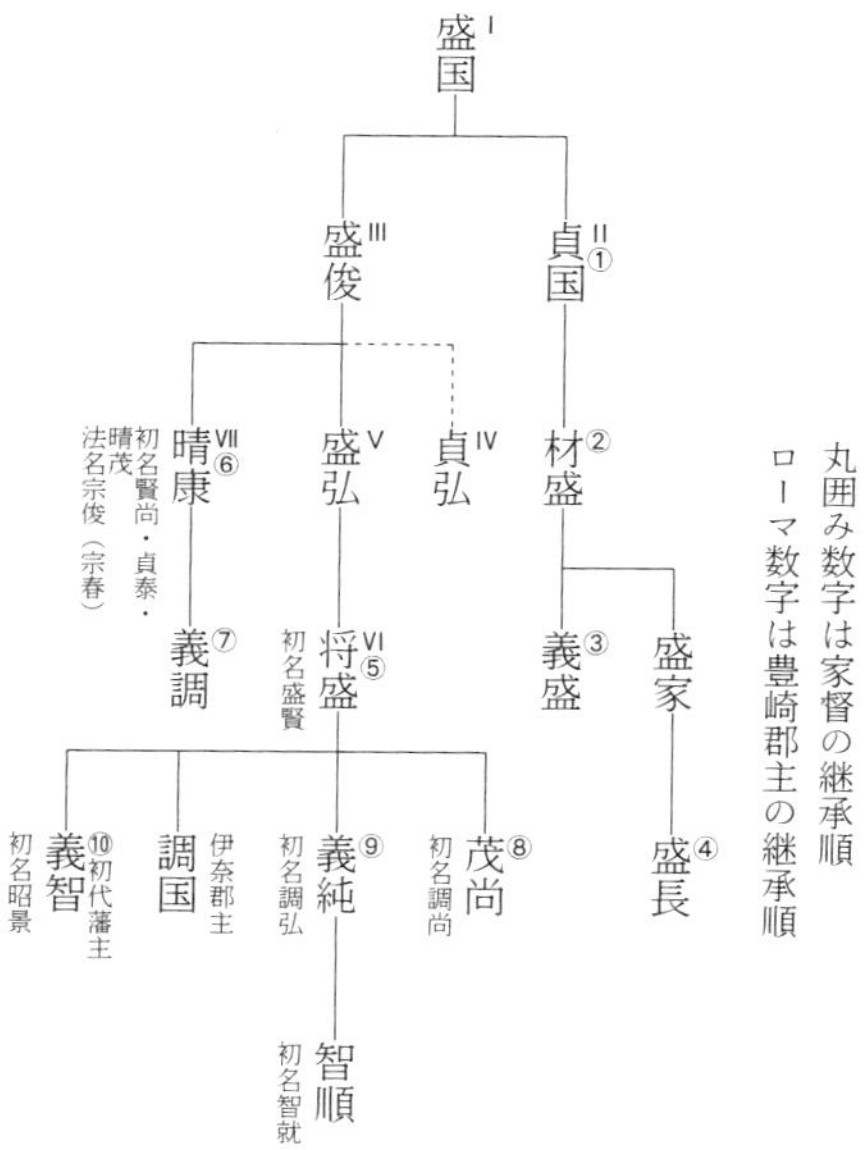


壱岐《いき》の波多武《はたたけし》に書状を送り、次のように家督相続を告げている（「大永享禄之比御状并書状之跡付」、以下「跡付」と略記）。

将盛は「嶋（対馬）のことについては、今後ずっと望むことはない」と申されて隠居なさいました。ついては私が家督を相続するようにと申されました。「各々」も「同意」しましたので、その「意見」に従いました。御心得のためにお伝えいたします。

あくまで表向きには将盛が自主的に隠居したという体裁を取り繕っているが、「各々」の「同意」「意見」というのは宗氏一門・直臣団の承認行為を意味するものであり、将盛の廃位を暗示している。

貞尚は六月三日に「貞泰《さだやす》」と改名し、受領《ずりょう》名は「大和守《やまとのかみ》」を称した（「跡付」）。貞泰は六月六日付で大友義鑑《よしあき》と家臣三名（臼杵《うすき》鑑続《あきつぐ》・臼杵親連《ちかつら》・田原《たわら》彦三郎）、少弐冬尚《ふゆひさ》と肥前国衆三名（横岳資雅《よこたけすけまさ》・龍造寺家《りゅうぞうじいえ》兼《かね》・筑紫《ちくし》惟門《これかど》）に書状を送り、家督相続を告げている（「跡付」）。また、六月十六日付で大内義隆《よしたか》と家臣三名（陶隆房《すえたかふさ》・杉興重《おきしげ》・杉興運《おきかず》）に家督相続を告げているが、大友氏・少弐氏よりも遅れて書状を送ったのは、故陶興房《おきふさ》（四月没）への弔問を優先させたためである（「跡付」）。

このように対外的に家督相続の告知を済ませた貞泰は、閏六月中旬に将盛の処遇に注力する。将盛はまだ豊崎郡の仮屋に入居しておらず、「気持ちが落ち着くので」との理由で仁位郡の某所に逗留したままであった。そのため、貞泰は将盛を豊崎郡の仮屋に移動させることにしたのである。このとき貞泰は将盛に対して、

① 一浦・一村たりとも支配してはならない
② もし人を雇う必要があれば、貞泰のほうで用意する
③ 懇意の者が細々と出仕することは無用である

との三ヶ条を突きつけている。その真意について、

この「一乱の儀」について、ひとたび人がとりとめもない噂をすれば、（それを聞いた）人々は色々と勘繰るものです。些細なことでも噂になりますから、御自分も御迷惑なさるでしょう

と諭している（「大浦（一）家文書」）。老練な貞泰らしい説得力のある言葉である。こうして将盛は観念して蟄居することになったが、その後、一五七三年（天正元）まで生きたらしい（『宗氏家譜』）。妻帯は許されたらしく、長男（茂尚）が一五四七年（天文十六）、四男（義智）が六八年（永禄十一）に誕生している。

## 家督相続の正統化

中世の慣習法に照らすと、甥から叔伯父への相続は暫定的な性格をもつものであり、いずれは甥の継嗣に相続されるべきものと観念されていたという（中田一九二六）。つまり、慣習法の観点からみても、貞泰は緊急避難的な措置として家督を相続したといえるのである。家督の象徴である世襲官途《かんと》「刑部少輔《ぎょうぶのしょう》」を遠慮して受領「大和守」を称したのも、そうした意識の表れである。そして、六十五歳の高齢である貞泰としては、待ったなしで後継者問題に対処しなければならない。貞泰には実子の彦七（義調《よししげ》）がいた。甥の将盛に実子が生まれるのは一五四七年（天文十六）のことであり、彦七への家督の継承が既定路線となった。偶然の産物として、再び嫡流相続が図られることになるのである。

まず貞泰が採った方策は、将軍偏諱《へんき》の拝領と任官の復活である。一五四二年（天文十一）正月中旬頃、貞泰は「晴茂《はるしげ》」と改名し（「大小姓御判物控」）、さらに二月中旬頃には「晴康《はるやす》」と改名している。いうまでもなく将軍足利義晴の偏諱であるが、義晴は前年十一月に京都から近江坂本に逃れているので、その直前に偏諱の授受を交渉したのであろう。そして、三月二十八日に義晴は京都に復帰するが、それと前後して晴康は将軍への接近を加速させる。幸いこのあたりの事情は、伊勢貞孝《さだたか》の被官《ひかん》蜷川親俊《にながわちかとし》の日記（『親俊日記』）に詳しく記されている。

三月二十一日、晴康の直臣平田盛円《もりのぶ》が「公方様御字御礼《くぼうさまおんじおんれい》」と「受領御礼《ずりょうおんれい》」のため、「対馬国宗讃岐守晴康御礼申す次第」と題する進上目録を用意し、使者の小林与四郎・嶋居惣右衛門尉《しまいそうえもんのじょう》に託した。

「晴」字の拝領と「讃岐守」任官の謝礼のためである。京都に到着した小林与四郎は、六月十五日、蜷川親俊に面会して礼銭を進上した。七月二十二日、晴康の嫡子彦七の「旧例義の御字御拝領」が決まり、将軍義晴は「御字義」（二字書出）を自筆で認《したた》めた。三十日、親俊は晴康・彦七宛ての書状を認め、八月六日に義晴の御内書《ごないしょ》に添えて与四郎に託している。

このように、晴康はまず自分が偏諱の晴字を拝領し、かつ讃岐守に任官されたうえで、さらに嫡子彦七に通字の義字を拝領させた。つまり、晴康は家父長の象徴である讃岐守に任官され、将来の家督である彦七に義字を譲ったのである。このとき義調《よししげ》は十一歳（「長寿院公画像賛并跋」）。晴康・義調父子は本宗家の家父長・嫡子としての正統性を担保したわけである。なお、『宗氏家譜』は彦七が「義《よし》親《ちか》」と名乗り、のちに「義調」と改名したとするが、「義親」という実名《じつみょう》は同時代史料の裏づけがとれない。

## 伊勢流故実と嫡子教育

「宗家文書」に含まれる中世史料はごくわずかであるが、天文年間（一五三二～五五年）に伊勢貞順《さだより》から武家故実を伝授されたことを示す史料群が残されている。現存する故実書は、いずれも巻子本《かんす》で左記の七巻である。①～⑥は九州国立博物館蔵、⑦は長崎県立対馬歴史民俗資料館蔵である。なお、⑥以外は外題・内題がなく、仮題を示している。

① 「太刀請《う》け取り渡しの事」など一〇ヶ条

② 「太刀・刀披露置き所の事」など一一ヶ条

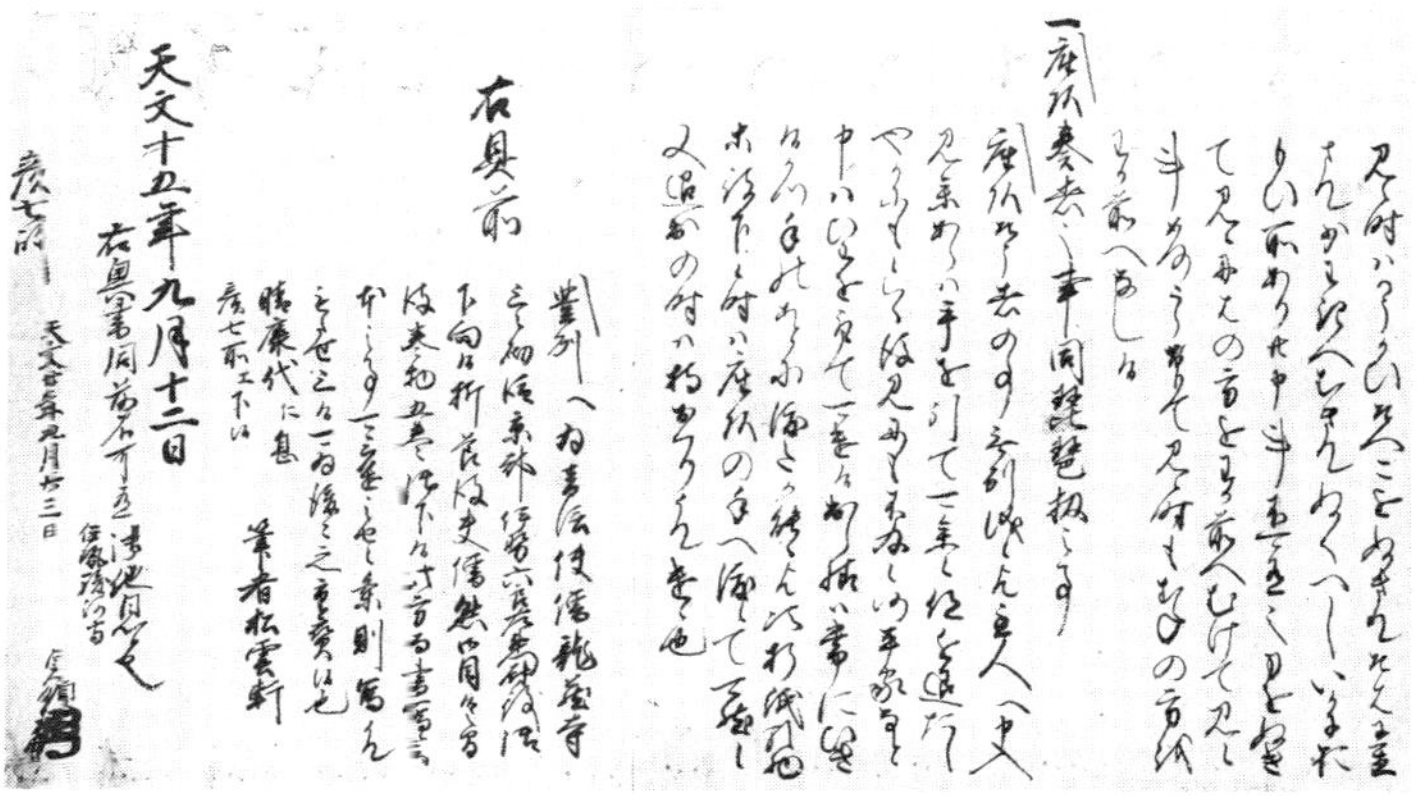

図58　「参会之時太刀持候者其座敷へよひ被出事」など十八ヶ条
（重要文化財「対馬宗家関係資料」，九州国立博物館蔵，部分）

③　三膳・五膳・七膳・八膳・式三献《さんこん》に関する五ヶ条
④　「参会の時太刀持ち候者其の座敷へよ《（呼）》び出さる事」など一八ヶ条
⑤　「奏者《そうじゃ》仕るべき様体《ようてい》の事」など二五ヶ条
⑥　「書札認《しょさつしたた》め様《よう》少々」（五〇ヶ条）
⑦　「太刀目録一度にしてあまた披露の事」など一六ヶ条

現存七巻のうち①〜⑤と⑥・⑦が同一グループである。まず、①〜⑤には天文十五年（一五四六）九月十二日付の「筆者松雲軒《しょううんけん》」（直臣立石松雲）の奥書、および天文二十年九月二十三日付の伊勢駿河守貞順の署判がある。松雲軒の奥書を読んでみよう。

豊後へ音信《いんしん》のため使僧龍蔵寺《りゅうぞうじ》が赴いたとき、京都から伊勢六郎左衛門尉《ろくろうざえもんのじょう》殿（貞順）が御下向なさっていました。その機会に彼《か》の使僧が（貞順の）御目に懸かり、（貞順は）巻物五巻を御下しになりました。こちら（対馬）で書写した上で、原本を返納するようにとのことでしたので、書写して原本は返納しました。後々の重宝となるものです。晴康の代に息子の彦七（義調）に御下しになりました。

豊後の大友義鑑《よしあき》のもとに使僧として遣わされた龍蔵寺は、伊勢貞順に面会することができ、晴康の嫡子義調のためにと、①〜⑤の五巻の原本を借用・筆写することを許された。そして、龍蔵寺が借用してきた原本をもとに、直臣の立石松雲が筆写し、「後々の重宝」になると書き留めたのである。近い将来に家督を相続する義調としては、嫡子の期間に武家故実を習得しておく必要があるわけであり、龍蔵寺や立石松雲らが心配りしている様子が知られる。その後、伊勢貞順は①〜⑤の写本に天文二十年九月二十三日付で署判を据え、かつ同日付で⑥〜⑦の二巻を「彦七」（義調）宛てに新たに伝授したのである。義調の家督相続はその二年後であるから、まだ嫡子の期間にあたる。伊勢流故実の伝授は、嫡子教育の一端を垣間見せてくれるのである。

　ところで、伊勢貞順は一五四六年（天文十五）頃に大友氏のもとに身を寄せたものと考えられる。一五五二年正月、大内義隆《よしたか》の後継者として大友晴英《はるふさ》（大内義長《よしなが》）が入嗣するさい、「伊勢六郎左衛門尉」が陶隆房《すえたかふさ》らとともに晴英に供奉している（「永弘文書」）。この時点で貞順自身は「六郎左衛門尉」ではなく「駿河守」と称しているが、貞順のことを指すとみられる。つまり、貞順は大友氏・大内氏に密着して活動しているのである。対馬守護・守護代の書状控である「大永享禄之《の》比《ころ》御状《ごじょう》并《ならびに》書状《しょじょう》之《の》跡付《あとづけ》」によると、宗氏は大友氏・大内氏との書状のやりとりを頻繁に行っており、書札礼にも細やかな配慮をしている様子が読み取れる。大友氏・大内氏との良好な関係を維持するには書札礼に適合した書状の作成が必須条件であるから、両氏のもとで活動する貞順から書札礼を伝授されることは意義のあることである。その意味では、現存七巻のうち「書札認め様少々」（⑥）がとりわけ「重宝」となるものであったといえよう。

## 蛇梁倭変

一五四四年（天文十三・中宗三十九）四月、朝鮮半島南部の慶尚道固城県《キョンサンドコソンヒョン》にある蛇梁島《サリャンド》に「倭船」二〇余隻が襲来し、「倭人」二〇〇名余が鎮城《ちんじょう》を包囲するという事件が発生した。「倭人」は朝鮮水軍と交戦したが、同日中に敗走したという。いわゆる「蛇梁倭変《だりょうわへん》」である。

この事件は晴康を中心として計画・実行された合戦であった（佐伯二〇一三）。一五四二年、晴康は「対馬島主宗盛長」の名で朝鮮に書契《しょけい》（外交文書）を送り、壬申約条《じんしんやくじょう》の撤廃と新約条の締結を求めたが、拒絶されている。同年中に晴康は偽日本国王使（正使安心《あんしん》□楞《りょう》・副使方室宗諸《ほうしつそうしょ》・都船主《とせんしゅ》立石盛広《もりひろ》）を朝鮮に遣わし、島主歳遣船《とうしゅさいけんせん》の加増を交渉したが、これも拒絶されてしまった。このため晴康は一五四四年春に評定《ひょうじょう》を開いて朝鮮半島南部での威嚇行動の実行を決定し、浅茅湾《あそうわん》の湾口に位置する尾崎浦《おさきうら》に八郡の兵船を集結させ、直臣立石康広《やすひろ》（調広《しげひろ》）を総大将として、四月に蛇梁島方面へ出航させた。当初の計画では、陸上戦・攻城戦は禁止されていたが、現地で軍勢が朝鮮軍と交戦を開始してしまったのである。

このように家督を相続してまもない晴康は、盛長期の外交方針を踏襲し、壬申約条の撤廃をめざしていたのである。ところが、外交交渉が停滞したため、局面を打開して朝鮮側の譲歩を引き出すべく、海上での威嚇行動を仕掛けたわけであるが、現地で交戦に発展したことが最悪の結果を生むことになる。

## 絶倭論と丁未約条

蛇梁倭変の発生を受けて、朝鮮側は態度を硬化させた。政府内では倭変をめぐる議論が繰り返され、宗氏側の意図も看破されている。

> きっと我が国を動揺させることで歳遣船数を完全に復活させようとしたのである。
> （『中宗』三十九年四月庚寅条）

> 弓矢・器械を装備しており、兵船は二〇余隻であるという。留浦《りゅうほ》倭人（浦所《ほしょ》に滞留する日本人）の仕業ではない。必ずや対馬島を出発し、木島《モクト》・加徳島《カドクト》に停泊したのち蛇梁島《サリャンド》を襲撃したのである。
> （『中宗』三十九年四月壬辰条）

このように宗氏が主導した事件であると断定されたことで、朝鮮政府内では「絶倭《ぜつわ》」論が巻き起こった。今後は日本国王以外の使節を受け入れるべきではないとの強硬論も持ち上がったが、国王中宗《チュンジョン》は日本国王・大内殿・少弐殿の三使の継続を容認することに決した（『中宗』三十九年五月甲子条）。将盛期までに回復していた年間約六五回分の通交権益がすべて無効化され、残されたのは偽の国王使・大内殿使・少弐殿使（いずれも非定例）のみとなった。結果論であるが、晴康の致命的ともいえる政治

表７　宗氏領国全体の年間通交回数

| 年　代 | 当主 | 島主名義 | 偽　名　義 | | 合　計 |
|---|---|---|---|---|---|
| | | 歳遣船 | 歳遣船 | 受職 | |
| 1526〜39 | 将盛 | 30 | 19(16) | 16＋$\alpha$ | 65＋$\alpha$ |
| 1539〜44 | 晴康 | 30 | 20(17) | 16＋$\beta$ | 66＋$\beta$ |
| 1545〜46 | 晴康 | 0 | 0 | 0 | 0 |
| 1547〜52 | 晴康 | 25 | 9( 7) | $\gamma$ | 34＋$\gamma$ |

＊(　)内は通交名義数.
＊偽国王使・巨酋使は除く.
＊$\gamma \geqq 0$, $\alpha$・$\beta$は増減幅をもつ.

的失策である。

一方、晴康は一五四五年（天文十四・仁宗元）に偽国王使（正使安心□楞）・偽少弐殿使とともに特送使を遣わして講和交渉に着手したが、特送使の受け入れは拒絶されてしまい、偽国王使らの交渉も成果がなかった（『仁宗』元年三月庚辰条・四月癸巳条）。一五四六年（天文十五・明宗元）にも二年連続で偽国王使（正使安心□楞・副使菊心妙金《きくしんみょうきん》）・偽少弐殿使を遣わして講和交渉を行っている（『明宗』元年十月丙戌条・十二月乙未条）。このとき朝鮮政府内は「絶倭」論と「許和《きょわ》」論に二分されたが、翌一五四七年二月、国王明宗《ミョンジョン》は「許和」論を選択して講和を決断した。明宗は次のように発言している。

対馬島を許すことができないのは当然である。しかし、「日本」（国王）は既に何度も講和を求めており、その言辞も懇切である。それにも関わらず、講和を許さなければ、交隣の義に背くことになる。厳正に約条を締結して講和するのが得策である。（『明宗』二年二月辛卯条）

三浦の乱以前から対日強硬路線を貫いてきた中宗はもはやこの世になく、仁宗《インジョン》を経て、一五四五年七月に明宗が即位していた。明宗は日本国王との「交隣」を重視して対日融和路線を選択したのである。とはいえ、新たに締結された「丁未約条《ていびやくじょう》」は壬申約条《じんしんやくじょう》（一五一二年）に忠実なもので、

① 島主歳遣船《とうしゅさいけんせん》は二五船とする

② 正式な通交開始から五〇年を経過した通交権は無効とする

などの厳しい内容であった。①に関しては、島主歳遣船五回分が削減された。②に関しては、平方忠能《ひらかたただよし》（摂津）・宗茂家《しげいえ》（筑前）・渋川政教《まさのり》（肥前、二船）・宇久幡《うくのぼる》（同）・奈留繁《なるしげる》（同）・菊池重朝《しげとも》（肥後）・島津武久《たけひさ》（薩摩）・牧山正《ただす》（壱岐）・飯田集《あつむ》（同）・本城壱《はじむ》（同）の一〇名義の歳遣船一一回分が停止された（長二〇〇七）。受職人の増減は未詳であるが、丁未約条で喪失した歳遣船の権益は一六回分となる。将盛期よりも権益の不足状況が生じたことは確実である。

## 偽日本国王使の運用

晴康期以降、宗氏の主導による偽日本国王使が頻発する。偽国王使を派遣するためには、まず国王使であることを証明するための「牙符《がふ》」（象牙製の証明札）を持参する必要があり、晴康は全一〇枚あるうちの第二牙符を大友氏から借用して使用していた（橋本二〇〇五）。一五四一年（天文十）には将軍足利義晴が大友義鑑《よしあき》に対し、「高麗国勘合《こうらいこくかんごう》」（牙符）が「対馬国で数ヶ年抑留されている」ことを譴責する一幕もあった（「大友家文書録」）。晴康と義鑑との音信《いんしん》は恒常的に行われていたとみられるので（「跡付」「伊勢貞順故実書」）、宗氏主導の偽国王使が頻発

図59　木印「徳有鄰」
（重要文化財「対馬宗家関係資料」，九州国立博物館蔵）

した背景には両者の良好な関係があったといえる。

偽国王使の人的基盤をみると、博多聖福寺《しょうふくじ》僧の安心《あんしん》□楞《りょう》・方室宗諸《ほうしつそうしょ》・菊心妙金《きくしんみょうきん》が正使・副使に起用されており（伊藤二〇〇二）、都船主《とせんしゅ》は直臣立石氏が世襲的に務めるようになる。とりわけ聖福寺僧との関係が注目される。方室宗諸はのちに対馬西山寺《せいざんじ》に招聘《しょうへい》されて一五六二年（永禄五）に晴康寿像《はるやすじゅぞう》へ著賛《ちゃくさん》しているし、一五六〇年（永禄三）には聖福寺住持の湖《こ》心碩鼎《しんせきてい》が晴康に単衣《ひとえ》を贈るなど（『頤賢録』）、晴康と聖福寺僧は親密な関係にあった。そもそも国王使の正使・副使に禅僧が任用されるのが慣例化しているのもあるが、なにより漢文能力に長けた禅僧たちは、外交官としても、国書の起草者としても重宝される存在であり、偽国王使を恒常的に運用するには聖福寺とのネットワークが重要だったのである。なお、製作年代は未詳であるが、偽造国書に捺印するための「徳有鄰《とくゆうりん》」の木印《もくいん》が四顆《か》現存する（図59、二六七頁図75）。

## 宗姓の一斉改姓

中世対馬の史料には実に多くの宗姓を称する人物が登場するが、彼らがすべて宗氏一門・一族であるかといえば、そうではない。むしろ大部分は宗氏一門・一族との血縁関係はなく、擬制《ぎせい》的な同族関係を結んで宗姓を称していたのである。

ところが、『宗氏家譜』によると、一五四六年（天文十五）に「宗氏を称する各々に某氏へ改めさせた」との記述があり、府中・八郡の計三八氏が宗姓から他姓に改めたという。このことは同時代史料からも裏づけることができる。たとえば、『宗氏家譜』が三八氏のうちに挙げた豊崎郡比田勝《ひたかつ》の宗氏のケースでは、一五四二年の晴茂（晴康）発給文書の宛先は「宗伊豆守《いずのかみ》」であるが、四六年の晴康発給文書の宛先は「比田勝熊鬼丸《くまおにまる》」であり、これ以後は比田勝姓が使用されている（「比田勝（廣）家文書」）。比田勝氏の事例のほか、同時代史料から裏づけられる改姓事例は計二八例にのぼる。その内訳は、①仁位郡主家、②守護代家（佐須郡主家）・豆酘《つつ》郡代家、③直臣三家、④在地被官二二家となる。

仁位郡主家は南北朝期〜室町初期には本宗家であったが、一三九八年（応永五）の政変で傍流に転落した家系である。その傍流が守護代家（佐須郡主家）であり、そのまた傍流が豆酘郡代家である。この三家は宗氏一門とみなされるのであるが、一斉改姓を契機として、仁位郡主家は「仁位」姓、守護代家と豆酘郡代家は「佐須」姓に改め、宗氏一門から外れることになった。晴康期には豊崎・佐護・三根・与良《よら》・豆酘の五郡が本宗家の直轄郡であり、依然として郡主が存在するのは伊奈・仁位・佐須の三郡であったが、このうち伊奈郡主家のみが宗氏一門として宗姓を称しつづけることができたのである。

直臣三家のうち一家は、のちに柳川調信《しげのぶ》を輩出することになる柳川家である。柳川家も仁位郡主家の傍流（澄国《すみくに》系）である。室町期には宗氏一門に出自をもつ直臣として本宗家に奉公していたが、一斉改姓で「柳川」姓に改めたのである。

そして、最も多いのは八郡の在地被官《ひかん》（地侍《じざむらい》）である。在地社会で宗姓を称する家は、領国支配が本格化する室町期に一気に急増する。なかには宗氏一族筋の家もあるとみられるが、多くは擬制的な同族関係を結んだ家であろう。豊崎郡河内《かわち》の宗氏のケースでは、南北朝期には無姓であるが、室町初期に貞茂の見参に入ったさい、それを賞した貞茂書状の宛先が「宗四郎入道」となっている。これ以後は一貫して宗姓を名乗ってきたが、一斉改姓で「大浦」姓に改めたのである（「大浦（隆）家文書」）。おそらく宗氏が地侍層の被官化を進めるにあたり、特に有力な家には宗姓の使用を許すことで、在地社会における優越的な地位（宗姓―他姓―無姓のヒエラルキー）を保証したものと考えられる。

豊崎郡大浦の大浦康常《やすつね》のケースをみると、一五四六年八月の晴康発給文書の宛先に「大浦彦四郎」とあるが、一五四八年八月の大浦順幸《まさゆき》譲状の宛先は「宗彦四郎」のままである（「大浦（一）家文書」）。つまり、晴康は宗氏一門・家臣との合意のもとに宗姓を表立って使用することを制限したのであり、各家の内部での宗姓の使用までを禁ずるものではなかったのである。各家は依然として「宗氏一族」としての意識をもちつづけたのであり、諸家に伝わる近世の系図・系譜類をみても、「宗氏」としての歴史が語られつづけている。

## 家中の成熟

晴康期の一斉改姓に関しては、「宗氏本宗支配が確立した一証左」と評価されている（田中一九七五）。宗姓の使用を制限することは本宗家の権威を相対的に上昇させるものであるから、そうした評価は一面においては妥当である。その一方で三浦の乱後の宗氏権力の動揺に鑑みると、あまりにも唐突との感が否めない。しかも、一斉改姓を実施した一五四六年（天文十五）は蛇梁倭変にともなう朝鮮通交の断絶期であり、ともすれば晴康政権が崩壊しかねない状況なのである。

ところが、宗氏一門・家臣団からの特段の反発もなく、あっさりと一斉改姓が実現している。このことは晴康政権が一門・直臣団の総意のもとに誕生したことと無関係ではあるまい。一斉改姓は晴康の専決によるものではなく、一門・家臣団（とりわけ直臣団）との合意のもとに実施されたとみるべきであろう。なかでも領国内で最大勢力を誇る守護代家（佐須郡主家）と仁位郡主家が改姓に応じて一歩譲ることで、晴康の権威の上昇が演出される。一門の権力闘争と家臣団の分裂に終止符を打ち、晴康のもとに再結集する手段として一斉改姓が実施されたと考えられるのである。

晴康は寿像賛《じゅぞうさん》のなかで「人情の厚さによって人々を手懐け、勇義によって国難を平らげた」功労者であり、「宗家中興の主」であると賛美されているが、あながち誇張とはいえないものがある。将盛廃位事件（一五三九年）と宗姓一斉改姓（一五四六年）をとおして、宗氏当主と一門・直臣団が一定の緊張関係を保ちながらも調和する体制が形成されたのであり、宗氏の家中の成熟を象徴する出来事といえよう。

## 2 「国泰家栄」の実現——宗義調の時代——

### 義調の家督相続

一五五三年（天文二十二）二月、晴康の嫡子義調《よししげ》が初めて文書を発給しており（「峯郡」）、これ以後は義調が府中・八郡に発給した文書が急増する。一方、晴康の発給文書は最晩年の一五六三年（永禄六）正月まで確認されるが（「御旧判控豊崎郷」）、発給数は少ない。晴康は依然として八郡の在地被官《ひかん》に加冠状《かかんじょう》・官途状《かんとじょう》などを発給しているが、知行宛行《ちぎょうあてがい》・安堵権の行使の対象は豊崎郡の在地被官、寺領寄進・安堵権の行使の対象は府中・豊崎郡の寺院に限定される。このように、晴康が隠居して義調が家督を相続しているのである。後代（義智期）の事例に鑑みると、義調の代始《だいはじめ》は一五五三年正月とみられる。一方の晴康は府中の「平浜」に隠居所を構えた（「大小姓御判物控」）。

宗氏歴代のなかで、現当主が健在なうちに嫡子に家督を譲るのは、晴康が初めてである。もっとも晴康はすでに七八歳の高齢ではあったが、その八年後、府中の長寿院《ちょうじゅいん》（晴康創建）に「讃岐守《さぬきのかみ》行年八拾六歳」と署判した文書を発給するなど（「寺社御判物帳」）、その矍鑠《かくしゃく》たる姿が伝わってくる。結局、晴康は隠居として一〇年間の余生を過ごし、一五六三年（永禄六）二月に長寿を全うした。一方、義調の家督相続時の年齢は二二歳である（「長寿院公画像賛并跋」）。

室町期の嫡流相続では、父（家督）の病衰または死去にともない嫡子が家督を相続するのが基本であった。それゆえ、父（前家督）には嫡子（新家督）を後見する能力がないため、健在なうちに神仏の加護や将軍の権威によって嫡流相続の正統性を最大限まで高めておく必要があった。しかし、今回のケースでは、晴康は自分が健在なうちに、かつ嫡子義調が一定の年齢に成長したタイミングで家督を譲っている。もちろん将軍権威を利用して嫡流相続の正統化を図ってはいるが、父（前家督）が嫡子（新家督）を後見し、かつその器量を見極めることが重要になったのである。

こうした家督相続のあり方は、戦国期の一般的な傾向ともいえる。また、権力は生身の人間が体現するものであるから、晴康の長寿と健在ぶりに支えられた偶然的要素が強いともいえるが、隠居（家父長）が家督を後見する体制が敷かれたことは特筆される。「対馬宗氏の中世史」を読み解くための重要なポイントなのである。

図60　宗義調の花押（1559年）
（重要文化財「小田家文書」，長崎県立対馬歴史民俗資料館蔵）

### 丁未約条の改定交渉

義調が最初に着手したのは、丁未約条《ていびやくじょう》（一五四七年）の改定交渉である。家督相続の直前である一五五二年（天文二十一・明宗七）十一月、丁未約条で停止された深処倭《しんしょわ》の歳遣船《さいけんせん》のうち一一回分（一〇名義）が回復したばかりであるから（長二〇〇七）、義調は朝鮮通交が好転しかけた局面で登場したことになる。

義調は偽日本国王使（正使安心《あんしん》□楞《りょう》・副使天友《てんゆう》□数《すう》・都《と》船主《せんしゅ》立石盛広《もりひろ》）の派遣に先立ち、一五五三年閏三月に「対馬島主宗盛長」の名で次のような書契《しょけい》を朝鮮に送っている（『明宗』八年閏三月丙辰条）。

毎年、新約条（丁未約条）の改定を願っておりますが、一条としてお許しくださらず、たいへん遺憾なことです。このたび「日本」（国王）の使船は、近年の新約条が改定されることを望んでおります。近年は「西戎《せいじゅう》」が蜂起して「唐商《とうしょう》」と心ひとつに力を合わせ、大明《だいみん》を侵し、州郡の珍宝を奪取し、貴人の子孫を連れ去っています。毎年、（私は）この旨を述べておりますが、（貴国が）私どもの言を誇張とみなされていることは、慚愧に堪えません。近年、貴国の浦々が安寧でいられるのは、私どもの力によるものです。聞くところ、今年もまた「西戎」の数千艘が大明に向かうとのこと。伏して申し上げます。どうか勅をお下しになり、貴国の浦々の境界の防備を固めてください。このたびの「日本」（国王）の望みをすべてお聞き届けくだされば、私どもは気持ちよく島（対馬）を守り、「西海《さいかい》」を鎮め、（貴国への）忠節を尽くすことができます。

時あたかも東アジア海域には、明の密貿易商人（「唐商」）が海禁令を破って大挙して流出し、ポルトガル人（「西戎」）も貿易に参入していた。彼らは明朝から「倭寇《わこう》」とみなされて弾圧される存在であり、研究史上に、日本人を主体とする「前期倭寇」と区別して「後期倭寇」と称される。こうした

図61 「倭寇図巻」（東京大学史料編纂所蔵）
倭寇が掲げる幟に日本の弘治年号が記されていることが，最近の赤外線調査で判明している．

後期倭寇の活動は対馬・朝鮮の周辺海域にも広がり、対馬でも海村や貿易船の襲撃事件が発生したため、宗氏は島外から倭寇情報を熱心に収集し、島内の防衛体制を固めていた（佐伯一九九七）。それゆえ、義調が朝鮮に通報した倭寇情報は、「西戎数千艘」などの誇張をともなうとはいえ、まったく根拠がないわけではない。このように倭寇情報を提供し、倭寇対策に積極的に取り組む姿勢を示すことで、丁未約条の改定を狙ったのであるが、今回の偽国王使の派遣は首尾なく終わった。

**達梁倭変**

一五五五年（天文二十四・弘治元・嘉靖三十四）五月、「倭船」七〇余艘が朝鮮半島南部の全羅《チョルラ》道《ド》海南県《ヘナミョン》に所在する達梁浦《タルリャンポ》・梨津浦《イジンポ》付近を襲撃するという事件が発生した。この事件は「達梁倭変《たつりょうわへん》」と称され、まさに後期倭寇の仕業によるものであった。この「倭船」の襲来に先立ち、義調は天文二十四年正月付で朝鮮に書契《しょけい》を送り、「西《せい》戎《じゅう》」が蜂起して朝鮮沿岸に向かう恐れがあると警告するとと

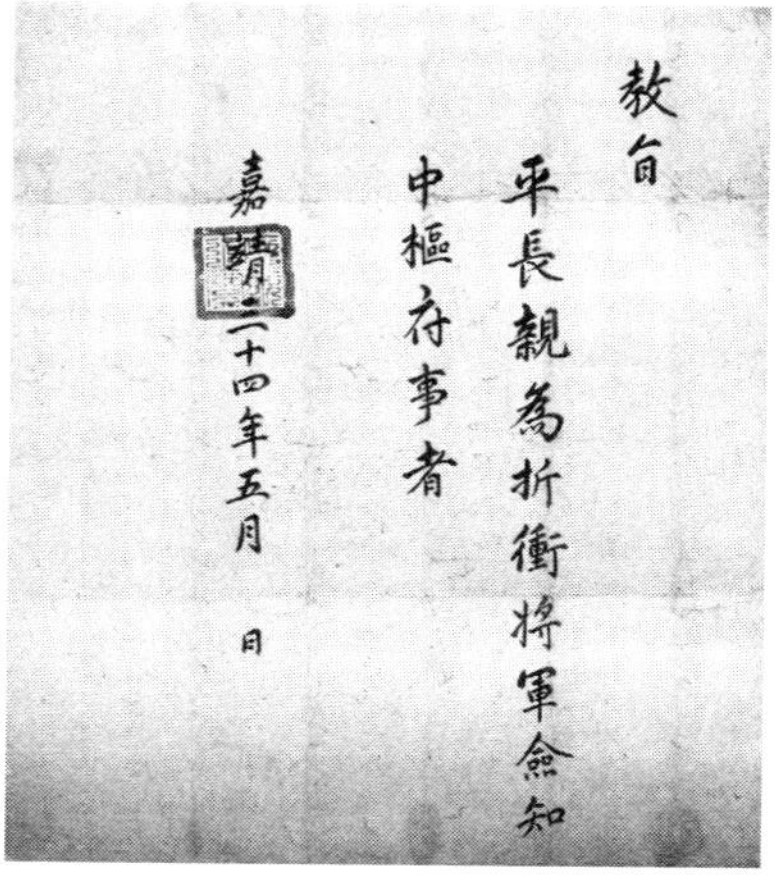
教旨
平長親為折衝将軍僉知
中樞府事者
嘉靖三十四年五月　日

**図62　告身**（韓国国史編纂委員会保管）
嘉靖34年（1555年），朝鮮国王明宗が平長親を僉知中枢府事の官職に任じた辞令文書.

もに、丁未約条《ていびやくじょう》の改定を求めている（『明宗』十年三月乙卯条）。そして、事件の発生を受けて、倭寇の討伐に成果を挙げた義調は、朝鮮への外交攻勢を強める。

五月に平長親《たいらのながちか》（「長」は盛長の偏諱《へんき》）が倭寇からの戦利品とおぼしき「銃筒《じゅうとう》」（東アジア式火器）を献上した。朝鮮側はその「精巧」さと火薬の「猛烈」さに感心し、長親を「折衝《せっしょう》将軍《しょうぐん》・僉知中枢府事《せんちちゅうすうふじ》」（正三品）に任官した（『明宗』十年五月甲寅条、嘉靖三十四年五月日付告身・図62）。八月には義調の使者平調光《たいらのしげみつ》が倭寇の首級を引き渡し、倭寇の略奪品である全羅道兵営の備品を添付した（『明宗』十年八月庚戌条）。これによって朝鮮政府内では一転して宗氏への信頼感が芽生え、調光を「護軍《ごぐん》」（正四品）に任官した（『明宗』十年十一月乙未条）。さらに閏十一月、義調は架空人物である「唐津太守源勝《すぐる》」の名義で使者「源満《みつる》」（肥前呼子の住人と偽称）を遣わし、倭寇の首級と証拠品を引き渡した。このため朝鮮側は源勝に歳遣船の派遣を認め、源満を堂上官（僉知中枢府事であろう）に任官した（『明宗』十年閏十一月丁酉・乙巳条）。

こうして朝鮮側の譲歩を引き出すことに成功した義調は、一五五六年十月に再び偽国王使（正使天《てん》富《ぶ》・副使景轍《けいてつ》□鞠）を遣わし、島主歳遣船の復旧を交渉している。これに対して朝鮮側は、来年の島主《とうしゅ》歳遣船《さいけんせん》の第一船が来航し、宗氏の名のもとに復旧交渉を行えば、歳遣船五回分を復旧させると約束したのである（『明宗』十二年正月己巳条・三月庚午条）。

## 丁巳約条の成立

日朝関係の改善と併行し、日明関係においても注目される動向がみられる。少し時計の針を巻き戻すことになるが、一五五五年（天文二十四・弘治元・嘉靖三十四）、明の浙江《せっこう》地方の地方官である胡宗憲《こそうけん》が使者蔣洲《しょうしゅう》を日本に遣わしている。その目的は、肥前平戸《ひらど》を拠点とする倭寇のリーダー王直《おうちょく》を帰国させること、および西日本の有力者に倭寇の取締りを要請することであった。蔣洲一行は十一月に肥前五島に到着したのち、「松浦《まつら》」（平戸）・博多《はかた》を経由し、豊後の大友義鎮《よししげ》（宗麟《そうりん》）と面会し、倭寇の取締りと遣明船《けんみんせん》の派遣について積極的な回答を得ている。

一五五五年から足かけ三年にわたって日本に滞在した蔣洲は、対馬の義調にも倭寇の取締りを要請した。嘉靖三十五年（一五五六）十一月日付で蔣洲が「日本国対馬島」に宛てた「咨文《しぶん》」（明の公文書の一種）が現存する（二二四頁図63）。くしくも義調が偽日本国王使を朝鮮に遣わして丁未約条《ていびやくじょう》の改定を交渉していた時期である。それゆえ、蔣洲の咨文を外交交渉の絶好の材料と判断した義調は、翌一五五七年の島主歳遣船第一船にその咨文を携行させて歳遣船の復旧交渉を試みたのである（『明宗』十二年三月庚午条）。ところが、朝鮮側は咨文の内容に半信半疑であり、「中原《ちゅうげん》（明）が送ってきた文（咨文）は我が国には関係ない」として返却している（『明宗』十二年三月己卯条）。結果的には蔣洲の咨文

大明副使蔣　承奉
欽差督察總制提督浙江等處軍務各衙門為因近年以來日本各島小民假以買賣為名屢犯
中國邊境劫掠居民奉
旨議行浙江等處承宣布政使司轉行本職親詣
貴國[illegible]等因奉此帯同義士蔣海胡節忠李御陳桂自舊年十一月十一日來至五島由松浦博多已往豊後
大友[illegible]會議即蒙通行禁制各島賊徒除有回文發船遣僧德陽首座等進
表貢物前來外行前島禁賊御書見在特行備禮就差通事吳四郎前詣投遞爾即當體
貴國王[illegible]約束部民之橫行分投遍諭[illegible]禁制不許小民私出海洋侵擾
中國[illegible]静寧隣不生共享和平之福史冊書美光傳百世豈不快哉否則好商島[illegible]不已黨類益繁誅[illegible]陳寫發兆非
貴[illegible]年安南國陳氏[illegible]夫今將移文併知非特為
中國[illegible]而[illegible]行之者即回文備[illegible]咨者
右　咨
日本國對馬島

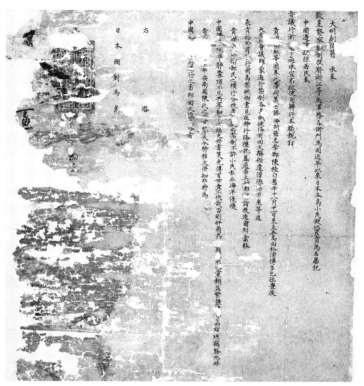

**図 63　蔣洲咨文**（重要文化財，東京大学史料編纂所蔵）
本文につづけて「右　　　　　咨／日本国対馬島」とある．

表８　宗氏領国全体の年間通交回数

| 年　代 | 当主 | 島主名義 | 偽　名　義 | | 合　計 |
|---|---|---|---|---|---|
| | | 歳遣船 | 歳遣船 | 受職 | |
| 1526〜39 | 将盛 | 30 | 19(16) | 16＋$\alpha$ | 65＋$\alpha$ |
| 1547〜52 | 晴康 | 25 | 9(7) | $\beta$ | 34＋$\beta$ |
| 1553〜54 | 義調 | 25 | 20(17) | 26 | 71 |
| 1555〜56 | 義調 | 25 | 21(18) | 29＋$\gamma$ | 75＋$\gamma$ |
| 1557〜62 | 義調 | 30 | 21(18) | 29＋$\gamma$ | 80＋$\gamma$ |
| 1563〜66 | 義調 | 30 | 24(21) | 29＋$\gamma$ | 83＋$\gamma$ |
| 1567 | 義調 | 30 | 43(40) | 29＋$\gamma$ | 102＋$\gamma$ |

＊(　)内は通交名義数.
＊偽国王使・巨酋使は除く.
＊1563年もしくは1567年に復活した深処倭歳遣船10回分（10名義）は便宜的に1567年の増加分としてカウントした.
＊$\beta \geqq 0$, $\alpha$・$\gamma$は増減幅をもつ.

が外交交渉に役立つことはなかったわけであるが、朝鮮側は前年の偽国王使との約束を履行し、島主歳遣船を三〇回分にまで復旧させることに応じた。ここに丁未約条は改定され、新たに「丁巳約条《ていしやくじょう》」が締結されたのである。

このように、義調の家督相続前後は朝鮮通交権益の回復が顕著であり、島主歳遣船は五回分、「深《しん》処倭《しょわ》」（対馬以外の地域の日本人）名義の歳遣船は一二回分（丁未約条停止分の一一名義）が増加した。また、受職人は一五五四年段階で二六名であるが（『攷事撮要』）、翌年には少なくとも二九名にまで増加した。これらを合計すると、領国全体の年間通交回数は八〇回を超える規模となる。義調の外交手法そのものは前代までと何ら異なることはないが、対日融和策をとる朝鮮国王明宗の治世下において、東アジア海域を席巻する後期倭寇を外交の材料として利用したことで局面を打開できたのである。

図64　図書「為永」
（重要文化財「対馬宗家関係資料」，九州国立博物館蔵）
上面に「嘉靖癸亥造」の陰刻銘がある．嘉靖癸亥は1563年．

## 深処倭通交権益の復活

朝鮮通交権益の復活が順調に進むなかで、義調は壬申約条《じんしんやくじょう》（一五一二年）で停止された深処倭《しんしょわ》名義の通交権益の復活にも着手する。壬申約条で停止された深処倭名義のうち、一五一二年時点で通交年数が五〇年未満の名義については盛長期（一五二二年頃）に継続が認められたが、五〇年以上を経過した名義は完全に停止されていた。その数は三八名義、歳遣船《さいけんせん》数にして五二回分にのぼる（長二〇〇七）。島主歳遣船が三〇回分で頭打ちとなる状況において、深処倭名義の通交権益を復活・増加させて偽使の運用を推進することが宗氏権力の安定化につながるのである。とはいえ、約一世紀前の名義をそのまま継続使用できないので、その子孫の名義（もちろん架空人物）への変更を画策したのである。

一五六二年（永禄五・明宗十）十一月、義調は偽日本国王使（正使景轍《けいてつ》□輔）を朝鮮に遣わし、深処倭名義の通交権益の復活を試みている（『明宗』十七年十一月丙戌条・十八年九月条）。交渉の詳細は不明であるが、「肥前州上松浦《かみまつら》呼子《よぶこ》一《い》岐守《きのかみ》源義《よろし》」（呼子義）、「肥前州上松浦波多島《はたしま》源納《おさむ》」（波多島納）、「肥後州藤原為房《ためふさ》」（菊池為房）の後継名義である「源幸《めぐむ》」「源安《やすむ》」「為永《ためなが》」の通交権益が復活したことが、現存する「図書《としょ》」およびその印影によって知られる（田代・米谷一九九五、図64）。いずれも「嘉靖癸亥《かせいきがい》造《ぞう》」の陰刻銘《いんこくめい》があり、一五六三年（嘉靖四十二）に鋳造・給付されたことがわかるのである。この第一次復活交渉では少なくとも歳遣船三回分（三名義）の復活という成果を挙げた。

その四年後の一五六七年五月、義調は再び偽国王使を朝鮮に遣わし、深処倭名義の通交権益の第二次復活交渉を行い、少なくとも歳遣船九回分（九名義）が復活した。また、第一次・第二次いずれかの成果として、歳遣船一〇回分（一〇名義）が復活している（長二〇〇七）。こうして深処倭名義の歳遣船が二二回分（二二名義）増加したことをうけ、領国全体の年間通交回数は少なくとも一〇二回にまで回復したことになる。あくまで偽使の運用に依存したかたちではあるが、朝鮮通交権益の順調な回復を背景として、義調は無難な政権運営を実現することができ、宗氏権力の安定期が再来したのである。

### 晴康の死去

義調政権の安定を見届けるように、隠居の晴康は一五六三年（永禄六）二月に八九歳の長寿を全うした。ここに後見体制は消滅し、義調が自立したわけであるが、気になるのはその受領《ずりょう》・官途《かんと》である。晴康は家父長の象徴である「讃岐守《さぬきのかみ》」に任官されたが、義調は無官のままなのである。一五五八年（弘治四・永禄元）の豆《つ》酘行宮権現《つゆきのみやごんげん》造営の奉加帳《ほうがちょう》には「平朝臣義調」とあり（「宗家文書」）、六三年（永禄六）九月の府中新霊宮造営の棟札銘《むなふだ》にも「平朝臣義調」とある（『神社梁文鐘鰐口等銘』)。

一五四二年（天文十一）、義調は「義」字を拝領したものの、家督の世襲官途である「刑部少輔《ぎょうぶのしょう》」には任官されておらず、五一年の伊勢貞順《さだより》故実書の宛先は「彦七殿」である。「彦七」が嫡子の世襲仮名《けみょう》であること、かつ義調の家督相続が一五五三年であることからすると、家督権を暫定的に保持する晴康は、嫡子義調への刑部少輔の世襲を時期尚早として許していなかったことになる。一方、義調が家督を相続してからも刑部少輔に任官されていないのは、将軍足利義輝（義藤）が一五五三年八月～五八年十一月に近江朽木《くつき》へ逃れていたことが一因とも考えられる。しかし、義輝が在京した一五五八年十二月～六三年二月においても義調の任官が一向に実現していないことからすると、隠居晴康の意向が働いたものとみるべきである。

晴康の後見体制下において、義調は実質的な家督の権限を行使していたとはいえ、嫡子の地位を完全には脱していなかったのである。いわば試用期間が設定されており、晴康は最期まで義調の家督としての器量を見極めていたわけである。

### 義調の任官

一五六三年（永禄六）二月に隠居晴康が死去したことにともない、十年にわたる長い試用期間から脱した義調としては、家督の世襲官途である「刑部少輔」への任官を急ぐ必要があった。

そうしたなか、同年九月頃に幕府の「上使《じょうし》」である道正次郎左衛門尉《みちまさじろうざえもんのじょう》が対馬に下向している。このとき義調と守護代佐須盛円《もりのぶ》は九月十六日付で肥前平戸《ひらど》の松浦《まつら》隆信《たかのぶ》に書状を送っており、盛円の書状には次のようにある（「諸家引着」）。

京都より上使として道正二郎左衛門尉殿が渡海なさいます。もうじき（対馬に）お着きになります。（主君義調は）そこら方面（平戸）のことについては、然るべく一切をお頼みしたいと考えておられます。

道正次郎左衛門尉は博多または肥前上松浦《かみまつら》（唐津市）あたりから、対馬に向けて渡海しようとしており、その途中で平戸方面への漂流事故が発生した場合の対応を求めたのであろう。その使行の任務について、『宗氏家譜』は義調の「讃岐守」任官を伝達することであったとする。たしかに翌一五六四年九月の下津《しもつ》八幡宮造営の棟札《むなふだ》銘に「平朝臣宗讃岐守義調」とあるが（『神社梁文鐘鰐口等銘』）、嫡子の象徴「彦七」から家父長の象徴「讃岐守」への移行はあまりにも性急である。

そこで中世文書を捜索すると、わずか一点であるが、「形（刑）部大輔《ぎょうぶたいふ》義調」と署名した年未詳四月二十日付の書状が見出される（「杉村家文書」）。従来の「刑部少輔」より格上の「刑部大輔」を称しているのである。他の史料との整合性に鑑みると、この書状は一五六四年四月のものであり、六三年九月頃の上使の任務は、刑部大輔任官の伝達であったことになる。

一五六四年秋〜冬頃にも幕府の上使として道正二郎左衛門尉が再び対馬に下向したようで、六五年正月に対馬を出発して帰途についている（「諸家引着」）。上使の滞在期間がやや長いけれども、その任務は「讃岐守」任官の伝達であったとみられる。

義調の任官に関しては、伊勢貞孝の被官河村正秀が伊勢家の書札礼をまとめるなかで、

宗形《（刑）》部大輔殿　壱岐・津嶋《（対馬）》の国人（国持衆・守護）である。刑部。もとは「進之候《これをまいらせそうろう》」、（今は）「謹上《きんじょう》」である。その後、讃岐守に任ぜられました。讃州。

とのメモを残している（「貴殿御書案雑々」）。従来、宗氏当主宛ての書状の脇付《わきづけ》（敬意を込めて宛名の脇に添える文言）は「進之候」であったが、現在はより格上の「謹上」であるとしており、刑部少輔から刑部大輔への上昇と対応している。さらに義調が刑部大輔任官ののちに讃岐守に任官されたことも明記しているのである。一五六七〜六八年頃の成立とされる「光源院《（足利義昭）》殿御代当参衆并足軽以下《こうげんいんでんおんだいとうさんしゅうならびにあしがるいげの》衆覚《しゅうおぼえ》」（黒嶋二〇〇四）に「外様衆《とざましゅう》」として名を連ねる「宗刑部大輔」は義調のこととみてよい。

このように義調は隠居晴康の死去を契機として、刑部少輔（従五位下）ではなく格上の刑部大輔（正五位下）に任官された。一五六三年九月に対馬を訪れた道正二郎左衛門尉は初めての幕府上使であり、その迎接儀礼と任官伝達儀礼は家督の正統性をアピールする絶好の機会だったのである。

翌一五六四年春には朝鮮通交名義を従来の「盛長」から「義調」に変更している。晴康の死去を「盛長」の死去として朝鮮に通知し、新しい図書（「義調」銘）を造給された。故「盛長」には朝鮮国王明宗からの「賻《ふ》」（供物《くもつ》）が贈られている（『明宗』十九年八月甲午条）。明確な記録を欠くが、約半世紀ぶりに致奠官・致慰官が対馬を訪れた可能性もある。

こうして義調は名実ともに家督として自立し、前代からの朝鮮通交上の懸案・矛盾も解消したところで、一五六四年秋〜冬に讃岐守に任官されて家父長の地位につき、次なる家督相続に向けた準備を始めたわけである。なお、官位相当に照らすと、讃岐守（従五位上）は刑部大輔（正五位下）より格下であるが、義調は官位制の理念よりもイエの論理を優先したのであろう。

## 義調の隠居

讃岐守に任官された義調は、まもなく隠居して従兄弟の将盛《まさもり》の子である調尚《しげひさ》に家督を譲ることになる。その経緯について、「義調肖像賛《しょうぞうさん》」（「長寿院公《ちょうじゅいんこう》画像賛《がぞうさん》并《ならびに》跋《ばつ》」一五八九年）には次のように記される。

大居士《だいこじ》（義調）が国を治めること十五年、政治は穏やかで民は安心して暮らしている。「壮歳《そうさい》」で位を辞し、「従甥《じゅうてつ》」（従兄弟の子）を立てて継嗣とした。（その名は）調尚という。調尚が亡くなると、その弟を立てた。すなわち義純《よしずみ》である。義純が亡くなると、その末弟を立てた。今の府君義智《よしとし》公である。三代の政治を「熟視」し、大居士が「揖譲《ゆうじょう》」（家督の禅譲）を一手に握っていることは、言わずとも知れている。位を辞してのち、府中の西北の隅に隠居した。その地を宮谷という。「豊唐二《ほうとうに》邑《ゆう》」（豊崎郡の異称）を「隠儲《いんしょ》の資《し》」（隠居領）とした。

義調は一五五三年（天文二十二）に家督を相続しているので、それから足かけ「十五年」とすると、一五六七年（永禄十）に隠居したことになるが、義調は六七年以降も相変わらず府中・八郡に知行宛《ちぎょうあて》行《がい》・安堵権を行使している。その一方で、調尚の発給文書は一五六六年七月から確認され（「御旧判控豊崎郷」)、六七年正月〜六月の間に「茂尚《しげひさ》」と改名している(「御旧判控仁位郡」「御旧判控与良郡」)。肖像賛との整合性を考えると、一五六六年秋頃に政治の表舞台に登場した調尚が、翌六七年夏頃までに正式に家督を相続し、隠居義調の偏諱《へんき》である「調」字を避け、宗氏の通字である「茂」字を冠して「茂尚」と改名したものと考えられる。このとき茂尚は二一歳であったらしい(『宗氏家譜』)。

義調は実子に恵まれなかったようである。この当時、宗氏一門(宗姓が使用できる家)は本宗家以外では伊奈郡主家のみであるが、同家から本宗家の家督を輩出した先例はないため、蟄居《ちっきょ》中である将盛の子調尚に白羽の矢が立ったかたちである。ただし、将盛廃位事件を契機として家中が成熟するなかで、家督には相応の器量が求められるようになり、隠居晴康が家督義調を後見する体制が敷かれていた。義調はその手法を継承し、健在なうちに隠居して、新家督の調尚を後見する体制を敷いたのである。義調はまだ三六歳の壮年であった(「長寿院公画像賛并跋」)。ただし、朝鮮通交上の代表者は義調のままであり(「対馬私記」)、一五八八年に義調が没したのちも、しばらくは義智が「義調」名義で通交している(『䛩易集』)。

## 「国泰家栄」の時代

義調は府中の西北にあたる宮谷《みやだに》に隠居所を構えた(「長寿院公画像賛并跋」)。この宮谷館《みやだにやかた》は「西館《にしやかた》」と称され(「府内寺菴御判物帳」)、義調本人は「御西《おにし》」と称されている(「朝鮮送使国次之書契覚」)。宮谷館は一五六九年(永禄十二)夏頃に竣工しており、六月に義調は府中西山寺《せいざんじ》の住持方室宗諸《ほうしつそうしょ》に「宮谷記《みやだにき》」なる文章を執筆してもらっている(「杉村家文書」)。

「宮谷記」はまず宮谷館の草創から語りはじめる。もともと宮谷は草木が繁り、鹿が行き交い、民も暮らさない、谷合いの土地であったらしい。ところが、義調がこの土地を開発して「先廬《せんろ》」（仮屋《かりや》）を構え、その後に「室《しつ》」（宮谷館）と「遊息」のための「亭《てい》」（庭園内の休息所）を整備した。「神祠《しんし》」の近くであることにちなみ、義調はこの土地を「宮谷」と命名した。そして、府中に繋がる「大路《たいろ》」を開いたため、宮谷は豊かな土地になったという。一五六九年十二月、義調が府中町人とみられる神《しん》宮小八郎《ぐこはちろう》に対して「両度の館作《やかたづくり》の辛労」を賞しているのは（「御判形之写」）、「先廬」と「室」の造営に対応するものである。

さて、「宮谷記」は宮谷館の由緒を記したのちに、義調の五つの徳目を賞賛するわけであるが、その第一と第二をみてみよう。

①　今まさに世の中（「天下」）では戦争が絶えない（「東征北伐」）。（しかし）対州（対馬）だけは戦争を行わず、国は安泰で家は栄え（「国泰家栄」）、政治は道理を尽くし、民は仲睦まじい（「政通民和」）。

②　他国の隣国との交わりをみると、朝には友好を結ぶが（「膠漆《こうしつ》」）、暮れれば敵対する（「氷炭《ひょうたん》」）。（しかし）本州（対馬）はそうではない。南は九州と隣り合う。北は朝鮮（「三韓」）と隣り合うが、隣といっても異国である。異国ではあるが、その睦まじさは兄弟のようである。まして日本（「吾朝」）との睦まじさはいうまでもない。

第一では、戦国動乱の時代にあって対馬だけは戦争を行わず、領国は繁栄し、政治も社会も安定していると賞賛する。たしかに宗氏は応仁・文明の乱から約一世紀にわたって日本列島の戦争に参加していない。その一方、朝鮮半島では三浦《さんぽ》の乱を引き起こし、領国が大混乱に陥ったが、義調期には政治が安定し、朝鮮通交権益も順調に回復したため、社会・経済の混乱も終息に向かっている。

第二では、朝鮮そして日本（「吾朝」）との関係が良好であると賞賛する。義調期の朝鮮との通交関係は、偽使の運用に代表されるように虚々実々の内実を抱えるとはいえ、表面的には良好である。また、幕府との関係においては、義調は将軍足利義輝に接近して官途《かんと》（刑部大輔《ぎょうぶたいふ》）・受領《ずりょう》（讃岐守《さぬきのかみ》）への任官を実現している。「宮谷記」は義調の徳目を賞賛するレトリックに満ちたものではあるが、その治世の特徴を的確に表現してもいるのである。

## 義調の後見政治

「宮谷記」が賞賛する義調の第四の徳目をみてみよう。

今、公（義調）がここ（宮谷）に（屋敷を）築くと、幕下の群臣たちが（義調を）慕って家を移した。あたかも喉を渇かした馬が泉に向かって走り、飢えた魚が餌に食らいつくようである。どうして人々は（義調を）仰ぎ慕い、皆がここ（宮谷）に集まるのだろうか（義調の徳が優れているからである）。

義調の人徳云々はさておき、宮谷館に群臣が集結したというのは注目すべきである。事実、義調の侍臣大浦康忠《やすただ》が宮谷館の「近所」の居屋敷《いやしき》を所望し、一五七〇年（永禄十三・元亀元）正月に居屋敷一ヶ所を給付されている（「馬廻御判物控」）。また、一五八〇年（天正八）、義調は侍臣吉田監物《けんもつ》に対する知行安堵状《ちぎょうあんどじょう》のなかで、次のように述べている。

晴康が（府中）平浜の居屋敷《いやしき》にお移りのさい、（吉田）美作守《みまさかのかみ》が（平浜に）一所を望んだので遣しました。その後、某《それがし》（義調）が宮谷に移ったさい、（監物が）近辺に屋敷を所望したので遣しました。（宮谷と）府内は遠く、あなたは「退嘱《たいしょく》」（隠居）の後にもとの（平浜の）居屋敷に住まわれたいとのことですから、両所ともしっかりと抱え置いて知行してください。（「大小姓御判物控」）

宮谷館と金石館《かねいしやかた》は距離にして約二キロを隔てており（二五六頁図70）、かつ義調の侍臣たちは高齢化が進んでいたため、府中から宮谷まで出仕するのは一苦労である。吉田監物のケースでは、義調のもとに出仕するために、わざわざ宮谷に新しく屋敷を構える一方で、隠居後の住まいとして府中の屋敷も残しておいたわけである。

このように隠居義調に奉仕する直臣《じきしん》（吏僚）たちが宮谷館の周辺に集住していたのである。一五八五年（天正十三）の豆酘行宮権現造営《つつゆきのみやごんげん》の奉加帳《ほうがちょう》（「宗家文書」）によると、家督義智《よしとし》に奉仕する直臣二七名、および隠居義調に奉仕する直臣二八名が連名しており、宮谷館に出仕する直臣が多く存在したことが知られる。宮谷館（隠居所）は金石館（守護所）から独立した政庁として機能していたのである。つまり、義調は宮谷館から金石館の政務を監督し、若年の家督（茂尚・義純・義智）の器量を判断するとともに、政権内の最有力者である守護代佐須氏の専横を牽制したものとみられる。「宮谷記」は、義調が宮谷館で悠々自適の生活を送っているかのように語るが、そうした理想化された姿とは裏腹に政治の営みを続けていたのである。

# 3　家督と隠居の相克——宗茂尚・宗義純の時代——

宗義調《よししげ》の後見体制のもとでは、茂尚《しげひさ》（将盛長男）・義純《よしずみ》（次男）・義智（四男）が相次いで家督を相続している（一九四頁図57）。義調肖像賛《しょうぞうさん》（「長寿院公画像賛并跋」）は茂尚・義純の死去にともなう家督相続であるとするが、「揖譲《ゆうじょう》」（禅譲）という言葉も使用しており、その決定権は義調が掌握していたとする。つまり、義調が家父長として家督の任免権を保持していたのであり、茂尚・義純から家督の地位の「悔返《くいかえ》し」（没収）を断行したことを示唆するものである。そして、悔返しにあたって茂尚・義純が死去したのであるとすれば、不穏な空気が漂うが、肖像賛はその経緯を「言わずとも知れている」として多くを語らない。

## 家督茂尚の死去

家督茂尚の発給文書は一五六九年（永禄十二）三月で終見となる（「御判形之写町人」）。『宗氏家譜』によると、同年春、茂尚は「多病」を理由として家督を弟貞信《さだのぶ》（義純）に譲り、閏五月に享年二三歳で没したという。義調が主導する政変が発生して茂尚が横死したのか、あるいは義調が「多病」の茂尚を家督に不適任と判断して義純と交代させたのか、その真相はまったく不明である。いずれにしても、肖像賛が語るように、義調が家督の任免権を掌握・行使していた事実は動かない。

図65　宗茂尚の花押（1568年）
（「対馬古文書」中村文書，東京大学史料編纂所所蔵写真帳より）

くしくも義調の宮谷館が竣工する時期であるが、先に触れた同年六月の「宮谷記」（西山寺住持方室宗諸著）には、義調の第五の徳目が次のように記される。

だいたい国を保つ者は、老年に差しかかると、必ず（その位を）譲るものである。（中国古代の聖王）堯《ぎょう》は舜《しゅん》に譲り、舜は（夏《か》王朝の始祖）禹《う》に譲り、禹は（子の）啓《けい》に譲った。古来、このとおりである。しかし、公（義調）は白髪も生えないうちに国を譲った。いわゆる「功成り名遂ぐ」であり、（義調は）若くして老成したということであろうか。

中国古代の聖王たちの帝位継承、および『老子』の「功成り名遂げ、身退くは天の道なり」を引用し、義調が壮年で隠居した意義を強調したものである。茂尚が「多病」と知りながら家督を譲ったのか、あるいは家督を譲っておきながら茂尚を早々に横死させたのかは不明であるが、茂尚が家督在位わずか二年で死去したことは事実である。前者はまだしも、後者であるとすれば、なぜ茂尚に家督を譲る必要があったのかと疑念を抱かれる恐れがあったといえる。ともあれ、義調は方室宗諸《ほうしつそうしょ》の知恵を借り、古代聖王の故事や「天」の道理にもとづく家督相続の正統化の論理を手に入れたのである。

### 義純の家督相続

茂尚から家督を相続した義純の初名は「調弘《しげひろ》」である。一五六九年（永禄十二）六月〜十一月に「調弘」名の発給文書が確認されるが（「仁位郡」「馬廻御判物控」）、翌七〇年（永禄十三・元亀元）正月頃に「貞氏《さだうじ》」、さらに同年四月頃には「貞信《さだのぶ》」と改名している（「峯郡」）。先代の茂尚と同様、義調の偏諱《へんき》である「調」字を避け、宗氏の通字である「貞」字を冠して改名したのである。

一五七四年（天正二）三月の一宮・下津《しもつ》八幡宮の経蔵《きょうぞう》造営の棟札《むなふだ》銘に「太守平朝臣貞信」とあり（『神社梁文鐘鰐口等銘』）、この時点で貞信が無官であることがわかる。しかし、年未詳九月二十四日付で安芸の毛利輝元が佐須彦四郎（守護代佐須盛円《もりのぶ》の一族）に宛てた返書のなかで、次のように述べている。

　義純の御字《おんじ》ならびに御受領《おんずりょう》の件につき、（足利義昭が）お命じになりました。もっとも喜ばしいことです。それにつき（義純は）御礼の言上を遂げられました。まことに結構なことですので、（義昭の）上聞に達しました。　（「仁位郡」）

一五七三年（天正元）に織田信長によって京都を逐われた将軍足利義昭は、毛利輝元を頼って備後鞆《とも》の浦（広島県福山市）に滞在していた。その義昭から貞信は「義」字を拝領して「義純」と改名し、かつ「受領」に任官されたのである。実名《じつみょう》「貞信」は一五七六年九月八日で終見となり（「伊奈郡」）、「義純」は十月三日が初見であるから（「御旧判控佐須郷」）、輝元の書状は同年のものである。この時期

図 66　宗義純の花押（1577 年）
（「番家（小宮家）文書」，国立歴史民俗博物館蔵）

の義昭の栄典授与には輝元の意向が強く作用しており（水野二〇一三）、宗氏は義字拝領・任官という目的を達するため、それまで敬遠してきた毛利氏との関係構築を図ったことになる。

　このように義純が義字を拝領したのは義調の先例を踏襲したものであるが、気になることに官途《かんと》（京官）ではなく受領に任官されている。義純の受領名について、同時代史料の裏づけはとれないが、『宗氏家譜』は「常陸介《ひたちのすけ》」であるとする。従来、家父長が受領「讃岐守《さぬきのかみ》」（従五位上）、家督は官途「刑部少輔《ぎょうぶのしょう》」（従五位下）に任官されるというヒエラルキーが存在したが、義調が先例のない「刑部大輔《ぎょうぶたいふ》」（正五位下）に任官されたのち、「讃岐守」（従五位上）に転じたことの影響を考慮する必要があろう。つまり、義純が刑部大輔に任官されると、義調の讃岐守を超えてしまうわけであるから、あえて格下の「常陸介」（正六位下）の任官を望んだとも考えられるのである。しかし、後年の事例であるが、義純の後継者である義智は義調に遠慮することなく刑部大輔に任官されているので、必ずしも義純が義調に遠慮したわけでもなさそうである。

　当事者の意識を推量するのは難しいが、客観的にみると、従来の家父長＝讃岐守、家督＝刑部大輔（少輔）という家督相続の正統化の構図から逸脱していることは明白である。「常陸介義純」と「刑部大輔義智」を対比させるならば、義純と義調との間の微妙な溝が読み取れよう。

### 伊奈郡の直轄化

十六世紀後半の八郡支配は、豊崎・佐護・三根・与良《よら》・豆酘《つつ》の五郡を宗氏本宗家が直轄し、伊奈・仁位・佐須の三郡を郡主が支配するかたちであった。後者のうち仁位郡主家・佐須郡主家は一五四六年（天文十五）に宗姓から仁位姓・佐須姓へと改姓しており、伊奈郡主家のみが宗氏一門の家格を維持していた。茂尚・義純期に伊奈郡主家の家督が調昌《しげまさ》から調国《しげくに》に交代しているが、調国は茂尚・義純の弟にあたる人物であり（一九四頁図57）、本宗家から同家に入嗣した恰好である。

この郡主交代の背後にも隠居義調の影がつきまとう。一五六八年（永禄十一）五月、郡主調昌が被《ひ》官《かん》の原田助兵衛尉《はるだすけびょうえのじょう》に知行《ちぎょう》を給付したが、翌六九年八月に義調が同人に対して「助兵衛尉調全」の官《かん》途《と》・実名《じつみょう》を与えている（「伊奈郡」）。これは最も端的な事例であるが、義調は同年七月〜八月に伊奈郡内の郡主被官や地侍《じざむらい》たちに官途状・実名宛行状《じつみょうあてがいじょう》を集中的に発給しており、同郡への介入を強めているのである（佐伯一九八五）。

調昌は一五六八年五月段階ですでに出家して「大龍院さま《（様）》」と称されており（「御旧判控伊奈郷」）、後世の系図によると、翌六九年六月に没したという（『砥泓舎叢書』）。そうすると、義調は調昌の死去直後に伊奈郡への介入を進めたことになる。そして、同年十一月には郡内の佐々木三五郎を「伊奈の郡代職」に任じて（「伊奈郡」）、同郡の直轄化を宣言した。このように義調は伊奈郡の郡主支配を一気に否定したわけであるから、郡主家の家督を相続した調国は名目的な存在にすぎない。つまり、調国に期待されたのは宗氏一門である伊奈郡主家の名跡《みょうせき》を相続し、本宗家の家督を相続できる候補者として大人しく待機しておくことであったといえる。

ところが、一五七〇年正月、調国は初めて文書を発給し、佐々木与四郎を「伊奈の郡代職」に任じている（「伊奈郡」）。その補任状《ぶにんじょう》の文言は、前年十一月に義調が佐々木三五郎を伊奈郡代に任じた補任状と全くの同文である。しかも与四郎と三五郎は同一人物であり、義調が与えた「三五郎」の名を調国が「与四郎」に改めさせた可能性すらある。ともあれ調国は義調の伊奈郡直轄化に真っ向から抵抗し、郡主支配の継続を宣言したのである。これ以降、調国は郡主として知行宛行《ちぎょうあてがい》・安堵権を行使するだけでなく、郡内の被官・地侍たちに次々と官途状・実名宛行状を発給するようになる。たとえば阿比留新七郎は、一五六九年七月に義調から「民部丞調常《みんぶのじょうしげつね》」の受領《ずりょう》名・実名《じつみょう》を与えられたが、翌七〇年七月に調国から「民部丞国広《くにひろ》」に改名させられている（「伊奈郡」）。調国は前年に義調が与えた実名を徹底的に変更したのである。

こうして伊奈郡では調国の実力による郡主支配が持続するとともに、義調の介入も絶えないという錯綜した状態に陥った。しかし、調国の発給文書は一五七六年（天正四）六月で終見となり、同年九月から義純の発給文書が急増する（「伊奈郡」）。後世の系図によると、調国は同年四月に没したという（『砥沿舎叢書』）。同時代史料と若干の齟齬があるが、調国は同年九月以前に死去したとみてよい。調国が死去した理由は不明であるが、義調の政治的圧力に屈して横死した可能性もある。

ここに伊奈郡は本宗家の直轄郡となった。前出の阿比留新七郎は「調常」「国広」という二つの実名を与えられていたが、一五七七年に義純から「純広《すみひろ》」の実名を与えられている（「伊奈郡」）。この事例に象徴されるように、伊奈郡支配をめぐる錯綜状態が解消され、隠居義調に代わって家督義純が郡内に諸権限を行使するようになる。ただし、伊奈郡主家が断絶したわけではなく、義純の子が名跡を相続して「伊奈新方《しんかた》」と称された（『砥泓舎叢書』「朝鮮送使国次之書契覚」）。のちの宗智順《としまさ》（智就《としなり》）である（一九四頁図57）。近世初期、智順は宗氏一門の重鎮として「讃岐守《さぬきのかみ》」を称し、家中の筆頭格となるが、「柳川一件《やながわいっけん》」のさいに江戸幕府から配流《はいる》に処せられる運命をたどる。

## 昭景の登場

一五七八年（天正六）正月、義純の弟（将盛四男）である昭景《あきかげ》が初めて文書を発給している（「豊崎郡」）。のちの初代対馬藩主義智《よしとし》であるが、いまだ弱冠一一歳の少年である（『宗氏家譜』）。やや早めの元服であり、兄の茂尚（調尚）・義純（調弘）・調国とは異なって、義調の偏《へん》諱《き》を冠することなく、最初から「昭景」と名乗っている。これは将軍足利義昭の偏諱とみられるが、その授受を示す同時代史料はない。しかし、『宗氏家譜』によると、一五七七年十二月に「宗彦七」が義昭から偏諱を拝領し、翌七八年正月から「昭景」と名乗ったという。一五七八年正月に義昭の侍臣眞木嶋昭光が吉川元春に宛てた奉書《ほうしょ》に「去年、対州（対馬）から御鷹が進上されました」とあるので（「吉川家文書」）、義昭への鷹の進上は偏諱授受に関わるものとみてよい。また、『宗氏家譜』によると、昭景は仮名を「彦三」から「彦七」に改めたという。

このように昭景は一〇歳ほどで元服し、嫡子の世襲仮名《けみょう》である「彦七」を称し、かつ将軍偏諱を拝領して「昭景」と名乗ったのである。家督義純には実子（智順《としまさ》）がいたが、一五八〇年時点ですでに伊奈郡主家の名跡を継いでおり（「朝鮮送使国次之書契覚」）、弟昭景が後継者の地位についたわけである。この一連の人事は隠居義調の差配によるもので、義純を牽制する意味合いがあったと考えられる。

## 義純廃位事件

隠居義調は義純期に宗氏一門の再編を断行し、家督義純、後継者昭景、伊奈郡主家智順という体制を作り上げたわけであるが、そうした方向性が定まる一五七七年（天正五）を境目として文書をほとんど発給しなくなる。一五七七～七九年の義調発給文書は、①七八年八月（「御判形之写」）、②七九年十月（「豊崎郡」）、③七九年十二月（同）の三通しか確認できず、いずれも「一鷗《いちおう》」と署名している。義調は七八年八月頃から雅号の「一鷗」（閑斎一鷗）を公称し、政治の表舞台から身を引いたことを示したのである。

こうして義純は家督として名実ともに自立したわけであるが、それも束の間、家督を弟昭景に譲っている。「朝鮮送使国次之書契覚《ちょうせんそうしくになみのしょけいおぼえ》」（以下「書契覚」と略記）の天正八年（一五八〇）分の冒頭に正月日《じつ》付で「昭景様御代始之引付《おんだいはじめのひきつけ》」との表題があるように、一五七九年末に義純は隠居することとなり、翌年正月に昭景が代始めを宣言したのである。その経緯について、『宗氏家譜』は次のように語っている。

天正七年（一五七九）十一月、公（義純）は弟の彦七昭景に家督を継がせた。「城」（金石館）の東にある「平浜館《ひらはまやかた》」に移り住み、さらに日吉《ひよし》に移ったので、「東殿《ひがしどの》」と号した。伊奈郡を「湯沐邑《とうもくゆう》」とした。

「平浜館」は故晴康が使用した隠居所である。「湯沐邑」は「湯治の里」に隠居領の意味を掛けた表現であり、義純が病気を患って隠居し、養生に専念したと言いたいのであろう。そして、翌一五八〇年閏三月十四日に義純は転居先の日吉で死去したという。「書契覚」によると、島主歳遣船《とうしゆさいけんせん》一回分が「御東《おひがし》」に与えられており、また宗熊寿《くまじゆ》名義の歳遣船については、「御上《おかみ》」（昭景）の留保分であるが、「当年だけは御東殿に遣わされました」との注記があり、三月二日に臨検が実施されている。これは隠居料として義純に認められたものであり、一五八〇年三月まで義純の生存が確認されるわけであるが、これ以後の活動の痕跡はみられない。したがって、義純の隠居・死去のタイミングに関しては、『宗氏家譜』を信用してよい。

しかし、義純の死去の理由については、『宗氏家譜』とともに宗家に伝来した『宗氏家譜遺事』が全く違う説明をしている。

家臣の薄木《うすき》玄蕃《げんば》（臼杵《うすき》調広《しげひろ》）と柳野将監《しようげん》（調兼《しげかね》）が「乱」を起こして義純を長寿院《ちようじゆいん》に取り囲んだ。

義純は自刃して果てた。

近世編纂物の多くは義純自刃説を採用しており、藩の公式見解である『宗氏家譜』のみが自然死説を採用している。一五二六年（大永六）の政変に関しても同様の見解の相違があるので、やはり『宗氏家譜』は事件の真相を隠蔽しているとみるのが妥当である。事件の現場となった長寿院は、晴康が創建したときには府中の中心部に所在したが、義調は宮谷館に近い日吉に寺地を移転させていた（「府内寺菴御判物帳」）。つまり、『宗氏家譜』が漠然と語る「日吉」というのは長寿院のこととみられる。義純は隠居所である平浜館から長寿院に身柄を移されたわけである。当初は隠居料の充当など相応の処遇を受けた義純であったが、一転して長寿院への籠居を余儀なくされ、最期は自刃に追い込まれたのであろう。一方、事件の首謀者とされる臼杵調広・柳野調兼は家督昭景に奉仕する直臣であり、その後も史料上で活動が確認される（「豆酘行宮権現奉加帳」「書契覚」）。いまだ一三歳の昭景に義純の襲撃を計画・指示できるはずもなく、隠居義調が主導した事件であったと考えるべきである。

義純と義調との間にどのような確執があったのかは不明であるが、事実としては、義調の隠居後、将盛の子である茂尚・義純・調国が若くして相次いで死去している。そして、残ったのは少年の昭景（義智）と義純の子息（智順）のみである。あるいは茂尚・義純・調国は父将盛が廃位された過去に不満を抱き、晴康・義調父子への反感を露わにしていたのであろうか。ともあれ、この事件を契機として義調は再び政治への意欲を掻きたてるのである。

# 4　多難の時代のはじまり——宗義智の時代——

## 後見政治の復活

一五七九年（天正七）末、宗昭景《あきかげ》は兄義純《よしずみ》から家督を相続し、翌八〇年正月に代《だい》始《はじめ》を宣言した。しかし、弱冠一三歳の昭景に政権を運営できる能力があるはずもなく、隠居の一鷗《いちおう》（義調《よししげ》）が実権を掌握していた。この段階で昭景は将軍偏諱《へんき》を拝領してはいたが、嫡子の世襲仮名《けみょう》「彦七」を称したままであり、その意味においては養嗣子から家督への移行期（試用期間）にあった。それでは、義智と一鷗との関係性をいくつかの観点から確かめてみよう。

第一に寺社造営の棟札《むなふだ》をみると、一五八一年七月の一宮・下津《しもつ》八幡宮の拝殿造営の棟札銘に「願主一鷗老人・当太守平朝臣昭景」とあり、一鷗は「老人」（隠居）、昭景は「太守」（守護）と表現されている（『神社梁文鐘鰐口等銘』）。また、一五八二年四月の同宮の中蔵殿造営の棟札銘には「国主平朝臣昭景公、一鷗老の命を奉じ」とあり、一鷗が「国主」昭景より優越した地位にあることが明示されている（同）。

第二に両者の発給文書（一五八〇〜八八年）をみてみよう。まず数量的に比較すると、昭景（義智）発給文書は三九九通を数えるが、一鷗発給文書は六三通である。その内容を比較すると、昭景発給文

図67　宗義智像（対馬市厳原町・万松院蔵，九州国立博物館画像提供）
衣冠姿の義智像．従四位下・対馬侍従としての晩年の姿．

書は知行宛行《ちぎょうあてがい》・安堵状類（以下「宛行状類」）四一通と加冠状《かかんじょう》・官途状類《かんとじょう》（以下「加冠状類」）三五八通に大別される。宛行状類のうち四通は一鷗との連署になるもので、いずれも直臣《じきしん》の立石氏と嶋居氏に宛てたものである。宛行状類・加冠状類は府中・八郡にほぼ万遍なく確認されるが、唯一、伊奈郡では宛行状類が確認できない。一方、一鷗発給文書は宛行状類三三通と加冠状類三〇通に大別される。総数に比して宛行状類の比率が高く、豊崎・伊奈・三根の三郡で確認されるが、とりわけ伊奈郡内に宛てたものが二五通を数える。加冠状類も伊奈郡は二〇通と顕著である。このように一鷗は隠居領である豊崎郡だけでなく、本宗家の直轄領となってきもたない伊奈郡の支配に注力していたのである。伊奈郡の被官《ひかん》（地侍《じざむらい》）たちは朝鮮貿易に従事する商人的性格が濃く、彼らを掌握することは朝鮮通交権益を実際に行使・運用するうえで有利に作用した。

第三に朝鮮通交権益の留保・分配状況（一五八〇〜八六年）を「朝鮮送使国次之書契覚《ちょうせんそさくになみのしょけいおぼえ》」から分析すると、昭景が全体の約一一％を留保しているのに対し、一鷗は約二七％を留保している。通交権益の留保・分配比率は政権内の序列を如実に反映したものであるから、昭景と一鷗との格差は一目瞭然である。一鷗は隠居料と呼ぶには余りあるほどの通交権益を留保しており、この権益を行使することで独自の財源を確保することができ、またその一部を被官に知行として給付することもできたのである。

このように一鷗は本宗家の家父長として優越的な地位にあり、家督義智を上回る通交権益を留保していたが、八郡支配に関しては、豊崎郡・伊奈郡についてのみ強い権限を分有していたのである。

## 壱岐・平戸合戦

かつて「対州（対馬）だけは戦争を行わず、国は安泰で家は栄え、政治は道理を尽くし、民は仲睦まじい」と称えられたように（「宮谷記」）、義調期には領国の内部分裂を克服し、北部九州の戦争にも参加せず、朝鮮での軍事行動も行わないという、比較的に平和な時代が到来していた。ところが、昭景期になると状況が一変する。一五八六年（天正十四）三月、宗氏の軍勢が壱岐《いき》（長崎県壱岐市）・肥前平戸《ひらど》（同平戸市）方面に渡海し、松浦《まつら》隆信《たかのぶ》およびその被官日高喜《ひだかこのむ》と合戦に及んだのである。

時計の針を巻き戻すと、一四七二年（文明四）以降、肥前岸岳《きしだけ》（佐賀県唐津市）を本拠とする波多《はた》氏が壱岐を支配していた。ところが、一五六四年（永禄七）の波多氏の内紛を契機として、重臣日高氏が自立して壱岐を実効支配し、六五～六六年頃には平戸の松浦隆信に従属した。このため壱岐は松浦領となり、現地の支配を日高氏が担うことになったのである。

内紛発生後、宗氏は一貫して波多氏を支援した。海上交通という視点からみると、壱岐は対馬と九州の中間に位置する交通の要衝であり、流通・貿易を生命線とする宗氏領国にとって、対馬船が壱岐の周辺海域を安全に航行できる環境を維持する必要があった。事実、波多領の壱岐では、対馬船が海難・海賊に遭った際の救助活動や通行税（公事《くうじ》）の免除といった保護措置が講じられていた（「大永享禄之比御状并書状之跡付」「諸家引着」）。ところが、一五六〇年（永禄三）頃に波多氏老中の日高氏が壱岐の現地支配を任されると、従来の相互扶助関係に亀裂が走り、日高氏が壱岐を拠点とする後期倭寇の活動を放任するという状況も生じていた（「諸家引着」）。その日高氏が主家の波多氏に反旗を翻して壱岐を実効支配し、平戸松浦氏に従属したわけである。したがって、対馬船を保護する責務を負う宗氏としては、松浦氏・日高氏との和睦を結ぶべく交渉を試みたのであるが、一五六七年に松浦氏から拒絶されてしまった（「諸家引着」）。その後も松浦氏・日高氏は宗氏の利益と相反する挙動に出ており、一五八六年（天正十四）二月には壱岐の「兵船」が対馬仁位郡の鑓川《やりかわ》を襲撃する事件も発生した（「佐伯文書」など）。

一五八六年三月の壱岐・平戸進攻は、直接的にはその報復措置であるが、波多氏内紛以来の海域秩序の混乱を根本的に解消する狙いがあったといえる。こうして宗氏は実に約一世紀ぶりとなる北部九州への進攻を開始したのである。合戦の詳細な経過は省略するが、宗氏は波多氏・龍造寺《りゅうぞうじ》氏と連携して行動しており、波多氏は「本領」である壱岐の回復に向けて息巻いている（「龍造寺家文書」）。終盤の七月五日、昭景は重臣立石調高《しげたか》とともに肥前岸岳で合戦に及んだが、七日には対馬に向けて撤退している（「洲河文書」）。近世平戸藩の史書類は一様に松浦氏側の勝利と語るが（『壱岐国続風土記』など）、和睦交渉では松浦氏側から使僧を派遣しているので（「松浦文書類」）、宗氏側が優勢を保ったまま撤退したものと考えられる。

## 義字拝領と任官

昭景にはどうしても対馬に引き返さなければならない事情があった。一五八六年（天正十四）七月二十一日、備後鞆《とも》の浦にいる将軍足利義昭が昭景に宛てて御内書《ごないしょ》を発し、上使《じょうし》の大館藤安《おおだちふじやす》を対馬に下向させたのである。その御内書は宛名を「宗刑部太（大）輔《ぎょうぶたいふ》殿」としており、次のような内容のものである。

義の字ならびに官途《かんと》のことを（昭景が）望んだので、（その）言上どおり、大館兵部少輔（藤安）を下向させます。そのついでに大鷹を所望するので、然るべき若鷹が到来すれば喜ばしく思う。（「宗家文書」）

昭景は「義」字を拝領し、かつ家督の象徴である世襲官途「刑部大輔」に任官されたのである。八月六日に昭景は「義智《よしとし》」の名で初めて文書を発給しているので（「歩行御判物帳」）、上使の対馬到着は七月下旬〜八月上旬のことである。たとえ肥前方面での戦況が優勢であったとしても、昭景としては直ちに対馬に帰島して上使を迎接し、義字の授受および任官の伝達儀礼を滞りなく挙行する必要があったのである。

合戦の遂行よりも幕府上使の迎接を優先したかたちであるが、義字拝領の政治的効果について、義智のケースに関しては、同時代史料から具体的に知ることができる。八月七日付で一鷗が豊崎郡の在

図68　宗義智の花押(1590年)
(重要文化財「対馬宗家関係資料」, 九州国立博物館蔵)

地被《ひ》官《かん》大浦伯耆守《ほうきのかみ》に対して次のような書状を送っている。

（義智は）「郡中義字ひらき」を昨日（六日）になさいました。神事ですから（府中に）出府してください。祝儀（礼物）についても肝要に存じます。（郡内の）年寄衆にもお伝えください。

（「大浦（一）家文書」）

「義智」名の文書が初めて発給された八月六日に「郡中義字ひらき」が行われ、八郡の在地被官に対して義字拝領の事実が告知されたことがわかる。それゆえ、八郡の在地被官たちは府中に出府して義智に拝謁し、祝儀の礼物を進上しなければならなかったのである。こうした一連の儀礼は「神事」として挙行されている。義智は将軍の権威だけでなく神慮（おそらくは八幡神の神慮）によって家督の正統性を担保し、それを儀礼の場において八郡の在地被官にアピールしたわけである。官途の刑部大輔も家督としての正統性を担保するのに重要な要件ではあるが、八郡の在地被官に対して官途書で文書を発給することはない。むしろ彼らが目にする文書のなかに、義字を冠した「義智」の署名があることのほうが重要であったといえる。

やがて義智は初代対馬藩主となるが、歴代藩主は義智の先例にならって義字を通字とした。最後の藩主義達《よしあきら》が廃藩置県後に「重正《しげまさ》」と改名したことは、逆に歴代藩主が義字を自家のアイデンティティとしていたことを象徴的に物語る。足利将軍家が消滅したのちも、義字は藩主の通字として再定義されて生き続けたわけである。

**豊臣政権の登場**　一五八六年（天正十四）は実に目まぐるしい年である。三月〜七月に壱岐・平戸合戦が繰りひろげられ、義智自身も六月〜七月上旬に肥前に出陣して初陣を飾ったかと思えば、七月下旬〜八月上旬には将軍足利義昭の上使を迎接して義字拝領・任官の伝達儀礼をこなし、領国内の在地被官を集めて祝儀を挙行しているが、その傍らで同年四月頃から豊臣政権との交渉も本格化しはじめていたのである。豊臣（羽柴）秀吉が一鷗に宛てた御内書は次のようなものである。

（宗讃岐守からの）四月二日の書状が今月（六月）十一日に到来したので、読みました。礼物として虎皮十枚と豹皮十枚を進上してきたので、悦んでいます。なかんずく日本の地は、東は「日の下《もと》」まですべて治まり、天下は静謐《せいひつ》となりましたので、筑紫（九州）には見物がてら動座します。その折に高麗国（朝鮮）へ軍勢を遣わすよう命じますので、そうなれば忠節を尽くしてください。その働き次第で（朝鮮の）国郡などを各人に褒美として下しますので、勲功を遂げることがもっともなことです。なお、（詳しくは）利休居士が述べます。

（天正十四年）六月十六日　（秀吉）（花押）

宗讃岐守とのへ

（「宗家文書」）

一五八六年四月以前から豊臣政権とは接触があり、四月二日付で隠居の一鷗が「宗讃岐守《さぬきのかみ》」と称して書状を送っていた。それに対する返書が六月十六日付の秀吉の御内書《ごないしょ》である。書止文言《かきとめもんごん》を「候也《そうろうなり》」とし（「猶利休居士可申候也」）、日付の下に花押を署し、宛先の敬称を「とのへ」とする。この文書様式は秀吉に服属してまもない諸大名に使用されたものであるから（小林一九九四）、この段階で宗氏は豊臣政権への服属を表明していたことになる。そして、近々朝鮮を攻撃するので忠節を尽くせという、とんでもない予告を受けたのであった。

豊臣政権との交渉は一鷗が主導しており、隠居の事実は隠し、「宗讃岐守義調」として家督のように振る舞っている。そして、一鷗は秀吉御内書に対して次のような回答書（披露状《ひろうじょう》）を作成している。

謹んで言上します。去年（一五八六）六月十六日の（秀吉の）御直判《おんじきはん》を旧冬に頂戴し、面目の至りです。その御礼を急ぎ申し上げるべきところでしたが、遠嶋ですので、少々遅滞いたしました。御弓《おんゆみ》五十張と御箭《おんや》、御鷹《おんたか》五本、花席《はなむしろ》六枚、虎豹皮五枚、油紙《ゆし》五枚を進上します。（秀吉は）高麗国（朝鮮）に御《ご》人数《にんじゅ》（軍勢）を遣わされるとのことをお命じになりました。その折にはとりわけ忠節を尽くす覚悟です。この旨を（秀吉に）よろしく御披露ください。誠惶誠恐謹言《せいこうせいきょうきんげん》。

（天正十五年）二月五日　讃岐守義調　御判

進上　尾藤神右衛門尉《びとうじんえもんのじょう》殿

（「町人御判物帳」）

秀吉御内書は一五八六年冬（十月〜十二月）に到着し、翌八七年二月五日付で一鷗（義調）が尾藤知宣《とものぶ》宛ての回答書を作成したのである。尾藤知宣は、一五八六年五月〜十二月に黒田長政・小西行長とともに豊臣政権と平戸松浦氏との交渉を媒介し、松浦隆信に人質提出の指示を与えているので（「松浦文書」）、宗氏との取次役でもあったとみられる。一鷗は朝鮮攻撃を応諾する旨を知宣を経由して回答することに決したのである。秀吉への進上品のうち「御弓《おんゆみ》」と「御箭《おんや》」は「御弓箭《おんゆみや》」、すなわち秀吉の対外戦争を暗示する。鷹は主従関係を象徴する定番の礼物であり、直前までは将軍足利義昭に進上していた品目である。花席・虎皮・豹皮・油紙（油紙席）はいずれも朝鮮の特産品である。いかにも秀吉の機嫌をとるために誂えたというほかない取り合わせといえる。

ただし、この回答書は実際に豊臣政権または尾藤知宣のもとに届かなかったらしく、近世には府中町人の橋辺家に伝来した。橋辺氏はもとは松尾姓を称して宗氏重臣の柳川氏に仕えているので、おそらく一鷗の腹臣である柳川調信《しげのぶ》がこのときの使者に任じられたのであろう。しかし、一五八七年二月十日、知宣は羽柴秀長軍に従って薩摩島津氏の攻略戦に臨んでおり、秀吉自身も三月十日に九州に向けて出陣している。こうした情勢の急変を受けて、柳川調信の使行は中止され、結果的に一鷗の回答書は反故となり、橋辺家に伝来することになったと考えられるのである。

## 出頭・詫言・人質

一五八七年（天正十五）五月四日付の「宗讃岐守」（一鷗）宛ての秀吉朱印状（「宗家文書」）からは、次のような経緯がみえてくる。一鷗は柳川調信を使者として薩摩の秀吉本陣に遣わすことに決し、四月十四日付の書状を託した。このときの礼物は鷹五居・

花筵《はなむしろ》一〇枚・弓五〇張と矢である。前回用意したものと比べると、朝鮮の特産品は花筵（花柄の敷物）だけであり、猛々しい印象の虎皮・豹皮は外している。どうやら秀吉の戦意を逸らそうとしているようである。そして五月四日、調信は薩摩川内《せんだい》（鹿児島県薩摩川内市）に到着して秀吉に謁見し、同日付の「宗讃岐守」宛ての秀吉朱印状を受け取ったのである。秀吉の指示は次のようなものであった。

九州をすべて平らげ、（思ったよりも）早くに余裕ができ、高麗国（朝鮮）に軍勢を遣わすことにしたので、その意を汲んで忠義を尽くすことが肝要です。このたび（讃岐守は）人質を進上してきましたが、実子をよこしてください。延引するのはよくないことです。（詳しくは）小西日向守《ひゅうがのかみ》（行長）が述べます。（「宗家文書」）

秀吉は九州平定の余勢を駆って朝鮮攻略への意欲を示し、かつ人質として「讃岐守」（一鷗）の「実子」を差し出すよう命じたのである。

五月八日付の小西行長書状にはもう少し詳しい指示が記されている。

①（讃岐守）ご自身のご出頭については、筑前表にお出でください。もし遅れをとり、殿下様《てんがさま》（秀吉）がご上洛になってから（臣下に）加わるのは如何なものかと存じますので、とにかく御急ぎになってください。

②御人質として内野善右衛門尉《ぜんえもんのじょう》（調勝《しげかつ》）が平戸までお越しになりましたが、近い御親類のなかから指し出してくださいとの（秀吉の）ご命令ですので、御一家のなかの御年少がよろしいでしょ

う。

③　高麗国（朝鮮）の件は、急ぎご返事なさることが尤もと存じます。もし返事が遅れれば、諸方の兵船をことごとく対馬に差し向けられるとのこと、（秀吉は）堅くお命じになっています。（秀吉は）柳川殿（調信《しげのぶ》）に直接お命じになりました。御油断なさるのは如何なものかと存じますので、御分別が大切です。

（「宗家文書」）

このように豊臣政権は、①「宗讃岐守」（一鷗）の筑前出頭、②人質の取り替え、③朝鮮攻略に関する回答、の三件を強く迫ったのである。②に関しては、一鷗の侍臣内野調勝（「豆酘行宮権現奉加帳」）が人質であったため、秀吉は「実子」の提出を求めたのである。しかし、行長は「御一家」の「御年少」でよいと指南しており、まもなく佐須景親《かげちか》（守護代佐須景満の一族）が新たな人質として提出されることになる。

③に関しては、朝鮮攻略に応じる旨を回答した二月五日付の書状が豊臣政権に届いていなかったことを裏づける。その後の約三ヶ月間で宗氏家中の意見が開戦論から非戦論に傾いており、柳川調信が秀吉の面前でも回答を渋ったため、秀吉は回答を拒めば宗氏を討伐すると脅したのである。まもなく行長は娘マリアを義智に嫁がせて懇意となり、戦争回避に向けて共闘するわけであるが、この段階ではさほど宗氏の肩をもった様子はない。

むしろ宗氏に肩入れしていたのが明らかなのは九鬼《くき》嘉隆《よしたか》である。五月八日付で嘉隆が「宗讃岐守」

（一鷗）に宛てた書状によると、そもそも薩摩川内に使者を送るように勧めたのは嘉隆であった。そして、使者柳川調信の到来を喜び、次のように述べている。

高麗国（朝鮮）に軍勢を遣わされるとのこと、（秀吉の）ご命令ですので、とりわけ御忠節が大切です。しかし、「御詫言《おわびごと》」（嘆願）を申すのであれば、状況に応じて「御才覚《ごさいかく》」なさる（機転を利かせる）のがよろしいと存じます。（中略）（詳しくは）柳川権介《ごんのすけ》（調信）殿に申し入れております。

（「宗家文書」）

嘉隆は「御詫言」の余地があることを指南しているのであり、一鷗は戦争回避という選択肢に宗氏領国の命運を賭けることになる。

## 停戦令問題

筑前出頭と朝鮮攻略に関する回答が待ったなしの状況にあったが、もう一つクリアしておかなければならない重大な問題があった。一五八六年（天正十四）三月〜七月の壱岐・平戸合戦の後始末である。

秀吉の九州平定が実現する一五八七年夏から宗氏と松浦氏・日高氏との和睦交渉が急ピッチで進められ、六月一日には壱岐の日高勝介《かつすけ》が宗氏重臣の立石調高《しげたか》に書状を送り、宗氏側が同意するならば、松浦《まつら》隆信《たかのぶ》・鎮信《しげのぶ》父子と連絡をとって和睦《わぼく》交渉を進める旨を伝えている（「松浦文書類」）。この和睦交渉に関して、内野調勝が日高勝介に宛てたとみられる書状には、次のようにある。

必ず近日（壱岐または平戸に）渡海します。（こちらに）「上表」（大坂からの命令ヵ）が届きました。

貴家（日高氏）にも小早川殿（隆景）の「御直札《おんじきさつ》」が届いていますので、こちらから申すまでもありません。「殿下《てんが》」（秀吉）が大いに「取乱《とりみだし》」（立腹）とのこと、貴方（日高勝介）が「御入魂《ごじゅこん》」（和睦）をお急ぎになることが大切です。（中略）「殿下」（秀吉）は、「隣郡諸家」に対する「心持《こころもち》」については、「私《わたくし》之旨《し》趣《しゅ》ヲサシヤメ」（私的な意趣による合戦を停止し）、しっかり「見アハセ」をする（合戦を踏みとどまる）ようにとの様子と聞きます。対馬と壱岐との「御入魂」（和睦）のことは言うまでもありません。　（「松浦文書類」）

年月日を欠くが、内野調勝は少なくとも五月上旬までは豊臣政権への人質として平戸に滞在しているので、五月中旬以降の書状である。「私之旨趣ヲサシヤメ」云々とあるように、豊臣政権の方針に従って壱岐との和睦交渉を急ぐ必要性を訴えかけているのである。

秀吉は一年半前の一五八五年十月に薩摩島津氏に向けて停戦令を発している（「島津家文書」）。その評価をめぐっては、「九州停戦令」とみるか（藤木一九八五）、島津氏への服属命令とみるか（藤田二〇〇二）で見解が分かれているが、少なくとも宗氏が秀吉の停戦令を意識しているのは確実である。まもなく筑前一国などを領して九州取次となる小早川隆景の関与も見逃せない。

調勝の書状に秀吉が立腹したとあるのは、事実というよりは、日高氏側にプレッシャーをかけるための言辞なのかもしれない。とはいえ、島津氏に停戦令が発令されたのちの一五八六年三月〜七月に発生した壱岐・平戸合戦は、その違反を問責される危険性を孕んでいたといえる。しかもこの合戦には肥前の龍造寺氏・波多氏や筑前の原田氏などが宗氏側に加担しており（「龍造寺文書」「松浦文書類」）、対馬・壱岐・筑前・肥前の広範囲にまたがって「隣郡諸家」の領域を現状変更しようとするものであった。同年六月、秀吉は「天下は静謐《せいひつ》となりましたので、筑紫（九州）には見物がてら動座します」との旨の御内書《ごないしょ》を一鷗に遣わしており、その裏側で宗氏が北部九州の「静謐」を乱していたことが露見するのは危険である。筑前入国が内定している小早川隆景はさすがに事実を把握していたものと思われ、一五八七年六月の九州国分《くにわけ》（領域確定）が実施されるまでに、紛争当事者間の和睦が成立するよう周旋したのである。宗氏と松浦氏・日高氏との和睦が最終的に成立するのは、翌一五八八年四月のことであるが（「宗家文書」）、ひとまず「隣郡諸家」に紛争がない状態で九州国分を迎えることとなった。

**筑前出頭**

一五八七年（天正十五）六月、一鷗と義智は「父子」と称して筑前筥崎松原《はこざきまつばら》（福岡市）の秀吉本陣に出頭した。六月七日、「対馬屋形宗讃岐寺（守）」は秀吉に謁見して虎皮一〇枚・硯二　虎絵二幅・泪紙（泪紙席）一〇枚・金屏風一双（花鳥《かちょう》の唐絵《からえ》）を進上している（「九州御動座記」）。今回は虎皮だけでなく虎絵を進上するなど、朝鮮攻略を強く意識させる取り揃えである。

六月十日、一鷗と義智は細川幽斎のもとを訪ねた。「対馬の守護宗対州」（義智）は次の歌一首を幽斎に贈っている。

敷嶋《しきしま》の　道すなおなる　御代《みよ》に逢《あい》て　恵み久しき　筥崎の松

義智は「敷嶋」（日本全国）が統一された「御代」に巡り逢い、筥崎の松のように幾久しく恵みがあることを望む、と詠んでいるのであり、本領安堵への謝意を示したものといえる。そして六月十五日、一鷗・義智両名宛ての秀吉朱印状が二通発せられた。まず一通目は次のような領知宛行状《りょうちあてがいじょう》である。

このたび御恩地《ごおんち》として対馬一円を宛行った。すべて領知し、今後は忠節を尽くすべきです。

（「宗家文書」）

この朱印状の宛先には「宗対馬守《つしまのかみ》」とある。義智は「刑部大輔《ぎょうぶたいふ》」を改め、国制と一致する在国受領「対馬守」に任官されたわけである。従来の世襲官途《かんと》である刑部大輔は宗氏一門が使用する官途へと変化し、歴代当主（藩主）は対馬守を世襲することになる。

さて、二通目では朝鮮攻略に関する具体的な指示が述べられている。

このたび九州のことについては、勅定《ちょくじょう》に背く「凶徒」（島津義久）を「成敗」するため進発し、すべて思いどおりに平らげ、余裕もできましたので、どの嶋々も残すことなく平らげました。その方「父子」は早速渡海したので、対馬一円を先々のとおり宛行《あてが》いました。すべて領知され、今後は忠勤に励んでください。次に、（以前に）高麗（朝鮮）に軍勢を遣わして「成敗」することを申し付けましたが、義調（一鷗）が「御理《おことわり》」を申したので、先々に延期します。ついては（朝鮮）国王が日域《にちいき》（日本）に来て参洛すれば、何事も以前のままとします。もし遅滞すれば、即時に（朝鮮への軍勢の）渡海を命じ、誅罰を加えます。その時には「彼の国」（朝鮮）の知行を（宗氏に）

**図 69　宗義調の墓塔(2005 年撮影)**
太平寺(対馬市厳原町中村)の裏山に所在する宝篋印塔．基礎に「天正十七年己丑八月吉日造立」「奉為長寿院殿前讃州太守［　］大居士神儀菩提也」の銘がある．

命じます。早々にこの返答をよこしてください。油断してはなりません。
（「宗家文書」）

豊臣政権は朱印状の文面とは裏腹に朝鮮を攻略する余裕などはなく、その代替案として朝鮮国王の参洛を要求したのである（中野二〇〇六）。さりとて豊臣政権としては余裕のなさを露呈するわけにもいかず、戦争延期の理由として一鷗からの「御理」（嘆願）が必要であった。前月に九鬼嘉隆が一鷗に「御詫言」をするよう指南したのは、そうした事情を汲んでのことであろう。

豊臣政権が九州一円を平定し、諸大名の領域を確定した一五八七年六月をもって「九州の中世」は終焉を迎えた。まもなく宗氏領国は対外戦争の最前線基地となり、朝鮮攻略の先兵とされてしまう。こうした未曾有の難局へと向かうなかで、領国の実権を掌握する隠居一鷗は一五八八年に死去した。ここに宮谷館《みやだにやかた》（隠居所）と金石館《かねいしやかた》（守護所）が分有してきた政庁機能は一元化されたが、一鷗の腹臣柳川調信《しげのぶ》と守護代佐須景満《かげみつ》との対立が激化した。そして、一五九〇年に景満が金石館の殿中で殺害されたことで、従来の守護代制は消滅し、豊臣政権・朝鮮王朝との橋渡し役として台頭してきた調信が領国の実権を掌握した。このとき義智は二三歳である。青年期を迎えた義智は調信と二人三脚で難局を乗り越え、対馬藩の基礎を築いていくのである。

## コラム4 府中――都市の発展と池館――

一四七一年（文明三）頃、宗貞国《さだくに》が守護所を佐賀《さか》から府中に移転させて「中村館《なかむらやかた》」を構えたが、一五二六年（大永六）に本宗家を相続した将盛は中村館を移転させて新たに「池《いけの》館《やかた》」を構えたという（『宗氏家譜』）。将盛の家督相続はクーデターである可能性が濃厚であるから、中村館が騒乱で廃絶したのか、あるいは盛長の死穢《しえ》を忌避したのであろう。

あくまで想像の域を出ないが、客観的にいえるのは、池館が中村館よりも南進したことである（図70）。中村館の故地（対馬南警察署付近）から池館の故地とされる池神社（図71）までの距離は四〇〇㍍である。その池神社から東南へ約二〇〇㍍進んだところに、かつて与良石《よらいし》神社が祀られていたが、中世府中絵図（厳原郷土館旧蔵）によると、「ヨラ石」は海中に浮かぶ岩礁であり、中村館付近まで入江が広がっている。貞国の守護所移転から五〇年が経過して海岸線そのものが南進しているのである。

池神社から南南東に一五〇㍍進むと、航海神の海祇豊玉彦命《わたつみとよたまひこのみこと》を祀る浜殿《はまどの》神社（図72）があり、祠の傍らに一本の巨木が生い立つ。現在は完全に内陸化しているが、この付近が浜辺だったのであろう。一五一一年（永正八）に朝鮮から帰島した漁船二八艘が「府中ひらはま」に繋船している（「宗左衛門大夫覚書」）。「平浜」の地名は現存しないが、浜殿神社のすぐ南に「江尻橋」があるので、この中間が南進後の海岸線だったのであろう。将盛は隠居後に「御浜殿」と称されたというので（『宗氏家譜』）、浜殿神社付近が池館の南限であったと推測される。

陸地面積の拡大は人口の増加と無関係ではあるまい。府中の戸数（人口）は、「百余戸」（一四七一年、『海東諸国紀』）、「二百五十戸」（一四七七年、『成宗』七年七月丁卯条）、「三四百戸」（一五九六年、『日本往還日記』）と漸増の傾向を示している。一五三九年（天文八）の府中の火災では「千間《せんげん》余」が焼失したという（「尊海渡海日記」）。これは「たくさんの家々」という程度の意味であるが、建物が密集すればこその大火である。貞国は政治的な理由で狭隘な府中に守護所を移転させたわけであるが、年月が経過するにつれて武家屋敷・町場が拡大していき、海岸線を南進させる必要に迫られたといえる。一方、十五世紀後半〜十六世紀半ばは「パリア海退」によって海水面が現在より約一〜二㍍低下したとされる（磯貝二〇〇一）。もし府中の干潟化が進んでいたとすれば、埋め立ての好機であったとも考え

図70　中世府中の空間構成
（国土地理院航空写真に加筆）

図71　池神社（2015年撮影）

図72　浜殿神社（2015年撮影）

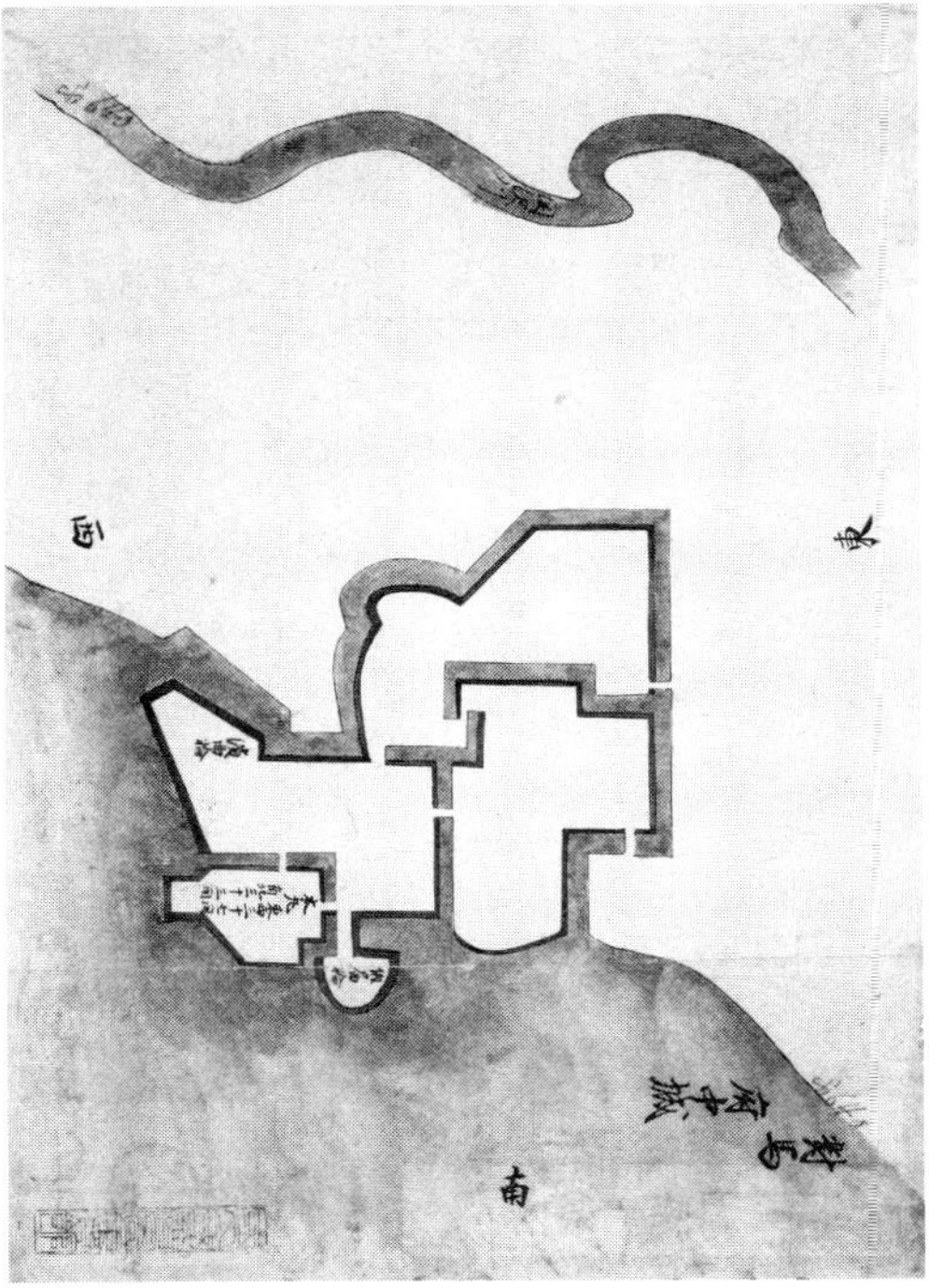


図 73　対馬府中城図
（「日本古城絵図」，国立国会図書館蔵）

られる。

こうした府中の都市的発展への対応もあって、海岸付近に池館が築造されたと考えられる。近世中後期に諸藩の古城を集成した図集（『日本古城絵図』）には、「対馬府中城」として海城が描かれ、「本丸　東西三十七間　南北三十三間」「納戸曲輪《なんどぐるわ》」「浜曲輪」の注記がある（図73）。「浜曲輪」が浜殿神社付近にあたるとすれば、池館を描いたものとなる。何を根拠に描かれたのかは不明であるが、中村館は堀に海水を引いていたし、「池」の名称は海の名残とみられるので、まったく荒唐無稽ではない。池神社が所在する地区は「今屋敷《いまやしき》」といい、旧来の中村館に代わって池館が築造されたことに由来するという。府中城図に描かれる規模はにわかに信用できないが、今屋敷地区に広がっていたのであろう。現在、今屋敷地区は海抜約二～三㍍の低地である。近年の発掘調査では、約一・五㍍のレベルで十六世紀半ば以降の整地面が確認されている。それより上層の遺物は十六世紀後半～十七世紀前半、下層の遺物は十六世紀前半～半ばが中心である。後者については朝鮮青白磁《せいはくじ》・中国龍泉窯《りゅうせんよう》青磁や瀬戸天目《てんもく》などが出土し（長崎県教育委員会二〇〇四）、池館との関連性も考えられる。

池館は一五二八年（享禄元）の宗盛治《もりはる》の騒乱で戦場と化している。将盛の感状に「館中《かんちゅう》乱入」「館中合戦」とあるので間違いない（「杉村家文書」「山、家文書」）。『宗氏家譜』は池館で「放火」があり、将盛は金石館《かねいしやかた》に移ったとする。池館が完全に焼亡・廃絶したのかどうかは不明であるが、下津八幡宮の社家の記録に「太永八年つちのえね《（戊子）》十月九日の盛春《（治）》のことにつきまして、上《かみ》（将盛）が御祓《おはらい》を十一月十五日になさいました」とあるので（「藤家文書」）、厄払いのために放棄されたのかもしれない。

なお、旧厳原中学校跡の発掘調査では、第三層（国分寺時代）の上層である第二層から金石城の石垣・側溝が出土し、十六世紀末期以降の陶磁器などをともなう（厳原町教育委員会一九八五）。近世後期の文化年間（一八〇四〜一八年）の絵図と一致するとされるが、中世に遡る明確な遺構・遺物は発見されていない。現在のところ、池館から金石館への移転に関しては詳細不明というのが実状である。

## コラム5 「長寿院殿」像 ―像主と制作主―

近世中期の国分寺には宗氏歴代当主の肖像と位牌が安置されていたが、一七三二年（享保十七）の府中大火で罹災してしまい、初代藩主義智《よしとし》以前の宗氏当主像のなかで救出されたのは、①西来寺殿《さいらいじでん》像（盛国《もりくに》）、②円通寺殿《えんつうじでん》像（貞盛《さだもり》）、③国分寺殿《こくぶんじでん》像（貞国《さだくに》夫妻）、④巌笑院殿《がんしょういんでん》像（材盛《きもり》）、⑤西福寺殿《さいふくじでん》像（晴康《はるやす》）、⑥無量寿院殿《むりょうじゅいんでん》像（義純《よしずみ》）の六幅である（コラム3参照）。現在、①〜⑤は江戸の菩提寺《ぼだいじ》である養玉院《ようぎょくいん》に所蔵されているが、⑥の無量寿院殿像にあたる肖像はなく、逆に「長寿院殿《ちょうじゅいんでん》」像として伝わる一幅がある。「長寿院殿」とは義調《しげ》の殿号である。

「長寿院殿」像が義調像であるならば、一五八九年（天正十七）に玄叟宗三《げんそうそうさん》が著賛《ちゃくさん》した賛《さん》文《ぶん》があるはずである（「長寿院公画像賛并跋」）。しかし、「長寿院殿」像には賛文がないため、像主が義調でない可能性も指摘されてきた（渡邊一九九一）。享保の府中大火に関する記録によると、「長寿院殿」像は焼失してしまい、無量寿院殿像が救出されているので、その後の伝来過程において両者が取り違えられたのではなかろうか。つまり、「長寿院殿」像として伝来する肖像は、実は無量寿院殿像（義純像）とみられるわけであるが、あらためて別の角度から観察すると、二つのポイントが浮上してくる。

第一は像主を若い容貌で描くことである。しかし、義調は享年五七歳で死去している。もちろん義調の壮年期の姿を描いたものと解釈できなくもないが、義調の没後に制作した肖像において、わざわざ一〇年以上前の姿を描いたとは考えにくい。一方、義純は享年三二歳ほどで死去しているので、やはり義純像とみたほうが自然である。

図74 「長寿院殿」像
（東京・養玉院如来寺蔵，品川区立品川歴史館画像提供）

第二は像主が座す畳の縁《へり》を通例の「高麗縁《こうらいべり》」ではなく、「繧繝縁《うんげんべり》」に描くことである。つまり、像主は神格化されているのである。現存する肖像のなかで畳を繧繝縁に描くのは、西来寺殿像（盛国像、二三頁図10）と「長寿院殿」像のみである。盛国は「松崎《まつさき》大明神《だいみょうじん》」として祀られたことが確認される（『御家譜略』）。一方、義調が神格化された形跡はないが、義純については、『宗氏家譜』に「公（義純）は日吉で亡くなり、亀山に葬られた。（中略）後に州人は公を城の南の白木山《しらきやま》に祀り、白木大明神と号した」とある。一六〇一年（慶長六）三月、義純の子智就《としなり》（智順《としまさ》）が白木大明神の祠堂を修造しており、かつ以酊庵《いていあん》主の景轍玄蘇《けいてつげんそ》は修造事業に寄せた偈《げ》（仏の教えを説く詩句）のなかで「南無白木大明神　元是《もとこれ》宗家骨肉親」と述べているので（『仙巣稿』）、義純が白木大明神として祀られたことは確実である。このように義純が神格化されていることからみても、「長寿院殿」像の像主は義純とみるべきである。

したがって、「長寿院殿」像として伝来した肖像が、実は「無量寿院殿」像（義純像）であったことは明らかである。義純は一五八〇年（天正八）閏三月に自刃して「亀山」に葬られたのち、祟り（御霊《ごりょう》）を恐れた者によって「白木大明神」（旧白磯社）として祀られることとなり、義純像も神像として描かれたわけである。なお、盛国像では像主の向きと同方向に繧繝縁を描くが、義純像では逆方向に描く（平田一九七四）。それが何を意味するのかは定かでないが、盛国の死去に事件性がないことに鑑みると、非業の死を遂げた義純であればこそ、故意に逆方向に描いたのではないかとも憶測される。

義純の死去から五ヶ月後の一五八〇年八月、義調は僧継遵《けいじゅん》に「廃館《はいかん》」（平浜館ヵ）を遣わし、「修善庵《しゅぜんあん》」を開創して「天翁夏公《てんおうかこう》（義純）の御菩提《おんぼだい》」を弔うように命じている（「府内寺庵御判物帳」）。また、『蓮門精舎旧詞《れんもんしょうじゃきゅうし》』（全国浄土宗寺院の由緒書）によると、継遵が住庵する日に義調が訪ねてきて、寺号を念仏寺から修善庵に改めさせたという。念仏寺の寺地を移転させ、「廃館」を改装して修善庵としたのであろう。修善庵（修善寺）は、かつて府中の東方にある丸山の南側に所在した。立亀山のすぐ北側にあたる。『宗氏家譜』のいう「亀山」とは、より正確には丸山を指すとみられる。このように、義調主導のもとに菩提寺が整備されており、その一環として義純像が制作されたものと考えられる。あるいは義純の神格化も神像としての義純像の制作も義調によって行われたのかもしれない。ただし、義純像が当初から国分寺に安置されたのか、あるいは修善庵に安置されたのち、どこかの時点で国分寺にまとめられたのかは、現段階で明らかにすることはできない。

# コラム6 朝鮮通交権益

## ——定量化される家中の序列——

宗氏領国では知行《ちぎょう》制の枠内で朝鮮通交権益が運用されたため、その増減が宗氏権力の強弱に直結し、十五世紀半ばから安定と混乱を繰り返してきたことは、本書で再三述べたとおりであるが、その実態が具体的にわかるのは十六世紀後半のことである。

義純《よしずみ》・義智《よしとし》期に作成された「印冠之《いんかんの》跡付《あとづけ》」（一五七二～七三年、以下「跡付」と略記）と「朝鮮送使《ちょうせんそさ》国次之書契覚《くになみのしょけいおぼえ》」（一五八〇～八六年、以下「書契覚」と略記）という貴重な史料が残されている（日口一九八二）。朝鮮渡航船の名義者・権益保持者・請負者や臨検年月日など、計九年分（約九〇〇件）の重要なデータが集約されているのである。かつてこの史料をもとに三浦《さんぽ》の乱（一五一〇年）後に「貿易権の対馬集中」が生じたことが指摘されたが（田中一九五九）、最近の「偽使」研究の進歩によって、それが十五世紀半ばまで遡ることがわかってきたのである。

宗氏領国の知行制との関係でいえば、権益分配の対象と数量が問題となる。宗氏本宗家は全体の約四〇%の権益を留保しているので、残りの約六〇%が家臣・寺院などに分配されたことになる。そこで、歳遣船《さいけんせん》（島主歳遣船・深処倭《しんしょわ》歳遣船）と巨酋使《きょしゅうし》船の分配数（比率）を氏族別に整理すると、佐須氏（第一位）と立石氏（第二位）が卓越していることがわかる。佐須氏はもともと宗氏一門に連なり、守護代・佐須郡主・豆酘《つつ》郡代といった要職を占めており、なかでも豆酘郡代家は「杉村」と改姓して近世対馬藩の家老格となる。立石氏は宗氏本宗家との重層的な縁戚関係を土台として台頭した直臣《じきしん》団（吏僚集団）随一の氏族である。また、古川氏（第三位）と平田氏（第四位）も近世対馬藩の家老格となる有力な氏族であ

表9　朝鮮貿易権益の分配状況（1580～86年）

| 氏族名 | 属性 | 歳遣船 | | 巨酋使 | |
|---|---|---|---|---|---|
| | | 回 | 比 | 回 | 比 |
| 佐須 | 守護代 | 44(39) | 11.8 | 7(7) | 33.3 |
| 立石 | 直臣 | 40(26) | 10.2 | 2(2) | 9.5 |
| 古川 | 直臣 | 21( 7) | 5.4 | 0(0) | 0 |
| 平田 | 直臣 | 17(14) | 4.4 | 1(1) | 4.8 |
| 内山 | 直臣 | 13( 7) | 3.3 | 0(0) | 0 |
| 中原 | 直臣 | 11( 0) | 2.8 | 0(0) | 0 |
| 久和浦 | 直臣 | 11( 4) | 2.8 | 0(0) | 0 |
| 柳川 | 直臣 | 11( 4) | 2.8 | 1(1) | 4.8 |
| 大浦 | 直臣 | 11( 8) | 2.8 | 0(0) | 0 |
| 小林 | 直臣 | 11(11) | 2.8 | 0(0) | 0 |

＊「朝鮮送使国次之書契覚」により，7年間の総計上位10氏族を抽出.

＊歳遣船数の(　)内の数字は深処倭歳遣船数(偽使数).

る。逆に柳川氏は突出した存在ではなく、豊臣政権との接触の過程で急速に台頭したことを示唆する。第六位～第一〇位は歳遣船の種別の違いこそあるが、合計が年間一一回分（比率二・八％）で横並びとなっており、明らかに調整された数字である。つまり、権益の中核をなす歳遣船と巨酋使船の大部分は、政権中枢を担う家臣たちに重点的に分配され、かつその序列に応じて分配の比率が調整・決定されたのである。

一方、朝鮮の官職を受けた「受職人《じゅしょくにん》」の多くは在地被官《ひかん》（地侍《じざむらい》・町人）である。彼らは毎年一回、朝鮮に渡航して国王に直接挨拶（「親朝《しんちょう》」）することを義務づけられているので、在地で貿易の実務に従事する人びとにとっては適合的な権益である。もちろん直臣団のなかにも多少の受職人がいるけれども、銘々の権益を行使するため、長期にわたって朝鮮に渡航されては政務が停滞してしまう。その意味において、直臣団には本人が渡航する必要のない、すなわち使者（地侍・町人）に渡航を委託できる歳遣船・巨酋使船の権益が適合的だったのである。

歳遣船の権益を象徴するのが「図書《としょ》」であり、対馬では単純に「印《いん》」あるいは「銅印《どういん》」と称された。宗氏本宗家は「跡付」「書契覚」といった台帳によって全ての権益を管理していたが、図書の保管・使用は権益保持者（知行者）に委ねていたようである。現存する宗家旧蔵図書のうち十六世紀に使用されたものは一五顆《か》あるが、「跡付」「書契覚」による

図 75　宗家旧蔵の図書・木印（一括）
（重要文化財「対馬宗家関係資料」，九州国立博物館蔵）

と、そのうち一〇類は本宗家（義調・義純・義智）が留保した権益と対応する。残る五類は守護代佐須氏と柳川氏が知行した権益と対応するが、両家が断絶したのちに本宗家へ移管されたのであろう。一方、豆酘郡代佐須氏が知行した「筑前州宗《そう》三郎《さぶろう》茂家《しげいえ》」名義、および古川氏が知行した「上松浦《かみまつら》波多嶋《はたしま》源安《みなもとのやすむ》」名義の権益に関しては、それに対応する図書「茂家」「源安」が杉村家・古川家に伝来したことが記録によって知られる（「杉村家文書」「宗家文書」『釜山甲寅史』）。

　したがって、図書の所在・伝来は、一五九二年（文禄元）に「文禄の役」が勃発した時点での権益の留保・知行状況と基本的に対応するのである。それゆえ、家臣が知行した権益に対応する図書は、各家に伝来したはずであり、まだどこかで現存している可能性がある。

　とはいえ、歳遣船の権益を主として知行したのが直臣であるというのが厄介である。対馬の旧家には今も多くの中世文書が保管されているが、その大部分は在地被官（近世の在郷給人《ざいごうきゅうにん》・百姓・町人など）の家に伝来したものである。一方、直臣（近世の城下士《じょうかし》）の家に伝来した家文書は残りが良くなく、対馬島外に移動しているケースが多い。おそらく近代の廃藩置県によって城下からの離散を余儀なくされたためであり、その際に家蔵の文書・道具類が散逸してしまったケースも多いだろう。たとえば、立石氏が知行した「三嶋守《みしまのかみ》　源《みなもとの》　吉見《よしはる》」名義に対応する図書「吉見」は埼玉県で発見されている（田中一九七五）。つまり、全国規模で捜索すれば、今後、新たに図書が発見される可能性が残されているのである。新発見への期待を込めて、あえて詳述した次第である。

# エピローグ——対馬宗氏の四〇〇年——

ここまで四章にわたって「対馬宗氏の中世史」を眺めてきた。最後に宗氏とはいかなる存在であったのかを振りかえることにしたい。

鎌倉初期（十三世紀初期）、大宰府府官の一族惟宗《これむね》氏が武藤氏（「宰府《さいふ》守護人」・府官）のバックアップを得て対馬の在庁官人として進出してきた。これが宗氏の始祖である。やがて武藤氏が対馬守護・惣地頭となると、惟宗氏の一族は武士化して宗氏を称し、その守護代・地頭代として国制上の地位を得た。モンゴル襲来にともない、少弐《しょうに》氏（武藤氏）は守護を解かれたが、惣地頭職は本領として知行・相伝し、対馬守に属する権限を吸収した。それは地頭代宗氏の存在を前提として実現したものであり、逆にいえば、宗氏は少弐氏のバックアップのもと既存の支配機構を掌握したのである。こうした地頭少弐氏—地頭代宗氏の支配は南北朝期の十四世紀半ばまで続いたが、それ以後は少弐氏の支配が後退し、宗氏の領国形成が進んだ。領国支配の基礎となる八郡の体制が形成されたのは十四世紀後半のことであり、独自の支配機構も形成されはじめた。ただし、この時期の宗氏当主は北部九州経略に重点をおき、主家少弐氏が筑前守護であるときには、その守護代として筑前の統治を担っていた。

こうした状況が転換するのは室町期のことである。十五世紀初期に宗貞茂《さだしげ》（家督一三九八～一四一八年）は北部九州の少弐・宗体制の弱体化をうけ、対馬の領国支配と朝鮮通交へとシフトした。ここに領国支配と朝鮮通交が政治的・経済的なレベルで密接不可分となり、とりわけ領国内の地侍層に宗氏の名義のもとで通交貿易を行わせることによって、彼らの被官《ひかん》化を進めた。朝鮮王朝は通交貿易の門戸をひろく開いてはいたが、有象無象の相手をすべて受け入れたわけではない。自力では通交貿易への参入が難しい大多数の地侍層は、宗氏の通交使節という形式をとって朝鮮に渡航する必要があったのである。

このような方向性は次代の貞盛《さだもり》期（家督一四一八～五一年）に継承された。貞盛は朝鮮王朝と共同して通交制度（図書《としょ》制度・書契《しょけい》制度・文引《ぶんいん》制度）を導入・運用することで、通交貿易をよりシステマティックなかたちへと進化させた。また、朝鮮では日本船の入港地指定にともない、三浦《さんぽ》《サムポ》（薺浦《チェポ》・富山浦《プサンポ》・塩浦《ヨンポ》）に港湾都市が形成され、宗氏領国の治外法権エリアと化した。一方、北部九州では少弐・宗体制が復活し、宗氏による博多の直接統治も実現した。壱岐《いき》・肥前上松浦《かみまつら》を分治する松浦党諸氏とは同じ親少弐勢力として友好的であり、博多—朝鮮間の交通・流通ルートを掌握することもできた。こうして領国支配を急ピッチで進展させた貞盛であったが、幕府からみた対馬の「知行主《ちぎょうしゅ》」は少弐氏であり、貞盛はその「内者《うちもの》」（「被官」）の身分にすぎなかった。ところが、少弐満貞《みつさだ》が足利義教《よしのり》の勘気を蒙り、名目上その本領を没収したことから、貞盛が知行主とみなされることとなった。これらの諸条件を前提として、貞盛は領国を「対馬島」ではなく「対馬国」と認識し、「公方《くぼう》」（「国主」）として君臨するようになったのである。

貞茂から貞盛への嫡流相続の正統化は、対馬一宮の興行や朝鮮使節の迎接というかたちで行われたし、貞盛の「公方」化も「国境」地域の特性を活かした独自の地域支配にもとづき実現したものである。いずれも宗氏ないし宗氏領国の内在的論理によって自己完結していた。ところが、北部九州での少弐・宗体制の瓦解にともなう知行地の減少、朝鮮との島主歳遣船《とうしゆさいけんせん》制度の合意にともなう通交貿易の年間回数制限にともない、宗氏一門の統制や家臣団の統制に綻びが生じ、しかも主人である少弐教頼《のりより》が対馬に身を寄せてきた。貞盛が嫡子彦六への嫡流相続をスムースに実現させるにあたって、「公方」教頼は郡主（宗氏一門）たちの結集核となりかねない危険な存在であり、教頼との主従関係を解消する必要に迫られた。そこで一四四〇年代後半に貞盛は本姓を惟宗から平に改姓し、少弐氏の「内者」（「被官」）としての由緒を否定することで、将軍直属化を図った。その結果、宗氏は守護職《しき》家としての家格を得て、貞盛が対馬守護となり、嫡子彦六は将軍偏諱《へんき》を拝領して「成職《しげもと》」と名乗った。このように宗氏は嫡流相続の正統化という局面で、少弐氏の影響力を排除するため、将軍権威という外在的論理を必要としたのである。

成職（家督一四五一～六七年）は対馬守護として遣明船《けんみんせん》・遣朝鮮船の警固などの局面で幕府外交の補助的役割を担う一方で、少弐・宗体制による筑前支配の復活を期して反幕府行動を起こしてもいる。

しかし、大内氏が伊予河野氏に与して反幕府勢力に転じるやいなや、成職は少弐教頼の筑前守護還補《げんぽ》を実現させ、幕府勢力として筑前の実効支配に乗り出すことになった。各国守護が細川氏・山名氏に系列化される状況のなかで、守護間の政治力学を利用するかたちで筑前支配の正当化を図ったのである。一方、成職は前代からの懸案である島主歳遣船制度の桎梏を克服するため、偽使《ぎし》の運用に着手するなど、通交権益を拡大していった。

貞茂・貞盛・成職三代はスムースな嫡流相続が実現したが、成職が嗣子《しし》なく死去したため、傍流の貞国《さだくに》（家督一四六七〜九三年頃）が本宗家の家督を相続した。権力基盤の脆弱な貞国は、当初は郡主（一門）との等輩《とうはい》関係を脱することができなかった。それゆえ、惟宗姓を一時的に復活させ、郡主と結束して少弐氏を推戴することで北部九州経略の進展を図るとともに、世襲官途「刑部少輔《ぎょうぶのしょう》」への任官などをとおして家督相続の正統性を徐々に担保していった。また、大内方に帰属した肥前波多《はた》氏による上松浦・壱岐の一元支配によって、宗氏と少弐氏との軍事的連携が遮断されたことで北部九州経略は暗転し、大内氏が筑前守護に復帰するやいなや、貞国は少弐氏と絶交して大内氏と修好するという、宗氏にとっての歴史的な方針転換を決断した。

一方、貞国は嫡流相続を指向し、家督が将軍の一字（義字・偏諱）を拝領し、かつ世襲官途「刑部少輔」に任官されるという構図を定着させた。受領《ずりょう》「讃岐守《さぬきのかみ》」の家父長の象徴としての意義が明確になるのも貞国期のことである。かくして貞国の嫡子材盛《きもり》（家督一四九三年頃〜一五〇六年頃）は「材」

字、嫡孫義盛（家督一五〇六年頃〜二〇年頃）は「義」字を拝領したが、とりわけ義盛が破格ともいえる「義」字を拝領し、かつ「屋形」号の栄典を授与されたのは、明応の政変（一四九三年）後の将軍権力の分裂、そして足利義稙《よしたね》政権に参画する大内義興《よしおき》の政治的意図が作用したためである。

　こうして義盛は将軍権威によって領国内での権威を高めたが、先代材盛の健康不安によって増幅された守護代国親《くにちか》の専横を制御することができず、「三浦の乱」（一五一〇年）という中世日朝通交史上の大事件に発展した。義盛は義稙—義興ラインとの密接な関係を活かして和平交渉を進めたが、壬申《じんしん》約条《やくじょう》の締結という宗氏にとって最悪の結果を招くこととなった。朝鮮関係諸権益は劇的に失われ、経済・社会状況が悪化したことで、宗氏の権力基盤は急速に動揺した。宗氏一門・直臣《じきしん》団（吏僚）・在地被官のいずれもが分裂するという深刻な事態となったのである。

　まもなく義盛が死去し、貞国・材盛・義盛三代にわたる嫡流相続が途絶え、仁位郡主家の盛長《もりなが》（家督一五二一年頃〜二六年）が本宗家を相続した。義盛の死去は盛長のクーデターであった可能性が高く、盛長は壬申約条の撤廃交渉、そして知行制の再建を急いだわけであるが、豊崎郡主家の盛賢《もりかた》（将盛《まさもり》）との対立を招いた。こうして宗氏一門の権力闘争と家臣団の分裂が深刻化するなかで、もはや将軍権威にもとづく家督相続の正統化は意味をもたず、盛長が幕府・将軍と接触した形跡はない。実力で権力闘争を勝ち抜き、家臣団統制を再建することを至上命題としたのである。

　ところが、盛長は盛賢のクーデター（一五二六年）に斃れ、盛賢（家督一五二六〜三九年）が本宗家を相続した。領国の分裂状況がやや小康状態となるなか、盛賢としては家督相続の正統性の担保が必要であったが、足利義晴《よしはる》の出奔の影響もあって、幕府・将軍への接触はほとんど確認されない。将盛は初名「盛賢」を「将盛」に改めているが、将軍または少弐氏当主からの一字拝領にもとづかない改名は宗氏歴代で初めてであり、世襲官途「刑部少輔」も僭称《せんしょう》とみられる。将盛は朝鮮通交の改善にも消極的であり、最後には直臣団によって隠居を余儀なくされた。これは宗氏家中の成熟を示す画期的な事件であり、嫡流相続を是とする従来の家督相続のあり方を一変させた。家督には相応の器量が強く求められるようになり、家督ないし嫡子・継嗣の地位は安穏と保証されるものではなくなったのである。

将盛の後継者として直臣団が推戴したのは、宗氏一門の長老である賢尚《かたひさ》（家督一五三九～五三年）であった。賢尚（貞尚《さだひさ》・貞泰《さだやす》）は家督相続を暫定的なものととらえ、世襲官途の「刑部少輔」を避けて受領「大和守《やまとのかみ》」を称した。また、将軍足利義晴から「晴」字を拝領して「晴茂《はるしげ》」「晴康《はるやす》」と改名し、家父長の象徴である「讃岐守」に任官されるとともに、嫡子彦七（義調《よししげ》）が「義」字を拝領した。嫡流相続の復活とその正統化を図ったものではあるが、晴康は義調に家督を譲ってからも、隠居として義調を後見し、最期まで義調に「刑部少輔」の世襲を認めなかった。一方、晴康は朝鮮通交上での実績に乏しく、むしろ「蛇梁倭変《だりょうわへん》」（一五四四年）にともなう朝鮮関係諸権益の喪失という重大な失策を犯した。ところが、義盛・盛長・将盛期のような一門・家臣団の分裂に発展しなかったのに、彼らが晴康のもとでの領国の再統合を希求していたためである。それを象徴するのが宗姓一斉改姓のスムースな実現であった。

晴康の死去（一五六三年）にともない、名実ともに家督となった義調（家督一五五三〜六六年頃）は直ちに将軍足利義輝に接近して「刑部大輔《ぎょうぶたいふ》」に任官され、まもなく家父長の象徴である「讃岐守」にも任官された。両度の任官を契機として、幕府上使が対馬に下向するようになり、家督相続の正統性をアピールする手段となった。朝鮮通交上では、将盛以来継続してきた「盛長」名義の通交を改めて「義調」名義とし、通交権益を大幅に回復させることに成功した。

義調は父晴康の手法を継承し、隠居として家督を後見する体制を敷いた。この体制下で将盛の子息茂尚《しげひさ》（家督一五六六年頃〜六九年）・義純《よしずみ》（一五六九〜七九年）・義智《よしとし》（一五八〇〜一六一五年）が相次いで家督を相続した。茂尚の後継者である義純（調尚《しげひさ》・貞信《さだのぶ》）は、備後鞆《とも》の浦に寄寓する将軍足利義昭《よしあき》から「義」字を拝領し、かつ受領「常陸介《ひたちのすけ》」に任官された。家督が受領に任官されるのは異例であり、従来の家督相続の正統化の構図を逸脱したものである。結局、義純は義調から家督を悔い返されたのち自刃に追い込まれた。義純の後継者昭景は、既に義昭から「昭」字を拝領していたが、あらためて「義」字を拝領して「義智」と改名し、世襲官途「刑部大輔」に任官された。足利将軍からの義字拝領はこれが最後であるが、義字の領国内における政治的効果は高く、近世対馬藩主のアイデンティティとして継承された。

室町・戦国期の宗氏歴代の特徴は以上のとおりであるが、総じていえるのは、宗氏はやはり日朝国境地域の特性に根ざした地域権力であり、その領国支配は幕府から分与された公権にもとづくものではないということである。守護職や栄典（義字・偏諱の拝領、官途・受領への任官、屋形号の免許）は、宗氏本宗家の正統化の論理と密接不可分であり、もっぱら領国内での権威を高める手段として機能したのである。

宗氏領国の安定性・不安定性には時期的な変動が認められる。嫡流相続の実現、朝鮮関係諸権益の維持・拡大、国境をまたぐ流通の保護・統制、北部九州経略などの諸要素が比較的に調和していた十五世紀前半〜後半は、領国経営が概ね安定した時期であった。貞国期には北部九州経略が放棄されたため、その分だけ朝鮮関係諸権益への依存が高まったが、十五世紀末からの日朝貿易の過熱・摩擦と「三浦の乱」（一五一〇年）によって、そうした諸要素はたちまち不調和をきたしてしまう。十六世紀前半は、宗氏領国にとって未曾有の政変・騒乱が連続する時代であった。十六世紀中頃には諸要素が再び調和して領国の安定がもたらされるが、隠居による家督の後見体制、家中の成熟といった新しい要素が加わった。隠居と家督の確執という新たな火種は生じたが、その混乱は最小限で終息し、領国が根幹から動揺するまでには至らなかったのである。

かくして宗氏は中世を乗り越え、豊臣政権下で義智《よしとし》は「対馬守《つしまのかみ》」に任官され、新しい国制上の地位を得ることとなった。近世への移行に比較的スムースであったかのようにもみえるが、「文禄・慶長

料金受取人払郵便

本郷局承認

9711

差出有効期間
平成30年7月
31日まで

郵便はがき

1 1 3-8 7 9 0

2 5 1

東京都文京区本郷7丁目2番8号

吉川弘文館 行

愛読者カード

本書をお買い上げいただきまして、まことにありがとうございました。このハガキを、小社へのご意見またはご注文にご利用下さい。

お買上**書名**

＊本書に関するご感想、ご批判をお聞かせ下さい。

＊出版を希望するテーマ・執筆者名をお聞かせ下さい。

お買上書店名　　区市町　　書店

◆新刊情報はホームページで　http://www.yoshikawa-k.co.jp/

◆ご注文、ご意見については　E-mail:sales@yoshikawa-k.co.jp

| | | |
|---|---|---|
| ふりがな<br>ご氏名 | 年齢　　歳 | 男・女 |
| 〒□□□-□□□□ | 電話 | |
| ご住所 | | |
| ご職業 | 所属学会等 | |
| ご購読<br>新聞名 | ご購読<br>雑誌名 | |

今後、吉川弘文館の「新刊案内」等をお送りいたします(年に数回を予定)。
ご承諾いただける方は右の□の中に✓をご記入ください。　□

# 注文書

月　　日

| 書　　名 | 定　価 | 部　数 |
|---|---|---|
| | 円 | 部 |
| | 円 | 部 |
| | 円 | 部 |
| | 円 | 部 |
| | 円 | 部 |

配本は、○印を付けた方法にして下さい。

イ. 下記書店へ配本して下さい。
（直接書店にお渡し下さい）
（書店・取次帖合印）

書店様へ＝書店帖合印を捺印下さい。

ロ. 直接送本して下さい。
代金（書籍代＋送料・手数料）は、お届けの際に現品と引換えにお支払下さい。送料・手数料は、書籍代計 1,500 円未満 530 円、1,500 円以上 230 円です（いずれも税込）。

＊お急ぎのご注文には電話、FAXもご利用ください。
電話 03―3813―9151（代）
FAX 03―3812―3544

**吉川弘文館 新刊ご案内**

〒113-0033・東京都文京区本郷７丁目２番８号　振替 00100-5-244（表示価格は税別です）
電話 03-3813-9151(代表)　ＦＡＸ 03-3812-3544　http://www.yoshikawa-k.co.jp/

2017年１月

生産力・経済力・軍事力…。東国の繁栄と独自性の源はここにあった！
歴史学・考古学から迫る新しい地域像！

# 古代の東国 全３巻

**刊行開始**

四六判・平均三〇〇頁・原色口絵四頁　各二八〇〇円

## ① 前方後円墳と東国社会 古墳時代

若狭 徹著

なぜ関東各地に多くの前方後円墳が造られ、独自の文化が生まれたのか。古墳の立地・形態・規模・出土品などから、当時の社会のあり方や変化、朝鮮半島との交流、豪族たちの実像を読み解き、東国古墳社会の実態に迫る。　本文三〇〇頁

## ② 坂東の成立 飛鳥・奈良時代

川尻秋生著

卓越した軍事力を誇った坂東は、ヤマト王権から特殊な位置づけを与えられ、征夷や防人の拠点となった。飛鳥・奈良時代の東国を、古代人の信仰や交通・交流、東北との関係から多面的に蘇らせ、新しい地域像を提示する。　本文三〇四頁

続刊

## ③ 覚醒する〈関東〉 平安時代……荒井秀規著

『内容案内』送呈

Art History of the Imperial Court

『内容案内』送呈

政治、宗教、そして造形、
天皇の力のありようを美術作品から照らし出す！

# 天皇の美術史

**全6巻**
**1月刊行開始**

〈企画編集委員　五十音順〉
**五十嵐公一・伊藤大輔・塩谷　純・髙岸　輝・野口　剛・増記隆介**

A5判・平均二五〇頁
原色口絵四頁
**各三五〇〇円**

今日まで伝わる絵画、彫刻や工芸品。古来、時の天皇はこれら美術作品のパトロネージに大きく関与してきた。古代王権の確立から院政期、武家政権の時代を経て近代皇室にいたるまで。日本の美術史における天皇の役割を、作品の精査と史料の分析によって探り出し、美術と社会との関わりを通史的に俯瞰する。新たな文化史を構築する画期的シリーズ。

●第1回配本

## ② 治天のまなざし、王朝美の再構築

**鎌倉・南北朝時代**

**伊藤大輔**
**加須屋誠**　著

鎌倉～南北朝期の美術史を、視覚の在り方＝「まなざし」の力学から考察し深化させる。絵巻物や肖像画を軸とした院政期美術を再検討、未解明の十四世紀美術史を体系的に把握。研究の最前線を切り開く、新たな中世美術論。

本文二二〇頁予定

# 演出された権力、荘厳された権威

●続刊

❶古代国家と仏教美術　奈良・平安時代
増記隆介・川瀬由照・皿井　舞・佐々木守俊著
〈6月刊行予定〉

❸乱世の王権と美術戦略　室町・戦国時代
髙岸　輝・黒田　智著
〈3月刊行予定〉

❹雅の近世、花開く宮廷絵画　江戸時代前期
野口　剛・五十嵐公一・門脇むつみ著
〈5月刊行予定〉

❺朝廷権威の復興と京都画壇　江戸時代後期
五十嵐公一・武田庸二郎・江口恒明著
〈2月刊行予定〉

❻近代皇室イメージの創出　明治・大正時代
塩谷　純・恵美千鶴子・増野恵子著
〈4月刊行予定〉

書名は変更になる場合がございます

＊推薦します（敬称略 50音順）

青柳正規（東京大学名誉教授 元文化庁長官）

橋本麻里（美術ライター 永青文庫副館長）

近代を知る、今がわかる。

政治の動きを中心に、時代の流れを描く本格的通史！

# 日本近代の歴史 全6巻

刊行中！

〈企画編集委員〉大日方純夫・源川真希

四六判・平均二八〇頁
原色口絵四頁／各二八〇〇円

●新刊の3冊

## ③ 日清・日露戦争と帝国日本 1895〜1911

飯塚一幸著

日清戦争を経て植民地支配がはじまった一九世紀末。軍拡優先の財政運営のもと、帝国化はどのように進められたのか。藩閥と政党の対立と協調、地方が牽引した企業勃興、日清戦争から日露戦争へ。帝国化の起点に迫る。

本文二五六頁

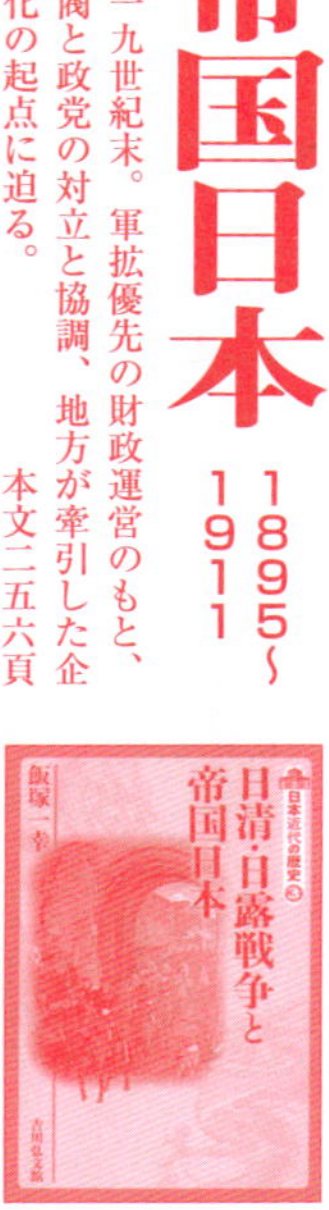


## ④ 国際化時代「大正日本」 1912〜1925

櫻井良樹著

植民地帝国へ変貌した日本は、中国の革命や第一次世界大戦への対処、流入してくる欧米の文化・思想の受容など、様々な国際化に曝された。対華二十一ヵ条要求、ワシントン会議から二大政党制とつづく変革の時代を描く。

本文二四八頁

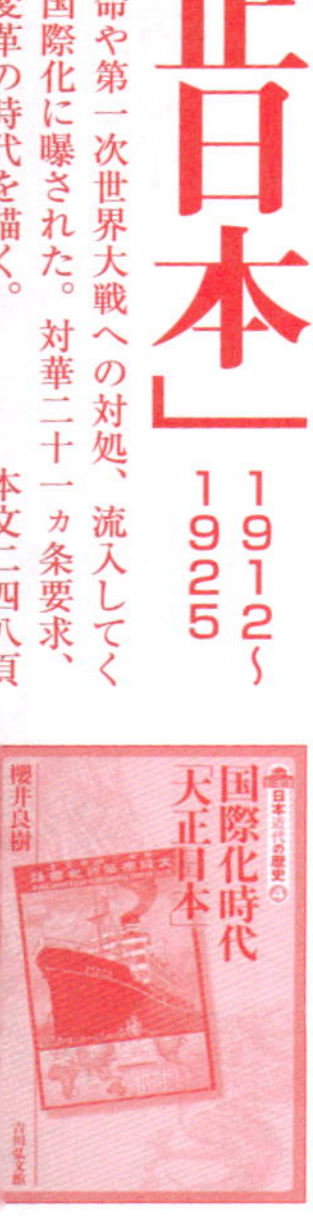

## ⑤戦争とファシズムの時代へ　1926～1937

河島　真著

政党内閣制は五・一五事件で崩壊し、軍部の政治介入が強まる。満洲事変後の欧米との対立、昭和恐慌から戦時経済への転換、そして二・二六事件。デモクラシーはいかにして潰えたか。戦争に向かう時代を克明に辿る。

本文二六〇頁

## ⑥総力戦のなかの日本政治　1937～1952〈2月下旬発売〉

源川真希著

日中戦争、日米開戦、そして敗戦に至る戦争の時代。翼賛体制・統制経済・大東亜共栄圏は、いかに構築されたのか。さまざまな政治勢力や錯綜する国家構想を整理し、社会構造の変容をふまえて総力戦体制をとらえる。

【既刊】

①維新と開化　1867～1873　奥田晴樹著

②「主権国家」成立の内と外　1874～1894　大日方純夫著

## 読みなおす日本史

毎月１冊ずつ刊行中　四六判

### 足利義政と東山文化

河合正治著

一九二頁／二二〇〇円（解説＝木下　聡）

### 僧兵盛衰記

渡辺守順著

二四〇頁／二二〇〇円（補論＝渡辺守順）

### 朝倉氏と戦国村一乗谷

松原信之著

二三二頁／二二〇〇円

政治に意欲を示すものの、近親や有力守護を抑えられず応仁の乱を招いた足利義政。一方で銀閣に見られる書院造や作庭、室礼など、現代につながる芸能・文化の支援者でもあった。時代の転換点に翻弄された生涯を描く。

白河法皇が、賀茂川の水、双六の賽とならべて意のままにならぬと嘆いた僧兵。彼らは行動を衆議で決め、仏法と本山を守って行動した。民衆としての僧兵集団を再評価し、仏教の護持と発展につくした実態を明らかにする。

応仁の乱で活躍して主家から自立し、有力な戦国大名となった越前朝倉氏。一乗谷を拠点に合理的な分国法を制定して国内を支配し、和歌・連歌・古典にも精通したが信長に滅ぼされる。残された史料を博捜して実像に迫る。

# 歴史文化ライブラリー

●16年11月～17年1月発売の6冊

四六判・平均二二〇頁　**全冊書下ろし**

人類誕生から現代まで／忘れられた歴史の発掘／常識への挑戦／学問の成果を誰にもわかりやすく／ハンディな造本と読みやすい活字／個性あふれる装幀

## 438 平安京はいらなかった 古代の夢を喰らう中世

桃崎有一郎著

平安京は必要だったのか―。理念優先で造られ住むには不便だった都市が、その「使いにくさ」を克服し、中世京都へと脱皮していく姿を鮮やかに描く。新視点で平安京を捉え直し、〝千年の都〟の本質に迫る刺激的な書。

二八〇頁／一八〇〇円

## 439 紀州藩主 徳川吉宗 明君伝説・宝永地震・隠密御用

藤本清二郎著

享保の改革を推進した徳川幕府八代将軍吉宗。紀州藩主時代の農政や人材登用、宝永大地震からの復興などを明らかにし、将軍としての施政に与えた影響を探る。従来の明君伝説から解き放ち、若き日の将軍前史を描く初の書。

二四〇頁／一七〇〇円

## 440 よみがえる古代山城 国際戦争と防衛ライン

向井一雄著

朝鮮半島にルーツを持つ日本の古代山城《さんじょう》。その分布から、一見大陸からの防衛ラインをなしているが、機能したのだろうか。史書など記録にない謎の遺跡「神籠石《こうごいし》系山城」を中心に実態を探り、新たな古代山城を描き出す。

二二四頁／一七〇〇円

## 441 江戸の乳と子ども いのちをつなぐ

沢山美果子著

女性から分泌される〝乳〟が赤子の命綱だった江戸時代、母親の出産死や乳の出が悪い場合、人びとは貰い乳や乳母を確保するため奔走した。乳をめぐる人の繋がりを探り、今、子どもを育てるネットワーク形成の意味を考える。

二三二頁／一七〇〇円

## 442 天皇の音楽史 古代・中世の帝王学

豊永聡美著

前近代の天皇は帝王学の一つとして管絃の習得を積み、どの楽器を演奏するかは、時には皇統の在り方をも左右した。音楽と天皇の権威との関わりや帝器の変遷を、古代・中世の天皇の音楽事績を紹介しつつ明らかにする。

二二〇頁／一七〇〇円

## 443 軍用機の誕生 日本軍の航空戦略と技術開発

水沢　光著

第一次世界大戦を経て、兵器としての飛行機が重視され始めるなか、日本も独自の開発を進めていく。陸海軍の航空戦略や研究機関の整備などを明らかにし、世界的レベルの名機を生み出した科学技術体制の実態を描き出す。

二〇八頁／一七〇〇円

【既刊】

434 樹木と暮らす古代人 木製品が語る弥生・古墳時代
樋上　昇著
二八六頁／一八〇〇円

435 頼朝と街道 鎌倉政権の東国支配
木村茂光著
二三八頁／一七〇〇円

436 出雲国誕生
大橋泰夫著
二八四頁／一八〇〇円

437 松陰の本棚 幕末志士たちの読書ネットワーク
桐原健真著
二〇二頁／一七〇〇円

人《ひと》をあるく

## 真田氏三代と信濃・大坂の合戦

中澤克昭著

天下人や大大名と渡り合い、戦国を生き抜いた幸綱・昌幸・信幸・信繁ら真田一族。信濃の弱小氏族から大名へと、いかに成長したのか。本拠地だった上田を訪ねて足跡を辿り、徳川を苦しめた上田合戦と大坂の陣に迫る。

A5判・一六〇頁／二〇〇〇円

## 日朝関係史

関　周一編

四六判・四一六頁／三五〇〇円

活発な通交、貿易、戦争、断絶…。古来、日本列島と朝鮮半島は、国境を史的境界としない多様・多元的な移動や交流があった。双方の関係を、東アジア内の広範な交流にも触れながら解明。広域史の視点から見つめ直す。

## 日本城郭史

齋藤慎一・向井一雄著

四六判・五〇四頁・原色口絵四頁／四二〇〇円

環濠集落から近世城郭へと、時代と共にいかなる変遷を遂げたのか。「軍事」と「日常」の二つの視点から実態を探り、都市空間論まで踏み込んで解明。北日本や琉球、アジアの視野も踏まえて検証した新たな〝城〟の通史。

## 石田三成伝

中野　等著

四六判・五七八頁／三八〇〇円

豊臣政権を支えた五奉行の一人、石田三成。多くの挿話で語られてきた「実務に優れた青白きインテリ」像を超えて、一次史料からその生涯を解明。逆賊として人物像が形成された過程にも触れ実像に迫る、三成伝の決定版。

## 八代目市川團十郎

気高く咲いた江戸の花

木村　涼著

四六判・二七八頁／二八〇〇円

江戸後期の花形役者として一世風靡するも、三二歳で突然の死を遂げた八代目市川團十郎。家の芸を継承しながら独自の個性を積み重ねた舞台姿、成田山との交流を活写。新発見の團十郎一家の手紙を紹介しつつ生涯を描く。

## 明治期のイタリア留学 文化受容と語学習得

石井元章著

四六判・三四四頁／三二〇〇円

近代日本の黎明期にイタリアへ渡った井尻儀三郎、緒方惟直、川村清雄、長沼守敬ら若き日本人たち。彼らは明治政府がすすめる近代化政策の中で、イタリアから何を受容したのか。知られざる西洋文化受容史を描き出す。

## 看護婦の歴史 寄り添う専門職の誕生

山下麻衣著

A５判・二〇六頁／三五〇〇円

しかるべき養成を受けた看護婦は明治に誕生した。看護婦を「女性が多く就く労働者」と見なし、「どこで」「誰を」看護していたかという基準で、養成方法や職務内容などの歴史を描く。今日の看護の労働実態の根源に迫る。

## イルカと日本人 追い込み漁の歴史と民俗

中村羊一郎著

四六判・二九六頁／二四〇〇円

イルカの追い込み漁―近年、国際的な批判を受けているこの漁法について、漁の実態や日本人のイルカに寄せる心情を、初めて体系的に分析する。伝統食の有りようをも含めて、今後の議論に一石を投じる注目の一冊。

## 情報覇権と帝国日本 全3巻

### Ⅲ 東アジア電信網と朝鮮通信支配

有山輝雄著

朝鮮半島侵出をはかる日本は、情報通信の掌握を構想したが、自力で電信線を敷設する力をもたなかった。西欧依存から脱却し、自立的な東北アジア通信覇権形成に至るまでの外交の過程をたどる、日朝関係の情報通信史。四六判・四八〇頁／四五〇〇円

〈既刊〉Ⅰ海底ケーブルと通信社の誕生 Ⅱ通信技術の拡大と宣伝戦…各四七〇〇円

木・漆・土・金属…。モノと技術の発展をテーマごとに解説。〈日本のモノ作り〉をあらためて見直す。

# モノと技術の古代史 全4冊

2月刊行開始

## 金属編

村上恭通編

六〇〇〇円

青銅や鉄を弥生文化に取り入れて以降、日本の金属器文化はどのように発展したのか。生活に欠かせない利器や祭器・装身具など、金属器の加工技術や製品の使用方法に着目しながら、古代日本人のモノ作りを見直す。本文三二〇頁

【続刊】

木器編 宇野隆夫編

陶芸編 小林正史編

漆工編 永嶋正春編

A5判　平均三〇〇頁　原色口絵四頁

『内容案内』送呈

## 日本古代の郡司と天皇

磐下　徹著

日本の古代国家は、地方豪族を郡司に編成することで中央集権的な地方支配を目指した。孝徳朝に確立された郡司と天皇の関係や郡司層を分析視覚に、その成立過程や内実を考察。郡司・郡司制度から古代国家像を検証する。

A5判・三一二頁／九〇〇〇円

## 古代国家仏教と在地社会 日本霊異記と東大寺諷誦文稿の研究

藤本　誠著

『日本霊異記』『東大寺諷誦文稿』の史料論的考察をおこない、地方の「寺」や「堂」と称される仏教施設での説法の様子や階層性を分析。日本古代の在地社会における、多様で重層的な仏教受容のあり方と特質を解明する。

A5判・三九二頁／一一〇〇〇円

## 平安初期の王権と文化

笹山晴生著

律令制が揺らぐ八～九世紀、再編された警察機構と王権の不可分な関係を追究する。文化的活動の持つ政治性にも着目し、国史編纂や、宇多天皇・藤原良房の独自性を照射。摂関・院政期をも視野に古代天皇制の特質に迫る。

A5判・二八〇頁／九〇〇〇円

## 豊臣秀吉文書集 三 天正十四年～天正十六年

名古屋市博物館編

徳川家康を臣下に従えた後、豊臣の軍勢は九州平定へと向かう。北野大茶湯を催し、聚楽第に後陽成天皇を迎えるなど、秀吉の求心力はますます高まる。伴天連追放や海賊停止、刀狩など諸政策を行うまで、八一七点を収録。

菊判・三二四頁／八〇〇〇円

## 加賀藩の社会と政治

髙澤裕一著

A5判・四六八頁／一三〇〇〇円

「加賀百万石」と称され、近世期日本最大の大名であった前田家。藩政史料から加賀藩の村落支配体制や寺院統制の実態を分析、藩祖利家や二代利長の事績、町の救恤などにも触れ、その領国社会と支配の実態を探究する。

## 西南戦争の考古学的研究

高橋信武著

B5判・三一四頁／一三〇〇〇円

これまで文字資料により研究されてきた西南戦争を、考古学的に探究した初めての書。当時の主要小銃・弾薬などの遺物や九州各地の陣地の遺構から両軍の兵力・装備を追究。戦闘の推移などを解明し、研究の新地平を拓く。

## 日中戦争と大陸経済建設

白木沢旭児著

A5判・三〇四頁／八五〇〇円

日中戦争の目的は、中国占領地における経済開発〈長期建設・経済建設〉であった。戦時期の貿易立国路線から生産重視への転換過程と華北の工業・農業政策に着目。日中戦争の重要な側面である大陸経済建設の実態に迫る。

## 戦間期の日本海軍と統帥権

太田久元著

A5判・二八八頁／九五〇〇円

ロンドン海軍軍縮会議以降、日本海軍の編制権は統帥権に包含されていく。この過程での海軍省と軍令部の構造変化、海軍内の人的構造の変遷、またこの構造の海軍政策決定への関与を分析し、戦間期海軍の特質を究明する。

## 植民地期朝鮮の地域変容

### 日本の大陸進出と咸鏡北道

加藤圭木著

A5判・二八〇頁／九五〇〇円

朝鮮東北部の咸鏡北道における経済活動・軍事基地や港湾の建設・貿易・地方行政機構・人口の動きを、地域社会の特質や国際情勢、自然環境などから考察。植民地期の朝鮮社会の独自性に迫りつつ、地域変容の実態を描く。

## 事典 観桜会・観菊会全史 戦前の〈園遊会〉

川上寿代著

A5判・三一四頁／六〇〇〇円

明治政府による条約改正交渉の側面工作として始まった観桜会・観菊会。古より続く花を楽しむ催しは、外交・社交の場として機能し次第に年中行事となる。欧化政策と伝統が融合した戦前の〈園遊会〉の歴史と世界を描く。

## 日本考古学 42

日本考古学協会編集――A4判・一三四頁／四〇〇〇円

## 古文書研究 第82号

日本古文書学会編集――B5判・一六〇頁・口絵二頁／三八〇〇円

## 交通史研究 第89号

交通史学会編集――A5判・一〇〇頁／二五〇〇円

## 国史大辞典 全15巻（17冊）
国史大辞典編集委員会編
四六倍判・平均一一五〇頁
本文編（第1巻～第14巻）＝各一八〇〇〇円
索引編（第15巻上中下）＝各一五〇〇〇円
全17冊揃価 二九七〇〇〇円

## 明治時代史大辞典 全4巻
宮地正人・佐藤能丸・櫻井良樹編
四六倍判・平均一〇一〇頁
第1巻～第3巻＝各二八〇〇〇円
第4巻（補遺・付録・索引）＝二〇〇〇〇円
全4巻揃価 一〇四〇〇〇円

## アジア・太平洋戦争辞典
吉田 裕・森 武麿・伊香俊哉・高岡裕之編
四六倍判 八五八頁 二七〇〇〇円

## 日本歴史災害事典
北原糸子・松浦律子・木村玲欧編
菊判・八九二頁 一五〇〇〇円

## 歴史考古学大辞典
小野正敏・佐藤 信・舘野和己・田辺征夫編
四六倍判 一三九二頁 三二〇〇〇円

## 歴代天皇・年号事典
米田雄介編
四六判・四四八頁／一九〇〇円

## 源平合戦事典
福田豊彦・関 幸彦編
菊判・三六二頁／七〇〇〇円

## 戦国人名辞典
戦国人名辞典編集委員会編
菊判・一一八四頁／一八〇〇〇円

## 戦国武将・合戦事典
峰岸純夫・片桐昭彦編
菊判・一〇二八頁／八〇〇〇円

## 織田信長家臣人名辞典 第2版
谷口克広著
菊判・五六六頁／七五〇〇円

## 日本古代中世人名辞典
平野邦雄・瀬野精一郎編
四六倍判・一二二二頁／二〇〇〇〇円

## 日本近世人名辞典
竹内 誠・深井雅海編
四六倍判・一三二八頁／二〇〇〇〇円

## 日本近現代人名辞典
臼井勝美・高村直助・鳥海 靖・由井正臣編
四六倍判 一三九二頁 二〇〇〇〇円

## 明治維新人名辞典
日本歴史学会編
菊判・一一一四頁／一二〇〇〇円

## 歴代内閣・首相事典
鳥海　靖編
菊判・八三二頁／九五〇〇円

## 〈華族爵位〉請願人名辞典
松田敬之著
菊判・九二八頁／一五〇〇〇円

## 日本女性史大辞典
金子幸子・黒田弘子・菅野則子・義江明子編
四六倍判
九六八頁
二八〇〇〇円

## 日本仏教史辞典
今泉淑夫編
四六倍判・一三〇六頁／二〇〇〇〇円

## 日本民俗大辞典 上・下（全2冊）
福田アジオ・神田より子・新谷尚紀・中込睦子・湯川洋司・渡邊欣雄編
四六倍判
上＝一〇八八頁・下＝一一九八頁／揃価四〇〇〇〇円（各二〇〇〇〇円）

## 精選 日本民俗辞典
菊判・七〇四頁
六〇〇〇円

## 神道史大辞典
薗田　稔・橋本政宣編
四六倍判・一四〇八頁／二八〇〇〇円

## 沖縄民俗辞典
渡邊欣雄・岡野宣勝・佐藤壮広・塩月亮子・宮下克也編
菊判・六七二頁
八〇〇〇円

## 有識故実大辞典
鈴木敬三編
四六倍判・九一六頁／一八〇〇〇円

## 年中行事大辞典
加藤友康・高埜利彦・長沢利明・山田邦明編
四六倍判・八七二頁
二八〇〇〇円

## 徳川歴代将軍事典
菊判・八八二頁／一三〇〇〇円

## 江戸幕府大事典
菊判・一一六八頁／一八〇〇〇円

## 近世藩制・藩校大事典
菊判・一一六八頁／一〇〇〇〇円

大石　学編

吉川弘文館編集部編

## 奈良古社寺辞典
四六判・三六〇頁・原色口絵八頁／二八〇〇円

## 京都古社寺辞典
四六判・四五六頁・原色口絵八頁／三〇〇〇円

## 鎌倉古社寺辞典
四六判・二九六頁・原色口絵八頁／二七〇〇円

## 飛鳥史跡事典
木下正史編
四六判・三三六頁／二七〇〇円

## 日本仏像事典
真鍋俊照編
四六判・四四八頁／二五〇〇円

## 世界の文字の図典【普及版】
世界の文字研究会編
菊判・六四〇頁／四八〇〇円

大好評のロングセラー

## 日本史年表・地図
児玉幸多編
B5判・一三六頁／一三〇〇円

## 日本の食文化史年表
江原絢子・東四柳祥子編
菊判・四一八頁／五〇〇〇円

## 日本史総合年表 第二版
加藤友康・瀬野精一郎・鳥海 靖・丸山雍成編
四六倍判・一一八二頁／一四〇〇〇円

## 日本軍事史年表 昭和・平成
吉川弘文館編集部編
菊判・五一八頁／六〇〇〇円

誰でも読める【ふりがな付き】
## 日本史年表 全5冊
吉川弘文館編集部編
菊判・平均五二〇頁

古代編 五七〇〇円
中世編 四八〇〇円
近世編 四六〇〇円
近代編 四二〇〇円
現代編 四二〇〇円
全5冊揃価＝二三五〇〇円

第11回学校図書館出版賞受賞

## 世界史年表・地図
亀井高孝・三上次男・林 健太郎・堀米庸三編
B5判 二〇六頁 一四〇〇円

●近　刊

※書名は仮題のものもあります。

縄文時代 その枠組・文化・社会をどう捉えるか？（歴博フォーラム）
山田康弘・国立歴史民俗博物館編
四六判／二七〇〇円

人をあるく 蘇我氏と飛鳥
遠山美都男著
A5判／二〇〇〇円

古代飛鳥の都市構造
相原嘉之著
A5判／一一〇〇〇円

列島を翔ける平安武士（歴史文化ライブラリー）
野口 実著
四六判／価格は未定

悪党召し捕りの中世 鎌倉幕府の治安維持
西田友広著
四六判／二八〇〇円

対馬宗氏の中世史
荒木和憲著
四六判／三二〇〇円

日朝関係史
関 周一編
四六判／三五〇〇円

朝河貫一と日欧中世史研究
海老澤 衷・近藤成一・甚野尚志編
A5判／九〇〇〇円

戦国期風俗図の文化史 吉川・毛利氏と「月次風俗図屏風」
井戸美里著
A5判／一〇〇〇〇円

本居宣長 近世国学の成立（読みなおす日本史）
芳賀 登著
四六判／二二〇〇円

江戸の蔵書家たち（読みなおす日本史）
岡村敬二著
四六判／価格は未定

わくわく！探検 れきはく日本の歴史 3近世
国立歴史民俗博物館編
B5判／価格は未定

明治をつくった人びと 宮内庁三の丸尚蔵館所蔵写真
刑部芳則編
A5判／三四〇〇円

日本陸軍の対ソ謀略 日独防共協定とユーラシア政策
田嶋信雄著
四六判／二八〇〇円

日産の創業者 鮎川義介
宇田川 勝著
四六判／二八〇〇円

鯨を生きる 鯨人の個人史・鯨食の同時代史（歴史文化ライブラリー445）
赤嶺 淳著
四六判／一九〇〇円

古建築を復元する 過去と現在の架け橋（歴史文化ライブラリー444）
海野 聡著
四六判／一八〇〇円

〈総合資料学〉の挑戦 異分野融合研究の最前線
国立歴史民俗博物館編
A5判／三二〇〇円

**当たり前の〝日常生活〟その歴史を紐解く！**

暮らしに関わる多様な事柄、約二七〇〇項目を収録。人びとの生き生きとした営みが見えてくる！

# 日本生活史辞典

木村茂光・安田常雄・白川部達夫・宮瀧交二編

脈々と営まれ続ける人びとの暮らし。民衆・市民を主役とし、衣食住から労働・遊び・家族・大衆文化・経済・近年の社会問題まで約二七〇〇項目を収録。当たり前に過ごす日常や生活文化の移り変わりが理解できる辞典。

四六倍判・上製・函入・八三〇頁・原色口絵三二頁

『内容案内』送呈

刊行記念特価二五〇〇〇円（期限17年3月31日まで）

期限後二七〇〇〇円

推薦します

**小泉和子**氏（小泉和子生活史研究所代表 昭和のくらし博物館館長）

**桃月庵白酒**氏（落語家）

【本辞典の特色】

◆人びとの〝ふつうの生活〟に注目した新たな視角の辞典

◆約二七〇〇項目の暮らしに関わる多様な事柄を収録

◆最新のアイテムから忘れられつつある道具まで、身近なものの歴史がわかる

◆歴史学・民俗学・考古学・家政学などさまざまな分野の執筆者が結集

◆巻頭カラー口絵をはじめ、本文理解を助ける豊富な図版を掲載

◆さらに深く調べるための参考文献を紹介、検索に便利な索引も充実

# ここまで変わった日本史教科書

好評5刷

高橋秀樹・三谷芳幸・村瀬信一著

教科書の現在を知るために、旧石器から平成まで四六のテーマを設定し、記述の変化とその根拠となる研究の進展を教科書の専門家が解説する。Q＆Aなどの付録も充実。

A５判・二四〇頁

一八〇〇円

（ご注意）

・この用紙は、機械で処理しますので、金額を記入する際は、枠内にはっきりと記入してください。また、本票を汚したり、折り曲げたりしないでください。

・この用紙は、ゆうちょ銀行又は郵便局の払込機能付きＡＴＭでもご利用いただけます。

・この払込書を、ゆうちょ銀行又は郵便局の渉外員にお預けになるときは、引換えに預り証を必ずお受け取りください。

・ご依頼人様からご提出いただきました払込書に記載されたおところ、おなまえ等は、加入者様に通知されます。

・この受領証は、払込みの証拠となるものですから大切に保管してください。

収入印紙
課税相当額以上
貼　　付

印

## この用紙で「本郷」年間購読のお申し込みができます。

◆この申込票に必要事項をご記入の上、記載金額を添えて郵便局でお払込み下さい。

◆「本郷」のご送金は、４年分までとさせて頂きます。

## この用紙で書籍のご注文ができます。

◆この申込票の通信欄にご注文の書籍をご記入の上、書籍代金（本体価格＋消費税）に荷造送料を加えた金額をお払込み下さい。

◆荷造送料は、ご注文１回の配送につき380円です。

◆入金確認まで約７日かかります。ご諒承下さい。

**振替払込料は弊社が負担いたしますから無料です。**

※領収証は改めてお送りいたしませんので、予めご諒承下さい。

**お問い合わせ**　〒113-0033・東京都文京区本郷７―２―８
吉川弘文館　営業部
電話03-3813-9151　FAX03-3812-3544

この場所には、何も記載しないでください。

02 東京

加入者負担

| 口座記号番号 | 金額 |
|---|---|
| 00100-5-244 | 千 百 十 万 千 百 十 円 ※ |

加入者名 株式会社 吉川弘文館

料金 / 備考

ご依頼人・通信欄

フリガナ

※お名前

郵便番号　電話

※ご住所

※

各票の※印欄は、ご依頼人において記載してください。

裏面の注意事項をお読みください。(ゆうちょ銀行)(承認番号東第53889号)

これより下部には何も記入しないでください。

◆「本郷」購読を希望します

購読開始　　号より

1年 1000円 (6冊)　3年 2800円 (18冊)

2年 2000円 (12冊)　4年 3600円 (24冊)

(ご希望の購読期間に○印をお付け下さい)

日附印

切り取らないでお出しください。

記載事項を訂正した場合は、その箇所に訂正印を押してください。

## 振替払込請求書兼受領証

| | |
|---|---|
| 口座記号番号 | 00100-5-244 (通常払込料金加入者負担) |
| 加入者名 | 株式会社 吉川弘文館 |
| 金額 | 千 百 十 万 千 百 十 円 ※ |
| ご依頼人 | おなまえ ※　様 |
| 料金 | 日附印 |
| 備考 | |

この受領証は、大切に保管してください。

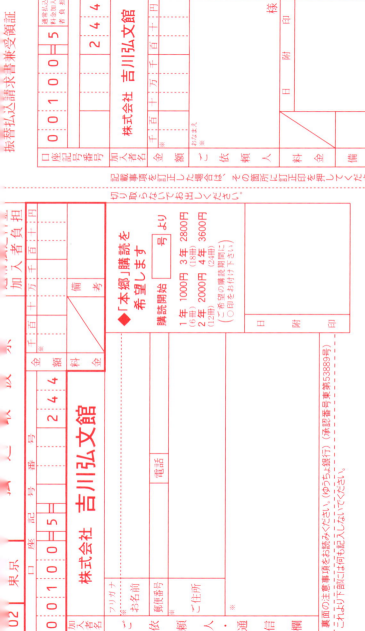

の役」、関ヶ原合戦、日朝国交回復交渉、柳川《やながわ》一件という領国の存亡をかけた重大事を乗り越えなくてはならなかったのである。近世初期の歴史的展開に関しては、別の機会を期すこととして、ここで本書の筆を擱くことにしたい。

# あとがき

本書は、前著『中世対馬宗氏領国と朝鮮』（二〇〇七年十一月）と数編の論文（引用文献参照）がベースになっている。その時々の問題関心や立論の都合上、十分に踏み込めなかったテーマ――宗成職・宗貞国・宗晴康の時代の政治史、室町幕府との関係史など――を拾い上げ、「対馬宗氏の中世史」を時間軸に沿って見通すことができた。なお、宗義智に関しては前半期（中世再末期）にしか触れなかったが、後半期（近世初期）までを含めたかたちで、『宗義智』（人物叢書）の執筆を予定している。

一方、「対馬宗氏」に焦点を絞ったため、プロローグでもお断りしたように、あくまで〈建前の世界〉を叙述したものにすぎないし、日朝交流史を広く展望したものでもない。対馬の歴史と文化、そして日朝交流の歴史を考えるうえで、〈基層の世界〉で生きた人びとの実態に迫ることはきわめて重要であるし、文献史料だけでなく、さまざまなモノ資料などをとおして、中世の対馬を総合的にとらえる必要もある。もとより本書は「中世の対馬」に関する総合的な通史をめざしたものではないので、古くは中村栄孝『日本と朝鮮』、新しいところでは、村井章介『中世倭人伝』、関周一『対馬と倭寇』、橋本雄『偽りの外交使節』、佐伯弘次編『中世の対馬』など、先行のコンパクトな良書をあわせてお読みいただくことで、中世の対馬に関するイメージが豊かになるだろう。

さて、前著の刊行から約十年の歳月が過ぎた。私事にわたるが、それ以来、今日に至るまで実に変転めまぐるしいものがある。二〇〇八年四月、地元福岡の九州国立博物館に採用された。公務では学芸面でも事務面でも初めてのことばかりで、とにかく仕事を覚えるだけで精一杯だった。職場の先輩である藤田励夫氏・楠井隆志氏・伊藤信二氏・畑靖紀氏は、時に優しく、時に厳しく職業人としての基本を仕込んでくださった。一方、私生活では、実家住まいのまま通勤することができ、それまで心配をかけた母も安心してくれた。ところが、二〇〇九年の新年を迎えるやいなや、よもやの異動の内々示を通告される。

かくして二〇〇九年四月、文化庁文化財部美術学芸課に異動した。東京勤務の始まりである。美術学芸課は国宝・重要文化財の指定・修理などを担当する部署。絵画・彫刻・工芸品・書跡・古文書・考古資料・歴史資料の七部門、古墳壁画室、美術館・歴史博物館室があり、約二〇名の調査官が机を並べて仕事をするという異様な空間である。調査官はユニークな方々が多く、それぞれがどんなモノをどのように調査しているのかを間近で観察できたのは貴重な経験であった。配属先の歴史資料部門では、「歴史資料」――古文書から近代科学遺産まで――を対象とした調査などに従事した。岡部幹彦氏（主任文化財調査官）からは、目の前にあるモノをじっくり観察し、モノから思考することの大切さと面白さ、さらには現在の世間の仕組みに至るまで、色々と学ばせていただいた。地主智彦氏（文化財調査官）からは、調査・修理の場面での緻密で誠実な仕事ぶりに学ぶところが大きかった。お二方と間近に仕事をさせていただいたことは得がたい経験である。

一方、私生活では、やむなく母を千葉の宿舎に連れていき、新生活を送っていたが、二〇一〇年十月某日、出張から帰宅したところ、そこにあったのは変わり果てた母の姿であった。後から思えば、直前に重病の兆候があったのだが、それを見逃してしまい、命を救うことも、最期を看取ることもできず、何より生きて福岡に連れて帰れなかったことは痛恨の極みである。虚無感や罪悪感に苛まれ、精神的に追い詰められてしまい、公務をこなすだけで精一杯の日々が続いた。だが、ひとつの転機を迎える。

二〇一一年三月十一日の東日本大震災。当日は「あの日」以来の遠方への出張であり、大地震を直接経験したわけではない。なんとか翌日に帰宅し、その翌々日の朝、まともに電車が動かない状況のなかで、ひたすら職場へと前進した。その途中、無理をしてまで出勤の必要なしとの連絡を受けたが、徒歩を交えて片道四時間かけて出勤した。私がいたところで何がどうなるものでもないが、何かできることはないかという、ただその一心だった。その後、報道等で徐々に惨禍が判明するにつれ、自分が抱えている苦しみと悲しみがいかに小さなものであるか――もちろん比較できるものではないが――を思い知る。一方、公務として石巻・気仙沼の被災地へ文化財レスキューに赴きはしたが、私にできたことなど微塵にすぎない。役に立ちたくても役に立てない、その葛藤のなかで大切だと気づいたのは、目の前にある自分の仕事を見つめ直す――それがゆくゆくは文化財を守ることにつながる

――というごく単純なことであった。その頃から少しずつ母の死から立ち直り、仕事と研究とのジレンマからもだいぶん解放された。

そんななか、村井章介先生が史学会（二〇一一年十一月）で報告しないかとお声がけくださった。しばらく研究の手を止めていた私は少し躊躇したが、思い直してエントリーし、対馬宗氏と室町幕府・将軍との関係について報告させていただいた。不十分な報告ではあったが、橋本雄氏がこの報告をベースに本を書いてはどうか、それが亡き母への何よりの供養になるだろうと懇切に勧めてくださった。そして、吉川弘文館の永田伸氏をご紹介くださり、本書の執筆が始まったわけである。ところが、筆が一向に進まず、自分の力量不足を思い知る。そうこうしているうちに、二〇一二年三月、九博への異動の内示を受けた。くしくも長崎県立対馬歴史民俗資料館蔵の「対馬宗家関係資料」の重要文化財指定に係る業務が、文化庁での最後の大仕事となった。

二度目となる九博勤務は二〇一二年四月に始まった。心機一転、再び仕事と研究の両立をめざし、研究時間を確保すべく、太宰府の近くの水城あたりに居を構えたが、やはり仕事で精一杯の日々であった。新人の頃は仕事の要領が悪かったのが大きいが、今度は仕事の絶対量が増していた。本書の執筆を再開したのも束の間、筆が止まり、毎年夏に永田氏からいただく進捗確認のメールがもはや年中行事と化していた。一方、公務では連年特別展・トピック展示を担当し、さまざまな経験を積むことができた。なかでも武雄市図書館・歴史資料館の川副義敦氏と協力して、武雄鍋島家の洋学（蘭学）

関係資料の悉皆調査と展覧会を実施し、まもなく同資料が重要文化財に指定されたことは思い出深い。また、特別展「戦国大名—九州の群雄とアジアの波濤」の企画・開催も感慨深い。多くの方々のご厚意とご協力で無事に開催することができたが、なかでも同僚の一瀬智氏・望月規史氏の存在なくしては成し得なかっただろう。

その「戦国大名」展の準備に着手してまもなく、またも私の人生を左右する出来事が起きる。国立歴史民俗博物館の公募である。情報は知っていたものの、当初、応募する気持ちはほとんどなかった。なかなか研究時間が確保できないとはいえ、地元福岡で多くの同郷の方々と仕事ができることに喜びを感じていたし、「若い博物館」と一緒に自分自身も成長していきたいという想いも強かった。ところが、応募を勧めてくださった某氏から大義を説かれ、そうした想いが単なる私情にすぎないことを思い知る。とはいえ、特別展を担当している以上、所蔵者の方々との信義にもとることはできない。そうしたジレンマのなかで揺れ動き、最後は運を天に委ねることにした。結果的に採用が内定し、歴博には特別展の完了まで着任を待ってもらい、所蔵者の方々との最低限の信義は保つことができた。

二〇一五年七月、複雑な想いを抱きながら、再び千葉に移住し、新天地である歴博での勤務が始まった。そして、一年半の歳月をかけ、ようやく本書が上梓される運びとなった。現在、歴博——より大きくは人文学——をめぐる状況は厳しさを増しているが、今の自分にできることを着実にこなしつつ、新しい課題にも挑戦していきたい。

末筆ながら、本書の刊行のきっかけを与えてくださった村井先生・橋本氏、気長に原稿を待ってくださった永田氏、編集を担当してくださった若山嘉秀氏、資料の熟覧・撮影・画像提供等を許された所蔵者の皆様にお礼を申し上げる。あわせて学恩を蒙っている長節子先生、折に触れて私をお導きくださっている先輩の伊藤幸司氏、そして恩師の佐伯弘次先生にこの場を借りてお礼を申し上げる。

なお、本書は、主としてJSPS科研費・若手研究（B）「中世〜近世初期の対馬宗氏領国に関する基礎的研究」（JP25770251、研究代表者荒木和憲）の成果によるものであり、同・基盤研究（B）「中世日本の東アジア交流史に関する史料の集成的研究と研究資源化」（JP16H03484、研究代表者荒木和憲）、国立歴史民俗博物館・基幹研究「中世日本の国際交流における海上交通に関する研究」（研究代表者荒木和憲）、人間文化研究機構・機関拠点型基幹研究プロジェクト「総合資料学の創成と日本歴史文化に関する研究資源の共同利用基盤構築」（研究代表者西谷大）による成果の一部でもある。

二〇一七年一月吉日

荒　木　和　憲

# 引用文献



網野善彦　一九九二『海と列島の中世』日本エディタースクール出版部
荒木和憲　二〇〇七『中世対馬宗氏領国と朝鮮』山川出版社
荒木和憲　二〇〇八「一六世紀末期対馬宗氏領国における柳川氏の台頭」九州史学研究会編『境界からみた内と外』岩田書院
荒木和憲　二〇〇九「一六世紀後半対馬宗氏領国の政治構造と日朝外交」北島万次・孫承喆・村井章介・橋本雄編『日朝交流と相克の歴史』校倉書房
荒木和憲　二〇一四「応永の外寇」高橋典幸編『戦争と平和』竹林舎
荒木和憲　二〇一四「中世対馬における朝鮮綿布の流通と利用」佐伯弘次編『中世の対馬』勉誠出版
荒木和憲　二〇一六「室町時代の政治と軍事」飯塚市史編集委員会編『飯塚市史』上、ぎょうせい
有川宜博　一九八六「御領越後入道本仏の戦死」『少弐氏と宗氏』七
家永遵嗣　二〇一〇「一五世紀の室町幕府と日本列島の『辺境』」鐘江宏之・鶴間和幸編『東アジア海をめぐる交流の歴史的展開』東方書店
厳原町教育委員会　一九八五『金石城』厳原町文化財調査報告書一
磯貝富士男　二〇〇一『中世の気候と農業』吉川弘文館
石田肇　二〇〇一「対馬の朝鮮鐘にかかわる新資料」『梵鐘』一三

伊藤邦彦 二〇一〇『鎌倉幕府守護の基礎的研究』岩田書院
伊藤幸司 二〇〇二『中世日本の外交と禅宗』吉川弘文館
伊藤幸司 二〇〇二「現存史料からみた日朝外交文書・書契」『九州史学』一三二
伊藤幸司 二〇〇五「日朝関係における偽使の時代」『日韓歴史共同研究報告書』第二分科（中近世）
伊藤幸司 二〇一四「失われた対馬国分寺の「朝鮮鐘」」佐伯弘次編『中世の対馬』勉誠出版
今岡典和 一九八三「戦国期の守護権力」『史林』六六―四
今岡典和 二〇〇一「足利義稙政権と大内義興」上横手雅敬編『中世公武権力の構造と展開』吉川弘文館
大石一久 一九九九『石が語る中世の社会』長崎県労働金庫
大藪海 二〇一三『室町幕府と地域権力』吉川弘文館
岡本真 二〇〇七「外交文書よりみた十四世紀後期高麗の対日本交渉」佐藤信・藤田覚編『前近代の日本列島と朝鮮半島』山川出版社
長節子 一九八七『中世日朝関係と対馬』吉川弘文館
長節子 二〇〇二「朝鮮前期朝日関係の虚像と実像」『年報朝鮮学』八
長節子 二〇〇七「壬申・丁未約条接待停止倭に関する考察」『年報朝鮮学』一〇
笠谷和比古 一九八八『主君「押込」の構造』平凡社
川添昭二 一九六四『今川了俊』吉川弘文館
川添昭二 一九八三『九州中世史の研究』吉川弘文館
木村拓 二〇〇四「一五世紀朝鮮王朝の対日本外交における図書使用の意味」『朝鮮学報』一九一
黒嶋敏 二〇〇四「「光源院殿御代当参衆并足軽以下衆覚」を読む」『東京大学史料編纂所研究紀要』一四

黒田省三　一九六八「対馬古文書保存についての私見」『昭和四十三年七月国士舘大学第二次対馬古文書採訪調査報告』
ケネス＝ロビンソン　二〇〇二「一五、一六世紀における対馬／対馬島と朝鮮」青柳正規・ロナルド＝トビ編『環流する文化と美』角川書店
小林清治　一九九四『秀吉権力の形成』東京大学出版会
佐伯弘次　一九七八「大内氏の筑前国支配」『九州中世史研究』一、文献出版
佐伯弘次　一九八五「中世」『上対馬町誌』通史編、上対馬町
佐伯弘次　一九九二「永享十二年少弐嘉頼赦免とその背景」地方史研究協議会編『異国と九州』雄山閣出版
佐伯弘次　一九九三「室町時代の大内氏と少弐氏」『史淵』一三〇
佐伯弘次　一九九七「十六世紀における後期倭寇の活動と対馬宗氏」中村質編『鎖国と国際関係』吉川弘文館
佐伯弘次　一九九八「中世対馬海民の動向」秋道智彌編『海人の世界』同文舘出版
佐伯弘次　二〇一三「蛇梁倭変と対馬」『東方学論集』汲古書院
佐藤進一　一九七一『増訂鎌倉幕府守護制度の研究』、東京大学出版会
佐藤進一　一九八八『室町幕府守護制度の研究』下、東京大学出版会
須田牧子　二〇一一『中世日朝関係と大内氏』東京大学出版会
須田牧子　二〇一三「対馬宗氏の大蔵経輸入」『日本歴史』七八四
高橋公明　一九八二「外交文書、「書」・「咨」について」『年報中世史研究』九
田代和生・米谷均　一九九五「宗家旧蔵「図書」と木印」『朝鮮学報』一五六
田中健夫　一九五九『中世海外交渉史の研究』東京大学出版会

田中健夫　一九七五『中世対外関係史』東京大学出版会
田中健夫　一九八二『対外関係と文化交流』思文閣出版
富田正弘　二〇一二『中世公家政治文書論』吉川弘文館
長崎県教育委員会　二〇〇四『今屋敷家老屋敷跡』長崎県文化財調査報告書一七八
中田薫　一九二六『親族法・相続法』岩波書店
中野等　二〇〇六『秀吉の軍令と大陸侵攻』吉川弘文館
中村栄孝　一九六五『日鮮関係史の研究』上、吉川弘文館
中村栄孝　一九六六『日本と朝鮮』至文堂
西日本文化協会編刊　一九七八『対馬の美術』
橋本雄　二〇〇五『中世日本の国際関係』吉川弘文館
平田寛　一九七四「対馬・壱岐の絵画」『仏教芸術』九五
福田美沙子　一九九三「屋形」『国史大辞典』吉川弘文館
藤木久志　一九八五『豊臣平和令と戦国社会』東京大学出版会
藤田明良　一九九八「東アジアにおける「海域」と国家」『歴史評論』五七五
藤田達生　二〇〇一『日本近世国家成立史の研究』校倉書房
堀川康史　二〇一六「今川了俊の探題解任と九州情勢」『史学雑誌』一二五—一二
本多美穂　一九八八「室町時代における少弐氏の動向」『九州史学』九一
水野嶺　二〇一三「足利義昭の栄典・諸免許の授与」『国史学』二一一
峰町教育委員会　一九八九『佐賀貝塚』峰町文化財調査報告書九

峰町教育委員会 二〇〇六『佐賀の館跡』峰町埋蔵文化財調査報告書一八
宮崎克則 二〇〇二『逃げる百姓、追う大名』中央公論社
山口隼正 一九八九『南北朝期九州守護の研究』文献出版
山田貴司 二〇一四「西国の地域権力と室町幕府」川岡勉編『中世の西国と東国』戎光祥出版
山田康弘 二〇一一『戦国時代の足利将軍』吉川弘文館
山本信吉 一九七四「対馬の経典と文書」『仏教芸術』九五
米谷均 二〇〇一「近世前期日朝関係における「図書」の使用実態」『史観』一四四
李宗峯 二〇〇一『韓国中世度量衡制研究』韓国・ヘアン
渡邊雄二 一九九一「東京養玉院蔵宗氏歴代肖像について」『福岡市博物館研究紀要』一
和田秀作 二〇一三「大内氏の惣庶関係をめぐって」鹿毛敏夫編『大内と大友』勉誠出版

著者略歴

一九七八年　福岡県嘉穂郡に生まれる

二〇〇六年　九州大学大学院人文科学府博士後期課程修了

九州国立博物館研究員・文化庁文部科学技官等を経て

現在　国立歴史民俗博物館准教授　博士(文学)


〔主要著書・論文〕

『中世対馬宗氏領国と朝鮮』(山川出版社、二〇〇七年)

「対馬宗氏の日朝外交戦術」(荒野泰典・石井正敏・村井章介編『地球的世界の成立』吉川弘文館、二〇一三年)

「中世日朝通交貿易の基本構造をめぐって」(『朝鮮史研究会論文集』五一、二〇一三年)


# 対馬宗氏の中世史

二〇一七年(平成二十九)三月一日　第一刷発行

著　者　荒《あら》木《き》和《かず》憲《のり》

発行者　吉川道郎

発行所　株式会社　吉川弘文館

郵便番号一一三―〇〇三三

東京都文京区本郷七丁目二番八号

電話〇三―三八一三―九一五一〈代表〉

振替口座〇〇一〇〇―五―二四四番

http://www.yoshikawa-k.co.jp/

印刷＝株式会社　理想社

製本＝株式会社　ブックアート

装幀＝清水良洋・陳湘婷





ISBN978-4-642-08314-0